典藏诵读版

史记全鉴

〔西汉〕司马迁◎著
余长保◎解译

国家一级出版社 中国纺织出版社 全国百佳图书出版单位

内 容 提 要

《史记》是“二十四史”之首，记述了上起轩辕黄帝，中经唐虞、夏、商、周、秦，下迄汉武帝太初年间中国三千多年的历史。鲁迅先生曾誉之为“史家之绝唱，无韵之离骚”，前一句高度评价了《史记》的史学价值，后一句则高度评价了《史记》的文学价值，这是对《史记》相当公允的定位。本书在《史记》原典的基础上，参考史学名家们的研究成果做了注释和解读，并附赠配乐诵读音频，以便于读者朋友们更好地学习和理解这一伟大的历史著作。

图书在版编目（CIP）数据

史记全鉴：典藏诵读版 / （西汉）司马迁著；余长保解译．—北京：中国纺织出版社，2018.9（2019.12 重印）

ISBN 978-7-5180-5255-4

Ⅰ．①史… Ⅱ．①司… ②余… Ⅲ．①中国历史—古代史—纪传体②《史记》—注释③《史记》—译文 Ⅳ．①K204.2

中国版本图书馆 CIP 数据核字（2018）第 171885 号

策划编辑：曹炳镝　　　　责任印制：储志伟

中国纺织出版社出版发行

地址：北京市朝阳区百子湾东里 A407 号楼　邮政编码：100124

销售电话：010—67004422　传真：010—87155801

http：//www.c-textilep.com

E-mail：faxing@c-textilep.com

中国纺织出版社天猫旗舰店

官方微博 http：//weibo.com/2119887771

佳兴达印刷（天津）有限公司印刷　各地新华书店经销

2018 年 9 月第 1 版　2019 年 12 月第 2 次印刷

开本：710×1000　1/16　印张：20

字数：283 千字　定价：49.80 元

前言

《史记》是中国历史上第一部纪传体通史，由西汉武帝时期的司马迁用13 年的时间写作完成。其规模宏大、内容广博，被列为“二十四史”之首。它记载了中国从传说中的黄帝到汉武帝太初年间长达 3000 多年的历史，是中国传记文学的典范。

作为“究天人之际，通古今之变，成一家之言”的千古绝作，《史记》在中国史学史和文学史上都占有重要地位。司马迁以其独特的视角，挥动如椽巨笔，记载了一件件纷繁复杂的历史事件，刻画了一个个栩栩如生的历史人物，再现了过去岁月中那一段段、一幕幕波澜壮阔、气吞山河的战争场面以及歌舞升平的盛世景象。

《史记》全书共一百三十篇，有十二本纪、十表、八书、三十世家、七十列传，五十二万余字。其中的本纪和列传是主体。“本纪”是全书提纲，按年月时间记述帝王的言行政绩。“表”是用表格来简列世系、人物和史事。“书”则是记述制度发展，涉及礼乐制度、天文兵律、社会经济、河渠地理等诸方面内容。“世家”记述子孙世袭的王侯封国史迹和特别重要的人物事迹。“列传”是帝王诸侯外其他各方面代表人物的生平事迹和少数民族的传记。

《史记》不同于前代史书所采用的以时间为次序的编年体，或以地域为划分的国别体，而是以人物传记为中心来反映历史内容的一种体例。从此以后，从东汉班固的《汉书》到民国初期的《清史稿》，近两千年间历代所修正史，尽管在个别名目上有某些增改，但都绝无例外地沿袭了《史记》的本纪和列传两部分的写法。

刘向等人认为此书“善序事理，辩而不华，质而不俚”。与宋代司马光编撰的《资治通鉴》并称“史学双璧”。鲁迅称它为“史家之绝唱，无韵之离骚”。

由于受篇幅所限，在编撰本书的过程中，我们省去了《史记》中的“书”和“表”，只收录了本纪、世家、列传中的内容，并且每一篇文章我们也仅萃取了其中最精彩的部分。

因为《史记》的成书年代比较久远，其中有很多生僻字和难以理解的句型结构，为此，在《史记》原文的基础上，我们对其中部分字词句做了一些简单的注释，以帮助大家更好地理解。

古人云：“以铜为镜，可以正衣冠；以古为镜，可以知兴替；以人为镜，可以明得失。”历史是一面镜子，多少兴衰多少荣辱都映于其中。所以我们读《史记》不仅可以丰富历史知识，最主要的是可以以史为镜，探寻社会发展和国家兴亡的规律、经验和教训，寻找人生道路上的坐标。关于这一层意义，我们会在每一篇的“解读”栏目中反映出来，以供大家从不同的角度去思考历史、感悟历史。

本书为《史记全鉴》的典藏诵读版。本书将纸质图书和配乐诵读音频完美结合，以二维码的方式在内文和封面等相应位置呈现，读者扫一扫即可欣赏、诵读经典片段。诵读音频由中国国际广播电台、中央人民广播电台专业播音员，以及中国传媒大学等知名高校播音系教师构成的实力精英团队录制完成，朗读中融进了对传统文化的理解，声音感染力极强。

最后，我们衷心希望本书能给读者朋友们的人生之路带来更多积极的影响。

解译者

2018 年 6 月

目录

◎ 五帝本纪第一 / 1
◎ 夏本纪第二 / 7
◎ 殷本纪第三 / 9
◎ 周本纪第四 / 11
◎ 秦本纪第五 / 14
◎ 秦始皇本纪第六 / 19
◎ 项羽本纪第七 / 24
◎ 高祖本纪第八 / 29
◎ 吕太后本纪第九 / 33
◎ 孝文本纪第十 / 36
◎ 孝景本纪第十一 / 40
◎ 孝武本纪第十二 / 43
◎ 吴太伯世家第一 / 46
◎ 齐太公世家第二 / 50
◎ 鲁周公世家第三 / 55
◎ 燕召公世家第四 / 59
◎ 管蔡世家第五 / 63
◎ 陈杞世家第六 / 67
◎ 卫康叔世家第七 / 69
◎ 宋微子世家第八 / 72
◎ 晋世家第九 / 76
◎ 楚世家第十 / 83
◎ 越王勾践世家第十一 / 87
◎ 郑世家第十二 / 92
◎ 赵世家第十三 / 94
◎ 魏世家第十四 / 100
◎ 韩世家第十五 / 102
◎ 田敬仲完世家第十六 / 104
◎ 孔子世家第十七 / 108
◎ 陈涉世家第十八 / 111
◎ 外戚世家第十九 / 113
◎ 楚元王世家第二十 / 115
◎ 荆燕世家第二十一 / 117
◎ 齐悼惠王世家第二十二 / 120
◎ 萧相国世家第二十三 / 122
◎ 曹相国世家第二十四 / 124
◎ 留侯世家第二十五 / 126
◎ 陈丞相世家第二十六 / 129

◎ 绛侯周勃世家第二十七 / 131
◎ 梁孝王世家第二十八 / 134
◎ 五宗世家第二十九 / 136
◎ 三王世家第三十 / 138
◎ 伯夷列传第一 / 141
◎ 管晏列传第二 / 144
◎ 老子韩非列传第三 / 148
◎ 司马穰苴列传第四 / 151
◎ 孙子吴起列传第五 / 153
◎ 伍子胥列传第六 / 156
◎ 仲尼弟子列传第七 / 158
◎ 商君列传第八 / 162
◎ 苏秦列传第九 / 164
◎ 张仪列传第十 / 167
◎ 樗里子甘茂列传第十一 / 170
◎ 穰侯列传第十二 / 172
◎ 王翦列传第十三 / 175
◎ 孟子列传第十四 / 178
◎ 孟尝君列传第十五 / 180
◎ 平原君列传第十六 / 182
◎ 魏公子列传第十七 / 184
◎ 春申君列传第十八 / 188
◎ 范雎列传第十九 / 191
◎ 乐毅列传第二十 / 194
◎ 廉颇蔺相如列传第二十一 / 197
◎ 田单列传第二十二 / 200
◎ 鲁仲连列传第二十三 / 203
◎ 屈原列传第二十四 / 207
◎ 吕不韦列传第二十五 / 209
◎ 刺客列传第二十六 / 211
◎ 李斯列传第二十七 / 214
◎ 蒙恬列传第二十八 / 217
◎ 张耳陈馀列传第二十九 / 219
◎ 魏豹列传第三十 / 221
◎ 黥布列传第三十一 / 223
◎ 淮阴侯列传第三十二 / 226
◎ 韩信列传第三十三 / 229
◎ 田儋列传第三十四 / 232
◎ 樊哙列传第三十五 / 234
◎ 张丞相列传第三十六 / 236
◎ 郦生陆贾列传第三十七 / 238
◎ 傅靳蒯成列传第三十八 / 240
◎ 刘敬叔孙通列传第三十九 / 241
◎ 季布栾布列传第四十 / 243
◎ 晁错列传第四十一 / 244
◎ 张释之列传第四十二 / 246
◎ 万石张叔列传第四十三 / 248
◎ 田叔列传第四十四 / 250
◎ 扁鹊仓公列传第四十五 / 252
◎ 吴王濞列传第四十六 / 256
◎ 魏其武安侯列传第四十七 / 258
◎ 韩长孺列传第四十八 / 261
◎ 李将军列传第四十九 / 263
◎ 匈奴列传第五十 / 265
◎ 卫将军骠骑列传第五十一 / 268
◎ 平津侯主父列传第五十二 / 271

◎ 南越列传第五十三 / 273
◎ 东越列传第五十四 / 276
◎ 朝鲜列传第五十五 / 277
◎ 西南夷列传第五十六 / 279
◎ 司马相如列传第五十七 / 280
◎ 淮南衡山列传第五十八 / 283
◎ 循吏列传第五十九 / 285
◎ 汲郑列传第六十 / 288
◎ 儒林列传第六十一 / 290
◎ 酷吏列传第六十二 / 292
◎ 大宛列传第六十三 / 294
◎ 游侠列传第六十四 / 296
◎ 佞幸列传第六十五 / 298
◎ 滑稽列传第六十六 / 300
◎ 日者列传第六十七 / 302
◎ 龟策列传第六十八 / 303
◎ 货殖列传第六十九 / 305
◎ 太史公自序第七十 / 308

参考文献 / 311

五帝本纪第一

【原典】

黄帝者，少典之子，姓公孙，名曰轩辕。生而神灵，弱而能言，幼而徇齐[①]，长而敦敏，成而聪明。

轩辕之时，神农氏世衰。诸侯相侵伐，暴虐百姓，而神农氏弗能征。于是轩辕乃习用干戈，以征不享，诸侯咸来宾从。而蚩尤最为暴，莫能伐。炎帝欲侵陵诸侯，诸侯咸归轩辕。轩辕乃修德振兵，治五气[②]，蓺五种[③]，抚万民，度四方，教熊、罴、貔、貅、貙、虎[④]，以与炎帝战于阪泉之野。三战，然后得其志。蚩尤作乱，不用帝命。于是黄帝乃征师诸侯，与蚩尤战于涿鹿之野，遂禽杀蚩尤。而诸侯咸尊轩辕为天子，代神农氏，是为黄帝。天下有不顺者，黄帝从而征之，平者去之，披山通道，未尝宁居。

东至于海，登丸山，及岱宗。西至于空桐，登鸡头。南至于江，登熊、湘。北逐荤粥[⑤]，合符釜山，而邑于涿鹿之阿。迁徙往来无常处，以师兵为营卫。官名皆以云命，为云师。置左右大监，监于万国。万国和，而鬼神山川封禅与为多焉。获宝鼎，迎日推筴[⑥]。举风后、力牧、常先、大鸿以治民。顺天地之纪，幽明之占，死生之说，存亡之难。时播百谷草木，淳化鸟兽虫蛾，旁罗日月星辰水波土石金玉，劳勤心力耳目，节用水火材物。有土德之瑞，故号黄帝。

黄帝二十五子，其得姓者十四人。

黄帝居轩辕之丘，而娶于西陵之女，是为嫘祖。嫘（léi）祖为黄帝正妃，生二子，其后皆有天下：其一曰玄嚣，是为青阳，青阳降居江水；其二曰昌意，降居若水。昌意娶蜀山氏女，曰昌仆，生高阳，高阳有圣德焉。黄帝崩，葬桥山。其孙昌意之子高阳立，是为帝颛（zhuān）顼（xū）也。

帝颛顼高阳者，黄帝之孙而昌意之子也。静渊以有谋，疏通而知事；养材以任地，载时以象天，依鬼神以制义，治气以教化，絜诚以祭祀⑦。北至于幽陵，南至于交阯，西至于流沙，东至于蟠木。动静之物，大小之神，日月所照，莫不砥属。

帝颛顼生子曰穷蝉。颛顼崩，而玄嚣之孙高辛立，是为帝喾（kù）。

帝喾高辛者，黄帝之曾孙也。高辛父曰蟜（jiǎo）极，蟜极父曰玄嚣，玄嚣父曰黄帝。自玄嚣与蟜极皆不得在位，至高辛即帝位。高辛于颛顼为族子。

高辛生而神灵，自言其名。普施利物，不于其身。聪以知远，明以察微。顺天之义，知民之急。仁而威，惠而信，修身而天下服。取地之财而节用之，抚教万民而利诲之，历日月而迎送之，明鬼神而敬事之。其色郁郁，其德嶷嶷⑧。其动也时，其服也士。帝喾溉（jì）执中而遍天下，日月所照，风雨所至，莫不从服。

帝喾娶陈锋氏女，生放勋；娶娵（jū）訾氏女，生挚。帝喾崩，而挚代立。帝挚立，不善，而弟放勋立，是为帝尧。

帝尧者，放勋。其仁如天，其知如神。就之如日，望之如云。富而不骄，贵而不舒。黄收纯衣，彤车乘白马。能明驯德，以亲九族。九族既睦，便章百姓。百姓昭明，合和万国。

乃命羲、和，敬顺昊天，数法日月星辰，敬授民时。分命羲仲，居郁夷，曰旸谷。敬道日出，便程东作。日中，星鸟，以殷中春。其民析，鸟兽字微。申命羲叔，居南交。便程南为，敬致。日永，星火，以正中夏。其民因，鸟兽希革。

申命和仲，居西土，曰昧谷。敬道日入，便程西成。夜中，星虚，以正中秋。其民夷易，鸟兽毛毨[9]。申命和叔，居北方，曰幽都。便在伏物。日短，星昴（mǎo），以正中冬。其民燠[10]，鸟兽氄毛[11]。岁三百六十六日，以闰月正四时。信饬百官，众功皆兴。

尧曰："谁可顺此事？"放齐曰："嗣子丹朱开明。"尧曰："吁！顽凶，不用。"尧又曰："谁可者？"讙（huān）兜曰："共工旁聚布功，可用。"尧曰："共工善言，其用僻，似恭漫天，不可。"尧又曰："嗟，四岳，汤汤洪水滔天，浩浩怀山襄陵，下民其忧，有能使治者？"皆曰："鲧可。"尧曰："鲧负命毁族，不可。"岳曰："异哉，试不可用而已。"尧于是听岳用鲧。九岁，功用不成。

尧曰："嗟！四岳：朕在位七十载，汝能庸命，践朕位？"岳应曰："鄙德忝帝位。"尧曰："悉举贵戚及疏远隐匿者。"众皆言于尧曰："有矜[12]在民间，曰虞舜。"尧曰："然，朕闻之。其何如？"岳曰："盲者子。父顽，母嚚[13]，弟傲，能和以孝，烝烝治，不至奸。"尧曰："吾其试哉！"于是尧妻之二女，观其德于二女。舜饬下二女于妫汭[14]，如妇礼。尧善之，乃使舜慎和五典，五典能从；乃遍入百官，百官时序；宾于四门，四门穆穆，诸侯远方宾客皆敬。尧使舜入山林川泽，暴风雷雨，舜行不迷。尧以为圣，召舜曰："女谋事至而言可绩，三年矣。女登帝位。"舜让于德，不怿。

正月上日，舜受终于文祖。文祖者，尧大祖也。

于是帝尧老，命舜摄行天子之政，以观天命。舜乃在璇玑玉衡，以齐七政。遂类于上帝，禋于六宗[15]，望于山川，辩于群神。揖五瑞，择吉月日，见四岳诸牧，班瑞。岁二月，东巡狩，至于岱宗，祡[16]，望秩于山川。遂见东方君长，合时月，正日，同律度量衡，修五礼、五玉、三帛、二生、一死为挚，如五器，卒乃复。五月，南巡狩；八月，西巡狩；十一月，北巡狩：皆如初。归，至于祖祢庙，用特牛礼。五岁一巡狩，群后四朝。遍告以言，明试以功，车服以庸。肇十有二州，决川。象以典刑，流宥五刑，鞭作官刑，扑作教刑，金作赎刑。眚灾过[17]，赦；怙终贼，刑。钦哉，钦哉，惟刑之静哉！

讙兜进言共工，尧曰"不可"，而试之工师，共工果淫辟。四岳举鲧治鸿水，尧以为不可，岳强请试之，试之而无功，故百姓不便。三苗在江淮、荆州数为乱。于是舜归而言于帝，请流共工于幽陵，以变北狄；放讙兜于崇山，以变南蛮；迁三苗于三危，以变西戎；殛鲧于羽山[18]，以变东夷：四罪而天下咸服。

尧立七十年得舜，二十年而老，令舜摄行天子之政，荐之于天。尧辟位凡二十八年而崩。百姓悲哀，如丧父母。三年，四方莫举乐，以思尧。尧知子丹朱之不肖，不足授天下，于是乃权授舜。授舜，则天下得其利而丹朱病；授丹朱，则天下病而丹朱得其利。尧曰“终不以天下之病而利一人”，而卒授舜以天下。尧崩，三年之丧毕，舜让辟丹朱于南河之南。诸侯朝觐者不之丹朱而之舜，狱讼者不之丹朱而之舜，讴歌者不讴歌丹朱而讴歌舜。舜曰“天也”，夫而后之中国践天子位焉，是为帝舜。

虞舜者，名曰重华。重华父曰瞽叟，瞽叟父曰桥牛，桥牛父曰句望，句望父曰敬康，敬康父曰穷蝉，穷蝉父曰帝颛顼，颛顼父曰昌意：以至舜七世矣。自从穷蝉以至帝舜，皆微为庶人。

舜父瞽叟盲，而舜母死，瞽叟更娶妻而生象，象傲。瞽叟爱后妻子，常欲杀舜，舜避逃；及有小过，则受罪。顺事父及后母与弟，日以笃谨，匪有懈。

舜，冀州之人也。舜耕历山，渔雷泽，陶河滨，作什器于寿丘，就时于负夏。舜父瞽叟顽，母嚚，弟象傲，皆欲杀舜。舜顺适不失子道，兄弟孝慈。欲杀，不可得；即求，尝在侧。

舜年二十以孝闻。三十而帝尧问可用者，四岳咸荐虞舜，曰可。于是尧乃以二女妻舜以观其内，使九男与处以观其外。舜居妫汭，内行弥谨。尧二女不敢以贵骄事舜亲戚，甚有妇道。尧九男皆益笃。舜耕历山，历山之人皆让畔；渔雷泽，雷泽上人皆让居；陶河滨，河滨器皆不苦窳[19]。一年而所居成聚，二年成

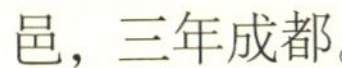

邑，三年成都。

尧乃赐舜絺衣[20]，与琴，为筑仓廪，予牛羊。瞽叟尚复欲杀之，使舜上涂廪，瞽叟从下纵火焚廪。舜乃以两笠自捍而下，去，得不死。后瞽叟又使舜穿井，舜穿井为匿空，旁出。舜既入深，瞽叟与象共下土实井，舜从匿空出，去。瞽叟、象喜，以舜为已死。象曰："本谋者象。"象与其父母分，于是曰："舜妻尧二女，与琴，象取之。牛羊、仓廪予父母。"象乃止舜宫居，鼓其琴。舜往见之。象鄂不怿，曰："我思舜正郁陶！"舜曰："然，尔其庶矣！"舜复事瞽叟爱弟弥谨。于是尧乃试舜五典、百官，皆治。

【注释】

①徇（xùn）齐：聪慧明敏。

②五气：五行之气。古代把五行和四时相配：春为木，夏为火，季夏（夏季的第三个月，即阴历六月）为土，秋为金，冬为水。

③蓺（yì）五种：指种植黍、稷、稻、麦、菽等谷物。

④熊、罴（pí）、貔（pí）、貅（xiū）、貙（chū）、虎：都是猛兽名，六种猛兽在当时可能是六个氏族的图腾标志。

⑤荤粥：部族名，即匈奴。

⑥筴（cè）：同"策"。

⑦絜：同"洁"。古人祭祀之前要斋戒沐浴，洁净身心，以表示虔诚之心。

⑧嶷（nì）嶷：高峻的样子，指品德高尚。

⑨毨（xiǎn）：指秋季鸟兽更生新毛。

⑩燠（yù）：暖，热，这里指防寒取暖。

⑪氄（rǒng）：鸟兽细软而茂密的毛。

⑫矜（guān）：通"鳏"，无妻或丧妻的成年男子。

⑬嚚（yín）：愚顽。

⑭妫（guī）汭：妫水边上。

⑮禋（yīn）：古代一种祭祀仪式，把祭品放在火上烧，使香味随烟上达于天，叫禋祭。

⑯祡：同"柴"，古代一种烧柴祭天的仪式。

⑰眚（shěng）灾：因过失造成的灾害。

⑱殛（jí）：指殛刑，诛杀。

⑲苦窳（gǔyǔ）：粗劣。

⑳绨（chī）衣：细葛布制成的衣服。

解读

《五帝本纪》是《史记》的首篇，记载的是远古传说中相继为帝的五个部落首领——黄帝、颛顼（zhuān xū）、帝喾（kù）、尧、舜的事迹，同时也记录了当时部落之间频繁的战争，部落联盟首领实行禅让，远古初，人民战猛兽、治洪水、开良田、种嘉谷、观测天文、推算历法、谱制音乐舞蹈等多方面的情况。这些虽为传说，但从人类历史发展的规律和地下文物的发掘情况来看，有些记载亦属言之有证，它为我们了解和研究远古社会，提供了某些线索或信息。中华民族五千年的悠久历史，就是从这远古的传说开始的，黄帝和炎帝两个部落联合，战争，最后融为一体，在黄河流域定居繁衍，从而构成了华夏民族的主干，创造了我国远古时代的灿烂文化。

五帝开创的事业是中华民族几千年文明史的开端，五帝的传说，几千年来深深扎根于中华民族的心里，被当作贤君圣主的楷模历代传颂。尤其是炎帝和黄帝，“炎黄子孙”早已成为凝聚中华民族的亲切称呼。

后来传说的几位古帝王一直到夏商周帝王，都被认为是黄帝的直系子孙，连蛮、夷也被纳入这个系统。后世的帝王也声称他们是黄帝的后裔。几乎所有的姓氏都将自己的远祖追溯到炎帝、黄帝或他们的臣子身上。而接受了华夏文化的少数民族（如匈奴、鲜卑等）也声称自己是黄帝子孙、炎黄子孙。

在清朝末年，这个观念随着中国民族主义的建构更加广泛地流传，面对西方列强的侵略和蚕食，包括少数民族人士在内的有识之士号召打破族群界限，以“炎黄子孙”为旗帜凝聚中华。在面对外国强敌侵略而处于亡国亡种的危难形势下，“炎黄子孙”的概念成为以祖先崇拜为基本文化的中国人构建民族凝聚力的符号。抗日战争时期，“炎黄子孙”的称谓在抗敌烽火中定型为中华民族的指代符号，成为号召与激励海内外华人共同抗战的一面旗帜。“中华民族之全体，均皆炎黄之子孙”，全体中国人皆为炎黄子孙已成为共识。

夏本纪第二

【原典】

夏禹，名曰文命。禹之父曰鲧（gǔn），鲧之父曰帝颛顼，颛顼之父曰昌意，昌意之父曰黄帝。禹者，黄帝之玄孙而帝颛顼之孙也。禹之曾大父昌意及父鲧皆不得在帝位①，为人臣。

当帝尧之时，洪水滔天，浩浩怀山襄陵②，下民其忧。尧求能治水者，群臣四岳皆曰鲧可。尧曰："鲧为人负命毁族，不可。"四岳曰："等之未有贤于鲧者，愿帝试之。"于是尧听四岳，用鲧治水。九年而水不息，功用不成。于是帝尧乃求人，更得舜。舜登用，摄行天子之政，巡狩。行视鲧之治水无状，乃殛鲧于羽山以死。天下皆以舜之诛为是。于是舜举鲧子禹，而使续鲧之业。

尧崩，帝舜问四岳曰："有能成美尧之事者使居官？"皆曰："伯禹为司空，可成美尧之功。"舜曰："嗟，然！"命禹："女平水土，维是勉之。"禹拜稽首，让于契、后稷、皋陶。舜曰："女其往视尔事矣。"

禹为人敏给克勤；其德不违，其仁可亲，其言可信；声为律，身为度，称以出；亹亹穆穆③，为纲为纪。

禹乃遂与益、后稷奉帝命，命诸侯百姓兴人徒以傅土，行山表木，定高山大川。禹伤先人父鲧功之不成受诛，乃劳身焦思，居外十三年，过家门不敢入。薄衣食，致孝于鬼神。卑宫室，致费于沟淢（xù）。陆行乘车，水行乘船，泥行乘橇④，山行乘檋⑤。左准绳，右规矩，载四时，以开九州，通九道，陂九泽，度九山。令益于众庶稻，可种卑湿。命后稷予众庶难得之食。食少，调有馀相给，以均诸侯。禹乃行，相地宜所有以贡，及山川之便利。

【注释】

①曾大父：曾祖父。

②襄：上漫，淹没。陵：大土山。

③亹（wěi）亹：勤勉不倦的样子。穆穆：庄重严肃的样子。

④橇：古代在泥路上行走的一种交通工具。

⑤檋（jú）：古代一种登山鞋，把长半寸的铁钉安在鞋底上，以防止上山时滑倒。

解读

《夏本纪》根据《尚书》及有关历史传说，系统地叙述了由夏禹到夏桀约四百年间的历史。在《夏本纪》中，司马迁通过大禹治水的故事，着重描写了夏禹这样一个功绩卓著的远古部落首领和帝王的形象。

大禹治水的故事是中华民族的骄傲，体现了中华民族坚韧不拔勇于抗战奋斗到底的精神。唐代大诗人李白在游览黄河时，遥想当年大禹治水的不朽业绩，写诗赞叹道："黄河西来决昆仑，咆哮万里触龙门。波滔天，尧咨嗟。大禹理百川，儿啼不窥家。杀湍湮洪水，九州始蚕麻。"大禹治水的精神，为后世治理黄河的艰巨事业树立了光辉的榜样。

殷本纪第三

【原典】

殷契，母曰简狄，有娀（sōng）氏之女，为帝喾次妃。三人行浴，见玄鸟堕其卵，简狄取吞之，因孕生契。契长而佐禹治水有功。帝舜乃命契曰："百姓不亲，五品不训，汝为司徒而敬敷五教，五教在宽。"封于商，赐姓子氏。契兴于唐、虞、大禹之际，功业著于百姓①，百姓以平。

契卒，子昭明立。昭明卒，子相土立。相土卒，子昌若立。昌若卒，子曹圉立。曹圉卒，子冥立。冥卒，子振立。振卒，子微立。微卒，子报丁立。报丁卒，子报乙立。报乙卒，子报丙立。报丙卒，子主壬立。主壬卒，子主癸立。主癸卒，子天乙立，是为成汤。

成汤，自契至汤八迁②。汤始居亳，从先王居，作《帝诰》。

汤征诸侯。葛伯不祀③，汤始伐之。汤曰："予有言：人视水见形，视民知治不。"伊尹曰："明哉！言能听，道乃进。君国子民为善者皆在王宫。勉哉，勉哉！"汤曰："汝不能敬命，予大罚殛之④，无有攸赦。"作《汤征》。

伊尹名阿衡。阿衡欲奸汤而无由⑤，乃为有莘氏媵臣⑥，负鼎俎，以滋味说汤，致于王道。或曰，伊尹处士，汤使人聘迎之，五反然后肯往从汤，言素王及九主之事。汤举任以国政。伊尹去汤适夏。既丑有夏，复归于亳（bó）。入自北门，遇女鸠、女房，作《女鸠》《女房》。

汤出，见野张网四面，祝曰："自天下四方皆入吾网。"汤曰："嘻，尽之矣！"乃去其三面，祝曰："欲左，左。欲右，右。不用命，乃入吾网。"诸侯闻之，曰："汤德至矣，及禽兽。"

当是时，夏桀为虐政淫荒，而诸侯昆吾氏为乱。汤乃兴师率诸侯，伊尹从汤，汤自把钺以伐昆吾，遂伐桀。汤曰："格女众庶，来，女悉听朕言。匪台小子敢行举乱，有夏多罪，予维闻女众言夏氏有罪。予畏上帝，不敢不正。今夏多罪，天命殛之。今女有众，女曰'我君不恤我众，舍我啬事而割政⑦'。女其曰'有罪，其奈何'？夏王率止众力，率夺夏国。有众率怠不和，曰'是日何时丧？予与女皆亡'！夏德若兹，今朕必往。尔尚及予一人致天之罚，予其大理女。女毋不信，朕不食言。女不从誓言，予则帑（tǎng）僇女，无有攸赦。"以告令师，作《汤誓》。于是汤曰"吾甚武"，号曰武王。

桀败于有娀（sōng）之虚，桀犇于鸣条，夏师败绩。汤遂伐三㚇⑧，俘厥宝玉，义伯、仲伯作《典宝》。汤既胜夏，欲迁其社，不可，作《夏社》。伊尹报。于是诸侯毕服，汤乃践天子位，平定海内。

汤归至于泰卷陶，中𤰞⑨作诰。既绌夏命⑩，还亳，作《汤诰》："维三月，王自至于东郊。告诸侯群后：'毋不有功于民，勤力乃事。予乃大罚殛女，毋予怨。'曰：'古禹、皋陶久劳于外，其有功于民，民乃有安。东为江，北为济，西为河，南为淮，四渎已修，万民乃有居。后稷降播，农殖百谷。三公咸有功于民，故后有立。昔蚩尤与其大夫作乱百姓，帝乃弗予，有状。先王言不可不勉。'曰：'不道，毋之在国，女毋我怨。'"以令诸侯。伊尹作《咸有一德》，咎单作《明居》。

汤乃改正朔，易服色⑪，上白，朝会以昼。

【注释】

①百姓：这里的百姓并不是普通意义上的平民，在战国以前只有贵族才有姓，因此，当时的"百姓"是贵族的总称。

②八迁：殷从契至汤这一段时期，曾经八次迁都。

③葛伯：葛国的国君。

④罚殛（jí）：诛罚，惩罚。

⑤奸（gān）：求，请求，这里指求见。

⑥媵（yìng）臣：古代贵族女子出嫁时陪嫁的人。汤的妃子是有莘氏的女儿，所以，伊尹愿作有莘氏陪嫁的男仆以便见汤。

⑦啬事：指稼穑之事。"啬"通"穑"，收割庄稼。"割政"即害民之政。

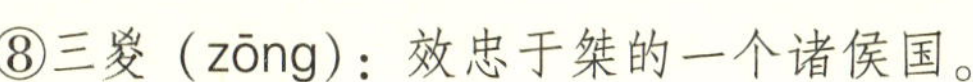
⑧三葼（zōng）：效忠于桀的一个诸侯国。

⑨讏（huǐ）：同“悔”。

⑩绌：通“黜”，废止，废弃。

⑪易服色：改变车马、祭祀用的牲畜、服饰等的颜色。每个王朝都崇尚一种颜色，新王朝建立要改变颜色，以此表示彻底战胜和取代了旧王朝。夏崇尚黑，商崇尚白。

解读

《殷本纪》系统地记载了商朝的历史，描绘了一幅商部族兴起，商王朝由建立直至灭亡的宏伟图卷。

在《殷本纪》中，司马迁重点歌颂了成汤的丰功伟绩。通过《殷本纪》的记述，我们可以知道，商汤之所以取得天下，关键是民心所向。

商汤注重个人品德修养，选贤任能，实行德政，民心悦服，所以能一举消灭夏朝，建立起东至大海、西至陕西、南至长江流域、北至辽东半岛这样一个庞大的奴隶制国家。商朝的疆域不仅大大超过了夏朝，而且商王朝也成为当时世界上首屈一指的文明大国。

周本纪第四

【原典】

幽王二年，西周三川皆震。伯阳甫曰：“周将亡矣。夫天地之气，不失其序；若过其序，民乱之也。阳伏而不能出，阴迫而不能蒸，于是有地震。今三川实震，是阳失其所而填阴也[①]。阳失而在阴，原必塞；原塞，国必亡。夫水土演而民用也。土无所演，民乏财用，不亡何待！昔伊、洛竭而夏亡，河竭而商亡。今周德若二代之季矣，其川原又塞，塞必竭。夫国必依山川，山崩川竭，亡国之征也。川竭必山崩。若国亡不过十年，数之纪也。天之所弃，不过其纪。”是岁也，三川竭，岐山崩。

三年，幽王嬖爱褒姒[②]。褒姒生子伯服，幽王欲废太子。太子母申侯女，而为后。后幽王得褒姒，爱之，欲废申后，并去太子宜臼，以褒姒为后，以伯服为太子。周太史伯阳读史记曰：“周亡矣。”昔自夏后氏之衰也，有二神龙止于夏帝庭而言曰：“余，褒之二君。”夏帝卜杀之与去之与止之，莫吉。卜请其漦（chí）而藏之[③]，乃吉。于是布币而策告之，龙亡而漦在，椟而去之。夏亡，传此器殷。殷亡，又传此器周。比三代，莫敢发之，至厉王之末，发而观之。漦流于庭，不可除。厉王使妇人裸而噪之。漦化为玄鼋[④]，以入王后宫。后宫之童妾既龀（chèn）而遭之，既笄而孕[⑤]，无夫而生子，惧而弃之。宣王之时童女谣曰：“檿弧箕服[⑥]，实亡周国。”于是宣王闻之，有夫妇卖是器者，宣王使执而戮之。逃于道，而见乡者后宫童妾所弃妖子出于路者，闻其夜啼，哀而收之，夫妇遂亡，奔于褒。褒人有罪，请入童妾所弃女子者于王以赎罪。弃女子出于褒，是为褒姒。当幽王三年，王之后宫见而爱之，生子伯服，竟废申后及太子，以褒姒为后，伯服为太子。太史伯阳曰：“祸成矣，无可奈何！”

褒姒不好笑，幽王欲其笑万方[⑦]，故不笑。幽王为烽燧大鼓，有寇至则举烽火。诸侯悉至，至而无寇，褒姒乃大笑。幽王说之，为数举烽火。其后不信，诸侯益亦不至。

幽王以虢石父为卿，用事，国人皆怨。石父为人佞巧善谀好利[⑧]，王用之。又废申后，去太子也。申侯怒，与缯、西夷犬戎攻幽王。幽王举烽火征兵，兵莫至。遂杀幽王骊山下，虏褒姒，尽取周赂而去。于是诸侯乃即申侯而共立故幽王太子宜臼，是为平王，以奉周祀。

【注释】

①填阴：为阴气所镇伏。填，通“镇”。

②嬖（bì）：宠爱。

③漦（lí）：龙的涎沫，唾液。

④玄鼋（yuán）：蜥蜴一类的爬行动物。

⑤既笄（jī）：成年以后。笄，古代盘头发用的簪子，这里指女子可以插笄的年龄，即成年。

⑥檿（yǎn）弧：山桑木制成的弓。弧，弓。箕服，箕木制成的箭囊。服，箭囊。

⑦万方：各种方法。

⑧佞巧：巧言谄媚。

解读

《周本纪》概括地记述了周王朝兴衰的历史。周朝自成王以后，没有出现贤圣君主，却出现了几个昏庸暴君，其中，周幽王与其宠妃褒姒“烽火戏诸侯”的荒诞故事可谓家喻户晓。

自古红颜多祸水，其祸并不在于女色本身，而在于当权者对女色的贪恋。贪念一起，则利令智昏，遂即任由人摆布，结果江山难保，更要搭上身家性命。大道理谁都明白，关键就看当事者在面临诱惑时怎么做了。

纵观历代王朝的历史，没有哪个帝王将相是不爱美人的。“爱江山更爱美人”并不是虚言：夏朝桀造“倾台”，只为妹喜爱听“裂帛”之声；唐李隆基因宠爱杨贵妃，最终导致“安史之乱”，险遭亡国之灾；唐高宗因宠爱武则天，不顾众臣反对立其为后，几致易改江山为武姓！

而周幽王的“为得美人一笑，竟烽火戏诸侯”，可谓自取灭亡。他是用信用、用人格、用江山来换美人一笑。戏弄了诸侯，褒姒虽然笑了，但付出的代价也太大了，褒姒的笑中怕是藏有对周幽王的讥笑吧。

秦本纪第五

【原典】

穆公任好元年，自将伐茅津，胜之。四年，迎妇于晋，晋太子申生姊也。其岁，齐桓公伐楚，至邵陵。

五年，晋献公灭虞、虢，虏虞君与其大夫百里傒，以璧马赂于虞故也。既虏百里傒，以为秦穆公夫人媵于秦。百里傒亡秦走宛，楚鄙人执之①。穆公闻百里傒贤，欲重赎之，恐楚人不与，乃使人谓楚曰："吾媵臣百里傒在焉，请以五羖羊皮赎之②。"楚人遂许与之。当是时，百里傒年已七十馀。穆公释其囚，与语国事。谢曰："臣亡国之臣，何足问！"穆公曰："虞君不用子，故亡，非子罪也。"固问，语三日，穆公大说，授之国政，号曰五羖大夫。百里傒让曰："臣不及臣友蹇叔，蹇叔贤而世莫知。臣常游困于齐而乞食铚人，蹇叔收臣。臣因而欲事齐君无知，蹇叔止臣，臣得脱齐难，遂之周。周王子颓好牛，臣以养牛干之。及颓欲用臣，蹇叔止臣，臣去，得不诛。事虞君，蹇叔止臣。臣知虞君不用臣，臣诚私利禄爵，且留。再用其言，得脱，一不用，及虞君难：是以知其贤。"于是穆公使人厚币迎蹇叔③，以为上大夫。

秋，穆公自将伐晋，战于河曲。晋骊姬作乱，太子申生死新城，重耳、夷吾出奔。

九年，齐桓公会诸侯于葵丘。

晋献公卒。立骊姬子奚齐，其臣里克杀奚齐。荀息立卓子，克又杀卓子及荀息。夷吾使人请秦，求入晋。于是穆公许之，使百里傒将兵送夷吾。夷吾谓曰：

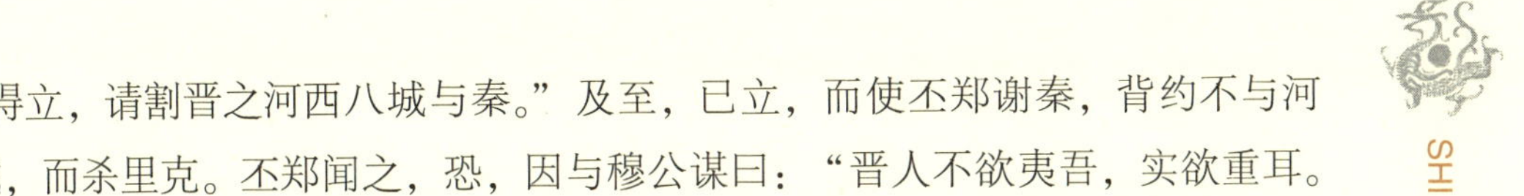

“诚得立，请割晋之河西八城与秦。”及至，已立，而使丕郑谢秦，背约不与河西城，而杀里克。丕郑闻之，恐，因与穆公谋曰：“晋人不欲夷吾，实欲重耳。今背秦约而杀里克，皆吕甥、郤芮之计也。愿君以利急召吕、郤，吕、郤至，则更入重耳便。”穆公许之，使人与丕郑归，召吕、郤。吕、郤等疑丕郑有间，乃言夷吾杀丕郑。丕郑子丕豹奔秦，说穆公曰：“晋君无道，百姓不亲，可伐也。”穆公曰：“百姓苟不便，何故能诛其大臣？能诛其大臣，此其调也。”不听，而阴用豹[④]。

十二年，齐管仲、隰（xí）朋死。

晋旱，来请粟。丕豹说穆公勿与，因其饥而伐之。穆公问公孙支，支曰：“饥穰，更事耳[⑤]，不可不与。”问百里傒，傒曰：“夷吾得罪于君，其百姓何罪？”于是用百里傒、公孙支言，卒与之粟。以船漕车转，自雍相望至绛。

十四年，秦饥，请粟于晋。晋君谋之群臣。虢射曰：“因其饥伐之，可有大功。”晋君从之。十五年，兴兵将攻秦。穆公发兵，使丕豹将，自往击之。九月壬戌，与晋惠公夷吾合战于韩地。晋君弃其军，与秦争利，还而马鸷[⑥]。穆公与麾下驰追之，不能得晋君，反为晋军所围。晋击穆公，穆公伤。于是岐下食善马者三百人驰冒晋军，晋军解围，遂脱穆公而反生得晋君。初，穆公亡善马，岐下野人共得而食之者三百馀人，吏逐得，欲法之。穆公曰：“君子不以畜产害人。吾闻食善马肉不饮酒，伤人。”乃皆赐酒而赦之。三百人者闻秦击晋，皆求从，从而见穆公窘，亦皆推锋争死，以报食马之德。于是穆公虏晋君以归，令于国，“齐宿[⑦]，吾将以晋君祠上帝”。周天子闻之，曰“晋我同姓”，为请晋君。夷吾姊亦为穆公夫人，夫人闻之，乃衰绖跣[⑧]，曰：“妾兄弟不能相救，以辱君命。”穆公曰：“我得晋君以为功，今天子为请，夫人是忧。”乃与晋君盟，许归之，更舍上舍，而馈之七牢。十一月，归晋君夷吾，夷吾献其河西地，使太子圉为质于秦。秦妻子圉以宗女。是时，秦地东至河。

十八年，齐桓公卒。二十年，秦灭梁、芮。

二十二年，晋公子圉闻晋君病[⑨]，曰：“梁，我母家也，而秦灭之。我兄弟多，即君百岁后，秦必留我，而晋轻，亦更立他子。”子圉乃亡归晋。二十三年，晋惠公卒，子圉立为君。秦怨圉亡去，乃迎晋公子重耳于楚，而妻以故子圉妻。重耳初谢，后乃受。穆公益礼厚遇之。二十四年春，秦使人告晋大臣，欲入重耳。晋许之，于是使人送重耳。二月，重耳立为晋君，是为文公。文公使人杀子圉。子圉是为怀公。

其秋，周襄王弟带以翟伐王，王出居郑。二十五年，周王使人告难于晋、秦。秦穆公将兵助晋文公入襄王，杀王弟带。二十八年，晋文公败楚于城濮。三十年，穆公助晋文公围郑。郑使人言穆公曰："亡郑厚晋，于晋而得矣，而秦未有利。晋之强，秦之忧也。"穆公乃罢兵归。晋亦罢。三十二年冬，晋文公卒。

郑人有卖郑于秦曰："我主其城门，郑可袭也。"穆公问蹇叔、百里傒，对曰："径数国千里而袭人，希有得利者。且人卖郑，庸知我国人不有以我情告郑者乎？不可。"穆公曰："子不知也，吾已决矣。"遂发兵，使百里傒子孟明视、蹇叔子西乞术及白乙丙将兵。行日，百里傒、蹇叔二人哭之。穆公闻，怒曰："孤发兵而子沮哭吾军，何也？"二老曰："臣非敢沮君军[⑩]。军行，臣子与往；臣老，迟还恐不相见，故哭耳。"二老退，谓其子曰："汝军即败，必于殽（xiáo）阨（è）矣。"三十三年春，秦兵遂东，更晋地，过周北门。周王孙满曰："秦师无礼，不败何待！"兵至滑，郑贩卖贾人弦高，持十二牛将卖之周，见秦兵，恐死虏，因献其牛，曰："闻大国将诛郑，郑君谨修守御备，使臣以牛十二劳军士。"秦三将军相谓曰："将袭郑，郑今已觉之，往无及已。"灭滑。滑，晋之边邑也。

当是时，晋文公丧尚未葬。太子襄公怒曰："秦侮我孤，因丧破我滑。"遂墨衰绖，发兵遮秦兵于殽，击之，大破秦军，无一人得脱者。虏秦三将以归。文公夫人，秦女也，为秦三囚将请曰："穆公之怨此三人入于骨髓，愿令此三人归，令我君得自快烹之。"晋君许之，归秦三将。三将至，穆公素服郊迎，向三人哭曰："孤以不用百里傒、蹇叔言以辱三子，三子何罪乎？子其悉心雪耻，毋怠。"遂复三人官秩如故[⑪]，愈益厚之。

三十四年，楚太子商臣弑其父成王代立。

穆公于是复使孟明视等将兵伐晋，战于彭衙。秦不利，引兵归。

戎王使由余于秦。由余，其先晋人也，亡入戎，能晋言。闻穆公贤，故使由余观秦。秦穆公示以宫室、积聚。由余曰："使鬼为之，则劳神矣。使人为之，亦苦民矣。"穆公怪之，问曰："中国以诗书礼乐法度为政，然尚时乱，今戎夷无此，何以为治？不亦难乎！"由余笑曰："此乃中国所以乱也。夫自上圣黄帝作为礼乐法度，身以先之，仅以小治。及其后世，日以骄淫。阻法度之威，以责督于下，下罢极则以仁义怨望于上，上下交争怨而相篡弑，至于灭宗，皆以此类也。夫戎夷不然。上含淳德以遇其下，下怀忠信以事其上，一国之政犹一身之治，不知所以治，此真圣人之治也。”于是穆公退而问内史廖曰：“孤闻邻国有圣人，敌国之忧也。今由余贤，寡人之害，将奈之何？”内史廖曰：“戎王处辟匿，未闻中国之声。君试遗其女乐[12]，以夺其志；为由余请，以疏其间；留而莫遣，以失其期。戎王怪之，必疑由余。君臣有间，乃可虏也。且戎王好乐，必怠于政。”穆公曰：“善。”因与由余曲席而坐，传器而食，问其地形与其兵势尽察。而后令内史廖以女乐二八遗戎王。戎王受而说之，终年不还。于是秦乃归由余。由余数谏不听，穆公又数使人间要由余，由余遂去降秦。穆公以客礼礼之，问伐戎之形。

三十六年，穆公复益厚孟明等，使将兵伐晋，渡河焚船，大败晋人，取王官及鄗（hào），以报殽之役。晋人皆城守不敢出。于是穆公乃自茅津渡河，封殽中尸，为发丧，哭之三日。乃誓于军曰：“嗟，士卒！听无哗，余誓告汝。古之人谋黄发番番[13]，则无所过。”以申思不用蹇叔、百里傒之谋，故作此誓，令后世以记余过。君子闻之，皆为垂涕，曰：“嗟乎！秦穆公之与人周也，卒得孟明之庆。”

三十七年，秦用由余谋伐戎王，益国十二，开地千里，遂霸西戎。天子使召公过贺穆公以金鼓。三十九年，穆公卒，葬雍。从死者百七十七人，秦之良臣子舆氏三人名曰奄息、仲行、鍼（zhēn）虎，亦在从死之中。秦人哀之，为作歌

《黄鸟》之诗。君子曰："秦穆公广地益国，东服强晋，西霸戎夷，然不为诸侯盟主，亦宜哉。死而弃民，收其良臣而从死。且先王崩，尚犹遗德垂法，况夺之善人良臣百姓所哀者乎？是以知秦不能复东征也。"穆公子四十人，其太子罃（yīng）代立，是为康公。

【注释】

①鄙：国境，边塞。

②羖（gǔ）羊：黑色的公羊。

③厚币：重币，厚礼。

④阴用豹：表面上不用，而在暗中任用丕豹。

⑤穰（ráng）：丰收。

⑥鸷（zhì）：马负重难行的样子。

⑦齐（zhāi）：通"斋"。齐宿：斋戒独宿。

⑧跣（xiǎn）：赤脚。

⑨子圉（yǔ）：梁伯的外孙。

⑩沮（jǔ）：阻止。

⑪官秩：官爵与俸禄。

⑫遗（wèi）：赠送。

⑬黄发番（pó）番：头发白的样子。番，通"皤"。

解读

秦穆公是春秋时代秦国国君。嬴姓，名任好。在位三十九年（前659年～前621年）。谥号穆。在部分史料中被认定为春秋五霸之一。秦穆公非常重视人才，其任内获得了百里傒、蹇叔、丕豹、公孙支等贤臣的辅佐，曾协助晋文公回到晋国夺取君位。

纵观中国历史和世界文明史进程，有的时代人才济济、群星闪耀；有的时代则万马齐喑、人才凋零。之所以会有如此大的反差，大多是因为社会风尚与社会环境的不同造成的。秦穆公有了百里傒、蹇叔这样的人才，何愁成不了大事呢？所以，营造一个拴心留人、创业扬名的良好环境，对做好人才工作至关重要。

秦始皇本纪第六

【原典】

秦始皇帝者，秦庄襄王子也。庄襄王为秦质子于赵，见吕不韦姬，悦而取之，生始皇。以秦昭王四十八年正月生于邯郸。及生，名为政，姓赵氏。年十三岁，庄襄王死，政代立为秦王。当是之时，秦地已并巴、蜀、汉中，越宛有郢，置南郡矣；北收上郡以东，有河东、太原、上党郡；东至荥阳，灭二周，置三川郡。吕不韦为相，封十万户，号曰文信侯。招致宾客游士，欲以并天下。李斯为舍人。蒙骜、王齮（yǐ）、麃（biāo）公等为将军。王年少，初即位，委国事大臣。

晋阳反，元年，将军蒙骜击定之。二年，麃公将卒攻卷，斩首三万。三年，蒙骜攻韩，取十三城。王齮死。十月，将军蒙骜攻魏氏畼（chǎng）、有诡。岁大饥。四年，拔畼、有诡。三月，军罢。秦质子归自赵，赵太子出归国。十月庚寅，蝗虫从东方来，蔽天。天下疫。百姓内粟千石[①]，拜爵一级。五年，将军骜攻魏，定酸枣、燕、虚、长平、雍丘、山阳城，皆拔之，取二十城。初置东郡。冬雷。六年，韩、魏、赵、卫、楚共击秦，取寿陵。秦出兵，五国兵罢。拔卫，迫东郡，其君角率其支属徙居野王，阻其山以保魏之河内。七年，彗星先出东方，见北方，五月见西方。将军骜死。以攻龙、孤、庆都，还兵攻汲。彗星复见西方十六日。夏太后死。八年，王弟长安君成蟜将军击赵，反，死屯留，军吏皆斩死，迁其民于临洮。将军壁死，卒屯留、蒲鶮（hú）反，戮其尸。河鱼大上，轻车重马东就食。

嫪毐（lào ǎi）封为长信侯。予之山阳地，令毐居之。宫室车马衣服苑囿驰猎恣毐[②]。事无小大皆决于毐。又以河西太原郡更为毐国。九年，彗星见，或竟天。攻魏垣、蒲阳。四月，上宿雍。己酉，王冠，带剑。长信侯毐作乱而觉，矫王御玺及太后玺以发县卒及卫卒、官骑、戎翟君公、舍人，将欲攻蕲（qí）年宫为乱[3]。王知之，令相国昌平君、昌文君发卒攻毐。战咸阳，斩首数百，皆拜爵，及宦者皆在战中，亦拜爵一级。毐等败走。即令国中：有生得毐，赐钱百万；杀之，五十万。尽得毐等。卫尉竭、内史肆、佐弋竭、中大夫令齐等二十人皆枭首。车裂以徇，灭其宗。及其舍人，轻者为鬼薪。及夺爵迁蜀四千馀家，家房陵。是月寒冻，有死者。杨端和攻衍氏。彗星见西方，又见北方，从斗以南八十日。十年，相国吕不韦坐嫪毐免。桓齮为将军。齐、赵来置酒。齐人茅焦说秦王曰："秦方以天下为事，而大王有迁母太后之名，恐诸侯闻之，由此倍秦也。"秦王乃迎太后于雍而入咸阳，复居甘泉宫。

大索[4]，逐客。李斯上书说，乃止逐客令。李斯因说秦王，请先取韩以恐他国，于是使斯下韩。韩王患之。与韩非谋弱秦。大梁人尉缭来，说秦王曰："以秦之强，诸侯譬如郡县之君，臣但恐诸侯合从，翕而出不意[5]，此乃智伯、夫差、愍王之所以亡也。愿大王毋爱财物，赂其豪臣，以乱其谋，不过亡三十万金，则诸侯可尽。"秦王从其计，见尉缭亢礼，衣服食饮与缭同。缭曰："秦王为人，蜂准，长目，挚鸟膺[6]，豺声，少恩而虎狼心，居约易出人下，得志亦轻食人。我布衣，然见我常身自下我。诚使秦王得志于天下，天下皆为虏矣。不可与久游。"乃亡去。秦王觉，固止，以为秦国尉，卒用其计策。而李斯用事。

十一年，王翦（jiǎn）、桓齮、杨端和攻邺，取九城。王翦攻阏与、橑（liáo）杨，皆并为一军。翦将十八日，军归斗食以下，什推二人从军。取邺安阳，桓齮将。十二年，文信侯不韦死，窃葬。其舍人临者，晋人也，逐出之；秦人，六百石以上夺爵，迁；五百石以下不临[7]，迁，勿夺爵。自今以来，操国事不道如嫪毐、不韦者籍其门，视此。秋，复嫪毐舍人迁蜀者。当是之时，天下大旱，六月至八月乃雨。

十三年，桓齮攻赵平阳，杀赵将扈辄，斩首十万。王之河南。正月，彗星见东方。十月，桓齮攻赵。十四年，攻赵军于平阳，取宜安，破之，杀其将军。桓齮定平阳、武城。韩非使秦，秦用李斯谋，留非，非死云阳。韩王请为臣。

十五年，大兴兵，一军至邺，一军至太原，取狼孟。地动。十六年九月，发卒受地韩南阳假守腾。初令男子书年。魏献地于秦。秦置丽邑。十七年，内史腾

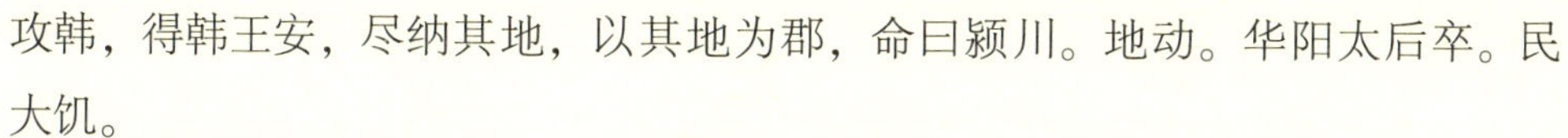

攻韩，得韩王安，尽纳其地，以其地为郡，命曰颍川。地动。华阳太后卒。民大饥。

十八年，大兴兵攻赵，王翦将上地，下井陉，端和将河内，羌瘣（huì）伐赵，端和围邯郸城。十九年，王翦、羌瘣尽定取赵地东阳，得赵王。引兵欲攻燕，屯中山。秦王之邯郸，诸尝与王生赵时母家有仇怨，皆坑之。秦王还，从太原、上郡归。始皇帝母太后崩。赵公子嘉率其宗数百人之代，自立为代王，东与燕合兵，军上谷。大饥。

二十年，燕太子丹患秦兵至国，恐，使荆轲刺秦王。秦王觉之，体解轲以徇[8]，而使王翦、辛胜攻燕。燕、代发兵击秦军，秦军破燕易水之西。二十一年，王贲攻蓟。乃益发卒诣王翦军，遂破燕太子军，取燕蓟城，得太子丹之首。燕王东收辽东而王之。王翦谢病老归。新郑反。昌平君徙于郢。大雨雪，深二尺五寸。

二十二年，王贲攻魏，引河沟灌大梁，大梁城坏，其王请降，尽取其地。

二十三年，秦王复召王翦，强起之，使将击荆。取陈以南至平舆，虏荆王。秦王游至郢陈。荆将项燕立昌平君为荆王，反秦于淮南。二十四年，王翦、蒙武攻荆，破荆军，昌平君死，项燕遂自杀。

二十五年，大兴兵，使王贲将，攻燕辽东，得燕王喜。还攻代，虏代王嘉。王翦遂定荆江南地；降越君，置会稽郡。五月，天下大酺[9]。

二十六年，齐王建与其相后胜发兵守其西界，不通秦。秦使将军王贲从燕南攻齐，得齐王建。

秦初并天下，令丞相、御史曰："异日韩王纳地效玺，请为藩臣，已而倍约，与赵、魏合从畔秦，故兴兵诛之，虏其王。寡人以为善，庶几息兵革。赵王使其相李牧来约盟，故归其质子。已而倍盟，反我太原，故兴兵诛之，得其王。赵公子嘉乃自立为代王，故举兵击灭之。魏王始约服入秦，已而与韩、赵谋袭秦，秦兵吏诛，遂破之。荆王献青阳以西，已而畔约，击我南郡，故发兵诛，得其王，遂定其荆地。燕王昏乱，其太子丹乃阴令荆轲为贼，兵吏诛，灭其国。齐王用后胜计，绝秦使，欲为乱，兵吏诛，虏其王，平齐地。寡人以眇眇[10]之身，兴兵诛暴乱，赖宗庙之灵，六王咸伏其辜，天下大定。今名号不更，无以称成功，传后世。其议帝号。"丞相绾、御史大夫劫、廷尉斯等皆曰："昔者五帝地方千里，

其外侯服夷服，诸侯或朝或否，天子不能制。今陛下兴义兵，诛残贼，平定天下，海内为郡县，法令由一统，自上古以来未尝有，五帝所不及。臣等谨与博士议曰：‘古有天皇，有地皇，有泰皇，泰皇最贵。’臣等昧死上尊号，王为‘泰皇’。命为‘制’，令为‘诏’，天子自称曰‘朕’。”王曰：“去‘泰’，著‘皇’，采上古‘帝’位号，号曰‘皇帝’。他如议。”制曰：“可。”追尊庄襄王为太上皇。制曰：“朕闻太古有号毋谥[11]，中古有号，死而以行为谥。如此，则子议父，臣议君也，甚无谓，朕弗取焉。自今已来，除谥法。朕为始皇帝。后世以计数，二世三世至于万世，传之无穷。”

始皇推终始五德之传，以为周得火德，秦代周德，从所不胜。方今水德之始，改年始，朝贺皆自十月朔。衣服旄旌节旗皆上黑。数以六为纪，符、法冠皆六寸，而舆六尺，六尺为步，乘六马。更名河曰德水，以为水德之始。刚毅戾深[12]，事皆决于法，刻削毋仁恩和义，然后合五德之数。于是急法，久者不赦。

丞相绾等言：“诸侯初破，燕、齐、荆地远，不为置王，毋以填之。请立诸子，唯上幸许。”始皇下其议于群臣，群臣皆以为便。廷尉李斯议曰：“周文武所封子弟同姓甚众，然后属疏远，相攻击如仇雠[13]，诸侯更相诛伐，周天子弗能禁止。今海内赖陛下神灵一统，皆为郡县，诸子功臣以公赋税重赏赐之，甚足易制。天下无异意，则安宁之术也。置诸侯不便。”始皇曰：“天下共苦战斗不休，以有侯王。赖宗庙，天下初定，又复立国，是树兵也，而求其宁息，岂不难哉！廷尉议是。”

分天下以为三十六郡，郡置守、尉、监。更名民曰“黔首”。大酺。收天下

兵，聚之咸阳，销以为钟鐻⑭，金人十二，重各千石，置廷宫中。一法度衡石丈尺。车同轨。书同文字。地东至海暨朝鲜，西至临洮、羌中，南至北向户，北据河为塞，并阴山至辽东。徙天下豪富于咸阳十二万户。诸庙及章台、上林皆在渭南。秦每破诸侯，写放其宫室，作之咸阳北阪上⑮，南临渭，自雍门以东至泾、渭，殿屋复道周阁相属。所得诸侯美人钟鼓，以充入之。

【注释】

①内（nà）：同“纳”，交纳。

②苑囿：饲养禽兽的地方。恣：听凭，任凭。

③蕲（qí）年宫：秦始皇的住所。

④索：搜索。

⑤翕（xī）：集聚，收敛。

⑥挚：通“鸷”，一种猛禽。膺（yīng）：胸，胸部。

⑦临：吊唁死者。

⑧体解：古代分解肢体的酷刑，类似于分尸。

⑨酺（pú）：在命令的特许之下聚众饮酒庆祝。

⑩眇眇：自谦之词，渺小，微小。眇，同“渺”。

⑪谥（shì）：封建时代，皇帝和达官贵族死后，被追认的称号。

⑫戾（lì）深：严厉，狠毒。

⑬仇雠（chóu）：仇敌。

⑭鐻（jù）：一种乐器，类似于钟，由木或铜制成。

⑮阪（bǎn）：山坡。

解读

《秦始皇本纪》以编年纪事的形式，记载了秦始皇的主要活动和这一时期所发生的重大事件，条理清晰，内容丰富。

首先，司马迁肯定了秦始皇对中华民族的形成和壮大所作出的重大贡献。由他领导制定的一系列管理国家的法令、制度、方针、政策对后世的深远影响，在中国的历史上是永远不会磨灭的。但是，另一方面，由于秦始皇的骄横残暴，滥用民力，横征暴敛，严刑酷法，又使广大人民重新陷入水深火热之中，同时也点燃了秦王朝灭亡的导火索。

司马迁把考察秦朝“成败兴衰之纪”的思想贯穿于《秦始皇本纪》全篇，不仅给人们展示了秦始皇这个集大誉大毁于一身的封建帝王的一生，而且一直在探寻着秦朝的统一及灭亡的原因。他在篇末的论赞中大段引述西汉政论家贾谊的《过秦论》的内容，《过秦论》是一篇气势磅礴、很有感染力的政论文，它把秦朝灭亡的原因归结为“仁义不施，攻守之势异也”，这对我们认识秦朝的历史有一定的参考意义。

不论是哪个朝代，哪个国家，人们对奉行仁义的人都充满了敬仰和爱戴。因此，在古代就出现了“仁义大侠”“仁义之师”之类的称呼。老子对这个问题是这样看的——“夫慈，以战则胜，以守则固。天将救之，以慈卫之”。后来，孟子对老子的这句话作了进一步的解释——“爱仁者人人爱之，敬仁者人人敬之”。

清朝学者吴敬梓讲“以义服人，何人不服”，就是指以仁义来服人，谁又会不服呢？

日行千里的良马，其力固然可观，但与它内在的品性相比，则不足论，千里马更可贵、更可赞的是它那识途、护主的高尚道义。同样，“义”乃人生事业的基础，是个人才能的统帅与主心骨。离开道义的建树，事业就失去了稳固的根基，如艳丽一时不可长存的花朵；缺乏道义的约束和指导，无论你有多么卓越的才能，也不会有令人称颂、经天纬地的成就。

项羽本纪第七

【原典】

汉王之出荥阳，南走宛、叶，得九江王布，行收兵，复入保成皋。汉之四年，项王进兵围成皋。汉王逃，独与滕公出成皋北门，渡河走脩武，从张耳、韩信军。诸将稍稍得出成皋，从汉王。楚遂拔成皋，欲西。汉使兵距之巩，令其不得西。

是时，彭越渡河击楚东阿，杀楚将军薛公。项王乃自东击彭越。汉王得淮阴侯兵，欲渡河南。郑忠说汉王，乃止，壁河内[①]。使刘贾将兵佐彭越，烧楚积聚。项王东击破之，走彭越。汉王则引兵渡河，复取成皋，军广武，就敖仓食。项王已定东海来西，与汉俱临广武而军，相守数月。

当此时，彭越数反梁地，绝楚粮食，项王患之。为高俎，置太公其上，告汉王曰："今不急下，吾烹太公。"汉王曰："吾与项羽俱北面受命怀王，曰'约为兄弟'，吾翁即若翁[②]，必欲烹而翁，则幸分我一杯羹。"项王怒，欲杀之。项伯曰："天下事未可知，且为天下者不顾家，虽杀之无益，只益祸耳。"项王从之。

楚汉久相持未决，丁壮苦军旅，老弱罢转漕。项王谓汉王曰："天下匈匈数岁者，徒以吾两人耳，愿与汉王挑战决雌雄，毋徒苦天下之民父子为也。"汉王笑谢曰："吾宁斗智，不能斗力。"项王令壮士出挑战。汉有善骑射者楼烦[③]，楚挑战三合，楼烦辄射杀之。项王大怒，乃自被甲持戟挑战。楼烦欲射之，项王瞋目叱之，楼烦目不敢视，手不敢发，遂走还入壁，不敢复出。汉王使人间问之，乃项王也。汉王大惊。于是项王乃即汉王相与临广武间而语。汉王数之，项王怒，欲一战。汉王不听，项王伏弩射中汉王[④]。汉王伤，走入成皋。

项王闻淮阴侯已举河北，破齐、赵，且欲击楚，乃使龙且往击之。淮阴侯与战，骑将灌婴击之，大破楚军，杀龙且。韩信因自立为齐王。项王闻龙且军破，则恐，使盱台人武涉往说淮阴侯。淮阴侯弗听。是时，彭越复反，下梁地，绝楚粮。项王乃谓海春侯大司马曹咎等曰："谨守成皋，则汉欲挑战，慎勿与战，毋令得东而已。我十五日必诛彭越，定梁地，复从将军。"乃东，行击陈留、外黄。

外黄不下。数日，已降，项王怒，悉令男子年十五已上诣城东，欲坑之。外黄令舍人儿年十三，往说项王曰："彭越强劫外黄，外黄恐，故且降，待大王。大王至，又皆坑之，百姓岂有归心？从此以东，梁地十馀城皆恐，莫肯下矣。"项王然其言，乃赦外黄当坑者。东至睢阳，闻之皆争下项王[⑤]。

汉果数挑楚军战，楚军不出。使人辱之，五六日，大司马怒，渡兵汜水。士卒半渡，汉击之，大破楚军，尽得楚国货赂。大司马咎、长史翳、塞王欣皆自刭汜水上。大司马咎者，故蕲狱掾，长史欣亦故栎阳狱吏，两人尝有德于项梁，是以项王信任之。当是时，项王在睢阳，闻海春侯军败，则引兵还。汉军方围钟离眛（mèi）于荥阳东，项王至，汉军畏楚，尽走险阻。

是时，汉兵盛，食多，项王兵罢食绝。汉遣陆贾说项王，请太公，项王弗听。汉王复使侯公往说项王，项王乃与汉约，中分天下，割鸿沟以西者为汉，鸿沟而东者为楚。项王许之，即归汉王父母妻子。军皆呼万岁。汉王乃封侯公为平国君。匿弗肯复见。曰："此天下辩士，所居倾国，故号为平国君。"

项王已约，乃引兵解而东归。

汉欲西归，张良、陈平说曰："汉有天下太半[⑥]，而诸侯皆附之。楚兵罢，食尽，此天亡楚之时也，不如因其机而遂取之。今释弗击，此所谓'养虎自遗患'也。"汉王听之。

汉五年，汉王乃追项王至阳夏南，止军，与淮阴侯韩信、建成侯彭越期会而击楚军。至固陵，而信、越之兵不会。楚击汉军，大破之。汉王复入壁，深堑而自守。谓张子房曰："诸侯不从约，为之奈何？"对曰："楚兵且破，信、越未有分地，其不至固宜。君王能与共分天下，今可立致也。即不能，事未可知也。君王能自陈以东傅海，尽与韩信；睢阳以北至谷城，以与彭越；使各自为战，则楚易败也。"汉王曰："善。"于是乃发使者告韩信、彭越曰："并力击楚。楚破，自陈以东傅海与齐王，睢阳以北至谷城与彭相国。"使者至，韩信、彭越皆报曰："请今进兵。"韩信乃从齐往，刘贾军从寿春并行，屠城父，至垓下。大司马周殷叛楚，以舒屠六，举九江兵，随刘贾、彭越皆会垓下，诣项王。

项王军壁垓下，兵少食尽，汉军及诸侯兵围之数重。夜闻汉军四面皆楚歌，项王乃大惊曰："汉皆已得楚乎？是何楚人之多也！"项王则夜起，饮帐中。有美人名虞，常幸从；骏马名骓，常骑之。于是项王乃悲歌忼慨，自为诗曰："力拔山兮气盖世，时不利兮骓不逝[⑦]。骓不逝兮可奈何，虞兮虞兮奈若何！"歌数阕，美人和之。项王泣数行下，左右皆泣，莫能仰视。

于是项王乃上马骑，麾下壮士骑从者八百馀人，直夜溃围南出，驰走。平明，汉军乃觉之，令骑将灌婴以五千骑追之。项王渡淮，骑能属者百馀人耳。项王至阴陵，迷失道，问一田父[⑧]，田父绐曰"左"。左，乃陷大泽中。以故汉追及之。项王乃复引兵而东，至东城，乃有二十八骑。汉骑追者数千人。项王自度不得脱。谓其骑曰："吾起兵至今八岁矣，身七十馀战，所当者破，所击者服，未尝败北，遂霸有天下。然今卒困于此，此天之亡我，非战之罪也。今日固决死，愿为诸君快战，必三胜之，为诸君溃围，斩将，刈旗[9]，令诸君知天亡我，非战之罪也。"乃分其骑以为四队，四向。汉军围之数重。项王谓其骑曰："吾为公取彼一将。"令四面骑驰下，期山东为三处。于是项王大呼驰下，汉军皆披靡，遂斩汉一将。是时，赤泉侯为骑将，追项王，项王瞋目而叱之，赤泉侯人马俱惊，辟易数里与其骑会为三处。汉军不知项王所在，乃分军为三，复围之。项王乃驰，复斩汉一都尉，杀数十百人，复聚其骑，亡其两骑耳。乃谓其骑曰："何如？"骑皆伏曰："如大王言。"

于是项王乃欲东渡乌江。乌江亭长檥船待[10]，谓项王曰："江东虽小，地方千里，众数十万人，亦足王也。愿大王急渡。今独臣有船，汉军至，无以渡。"项王笑曰："天之亡我，我何渡为！且籍与江东子弟八千人渡江而西，今无一人还，纵江东父兄怜而王我，我何面目见之？纵彼不言，籍独不愧于心乎？"乃谓亭长曰："吾知公长者。吾骑此马五岁，所当无敌，尝一日行千里，不忍杀之，以赐公。"乃令骑皆下马步行，持短兵接战。独籍所杀汉军数百人。项王身亦被十馀创。顾见汉骑司马吕马童，曰："若非吾故人乎？"马童面之，指王翳曰："此项王也。"项王乃曰："吾闻汉购我头千金，邑万户，吾为若德。"乃自刎而死。王翳取其头，馀骑相蹂践争项王，相杀者数十人。最其后，郎中骑杨喜，骑司马吕马童，郎中吕胜、杨武各得其一体。五人共会其体，皆是。故分其地为五：封吕马童为中水侯，封王翳为杜衍侯，封杨喜为赤泉侯，封杨武为吴防侯，封吕胜为涅阳侯。

项王已死，楚地皆降汉，独鲁不下。汉乃引天下兵欲屠之，为其守礼义，为主死节，乃持项王头视鲁，鲁父兄乃降。始，楚怀王初封项籍为鲁公，及其死，鲁最后下，故以鲁公礼葬项王谷城。汉王为发哀，泣之而去。

诸项氏枝属⑪，汉王皆不诛。乃封项伯为射阳侯。桃侯、平皋侯、玄武侯皆项氏，赐姓刘。

太史公曰：吾闻之周生曰“舜目盖重瞳子”，又闻项羽亦重瞳子。羽岂其苗裔邪⑫？何兴之暴也！夫秦失其政，陈涉首难，豪杰蜂起，相与并争，不可胜数。然羽非有尺寸，乘势起陇亩之中⑬，三年，遂将五诸侯灭秦，分裂天下，而封王侯，政由羽出，号为“霸王”，位虽不终，近古以来未尝有也。及羽背关怀楚，放逐义帝而自立，怨王侯叛己，难矣。自矜功伐，奋其私智而不师古，谓霸王之业，欲以力征经营天下，五年卒亡其国，身死东城，尚不觉寤⑭而不自责，过矣。乃引“天亡我，非用兵之罪也”，岂不谬哉！

【注释】

①壁：壁垒，这里有筑起壁垒防御敌人的意思。

②翁：父亲。

③楼烦：北方的一个少数民族，这里比喻善于骑射的士卒。

④伏弩：暗中埋伏的弓箭手。

⑤争下：争着投降服从。

⑥太半：大半。

⑦骓（zhuī）：毛色苍白、体形彪悍的马。

⑧田父（fǔ）：农夫。

⑨刈（yì）：割，砍。

⑩杙（yǐ）：同舣，把船停靠在岸边。

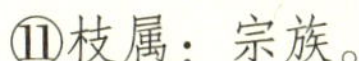

⑪枝属：宗族。

⑫苗裔：后代。

⑬陇亩之中：田野之中，这里指民间。

⑭寤：同“悟”。

解读

《项羽本纪》是《史记》传记中最精彩的一篇，文中破釜沉舟、鸿门宴、四面楚歌、乌江自刎等典故，早已家喻户晓，众口传诵。

在《项羽本纪》中，司马迁通过秦末农民大起义和楚汉之争的宏阔历史场面，生动而又深刻地描述了项羽的一生。项羽既是一个力拔山、气盖世、“近古以来未尝有”的英雄，又是一个性情暴戾、优柔寡断、只知用武而不谙计谋的匹夫。

人生不可能总是勇往直前、我行我素，必要的时候需要转弯、需要忍耐，忍到时机成熟的时候，可能好运就会降临了。唐代诗人杜牧有一首《题乌江亭》：“胜败兵家事不期，包羞忍耻是男儿。江东弟子多才俊，卷土重来未可知。”这首诗中，杜牧说项羽逞一时之能，不能忍辱负重，而自刎于乌江，失去了东山再起、重新开始的机会。

很多时候，人生最美的那道风景，可能就在你转弯之后，在你忍耐之后，在你微笑着面对人生的艰难险阻之后。有时候，忍耐也是一种快乐，一种幸福。

忍耐是一种心智的锻炼。一个人若是想要拥有高品质的生命，耐心绝对是不可或缺的条件。

高祖本纪第八

【原典】

四年，项羽乃谓海春侯大司马曹咎曰：“谨守成皋。若汉挑战，慎勿与战，无令得东而已。我十五日必定梁地，复从将军。”乃行击陈留、外黄、睢阳，下之。汉果数挑楚军，楚军不出，使人辱之五六日，大司马怒，度兵汜水。士卒半渡，汉击之，大破楚军，尽得楚国金玉货赂。大司马咎、长史欣皆自刭汜水上。项羽至睢阳，闻海春侯破，乃引兵还。汉军方围钟离眜于荥阳东，项羽至，尽走险阻。

韩信已破齐，使人言曰："齐边楚，权轻，不为假王，恐不能安齐。"汉王欲攻之。留侯曰："不如因而立之，使自为守。"乃遣张良操印绶立韩信为齐王[①]。

项羽闻龙且军破，则恐，使盱台人武涉往说韩信。韩信不听。

楚汉久相持未决，丁壮苦军旅，老弱罢转饷[②]。汉王项羽相与临广武之间而语。项羽欲与汉王独身挑战。汉王数项羽曰："始与项羽俱受命怀王，曰先入定关中者王之，项羽负约，王我于蜀汉，罪一。项羽矫杀卿子冠军而自尊，罪二。项羽已救赵，当还报，而擅劫诸侯兵入关，罪三。怀王约入秦无暴掠，项羽烧秦宫室，掘始皇帝冢，私收其财物，罪四。又强杀秦降王子婴，罪五。诈坑秦子弟新安二十万，王其将，罪六。项羽皆王诸将善地，而徙逐故主，令臣下争叛逆，罪七。项羽出逐义帝彭城，自都之，夺韩王地，并王梁楚，多自予，罪八。项羽使人阴弑义帝江南，罪九。夫为人臣而弑其主，杀已降，为政不平，主约不信，天下所不容，大逆无道，罪十也。吾以义兵从诸侯诛残贼，使刑馀罪人击杀项羽，何苦乃与公挑战！"项羽大怒，伏弩射中汉王。汉王伤胸，乃扪足曰："虏中吾指[③]！"汉王病创卧，张良强请汉王起行劳军，以安士卒，毋令楚乘胜于汉。汉王出行军，病甚，因驰入成皋。

病愈，西入关，至栎阳，存问父老，置酒，枭故塞王欣头栎阳市[④]。留四日，复如军，军广武。关中兵益出。

当此时，彭越将兵居梁地，往来苦楚兵，绝其粮食。田横往从之。项羽数击彭越等，齐王信又进击楚。项羽恐，乃与汉王约，中分天下，割鸿沟而西者为汉，鸿沟而东者为楚。项王归汉王父母妻子，军中皆呼万岁，乃归而别去。

项羽解而东归。汉王欲引而西归，用留侯、陈平计，乃进兵追项羽，至阳夏南止军，与齐王信、建成侯彭越期会而击楚军。至固陵，不会。楚击汉军，大破之。汉王复入壁，深堑而守之。用张良计，于是韩信、彭越皆往。及刘贾入楚地，围寿春，汉王败固陵，乃使使者召大司马周殷举九江兵而迎武王，行屠城父，随刘贾、齐梁诸侯皆大会垓下。立武王布为淮南王。

五年，高祖与诸侯兵共击楚军，与项羽决胜垓下。淮阴侯将三十万自当之[5]，孔将军居左，费将军居右，皇帝在后，绛侯、柴将军在皇帝后。项羽之卒可十万。淮阴先合，不利，却。孔将军、费将军纵，楚兵不利，淮阴侯复乘之，大败垓下。项羽卒闻汉军之楚歌，以为汉尽得楚地，项羽乃败而走，是以兵大败。使骑将灌婴追杀项羽东城，斩首八万，遂略定楚地。鲁为楚坚守不下。汉王引诸侯兵北，示鲁父老项羽头，鲁乃降。遂以鲁公号葬项羽谷城。还至定陶，驰入齐王壁，夺其军。

正月，诸侯及将相相与共请尊汉王为皇帝。汉王曰："吾闻帝贤者有也，空言虚语，非所守也，吾不敢当帝位。"群臣皆曰："大王起微细[6]，诛暴逆，平定四海，有功者辄裂地而封为王侯。大王不尊号，皆疑不信。臣等以死守之。"汉王三让，不得已，曰："诸君必以为便，便国家。"甲午，乃即皇帝位泛水之阳。

皇帝曰义帝无后。齐王韩信习楚风俗，徙为楚王，都下邳。立建成侯彭越为梁王，都定陶。故韩王信为韩王，都阳翟。徙衡山王吴芮为长沙王，都临湘。番君之将梅鋗（xuān）有功，从入武关，故德番君[7]。淮南王布、燕王臧荼、赵王敖皆如故。

天下大定。高祖都雒阳，诸侯皆臣属。故临江王驩（huān）为项羽叛汉，令卢绾、刘贾围之，不下。数月而降，杀之雒（luò）阳。

五月，兵皆罢归家。诸侯子在关中者复之十二岁，其归者复之六岁，食之一岁。

高祖置酒雒阳南宫。高祖曰："列侯诸将无敢隐朕[8]，皆言其情。吾所以有天下者何？项氏之所以失天下者何？"高起、王陵对曰："陛下慢而侮人，项羽仁而爱人。然陛下使人攻城略地，所降下者因以予之，与天下同利也。项羽妒贤嫉能，有功者害之，贤者疑之，战胜而不予人功，得地而不予人利，此所以失天下也。"高祖曰："公知其一，未知其二。夫运筹策帷帐之中，决胜于千里之外，吾不如子房。镇国家，抚百姓，给馈饷[9]，不绝粮道，吾不如萧何。连百万之军，战必胜，攻必取，吾不如韩信。此三者，皆人杰也，吾能用之，此吾所以取天下也。项羽有一范增而不能用，此其所以为我擒也。"

高祖欲长都雒阳，齐人刘敬说，乃留侯劝上入都关中，高祖是日驾，入都关中。六月，大赦天下。

【注释】

①绶：拴印的丝带。

②罢（pí）转饷：罢，通“疲”。由于运输军粮而疲惫。

③虏：对敌人的蔑称。

④枭：悬挂斩下的头颅示众。

⑤当之：与楚军正面作战。

⑥微细：微贱、卑微，指平民。

⑦德：感恩、感激。

⑧隐朕：瞒我。

⑨馈饷：粮饷。

解读

刘邦之所以能够建立汉朝，除了他自己有头脑、有胆识外，他的一些贤臣良将也帮了他不少忙。

在《高祖本纪》中，司马迁特别记下了刘邦在平定天下后所说的那段脍炙人口的话：“夫运筹策帷帐之中，决胜于千里之外，吾不如子房。镇国家，抚百姓，给馈饷，不绝粮道，吾不如萧何。连百万之军，战必胜，攻必取，吾不如韩信。此三者，皆人杰也。吾能用之，此吾所以取天下也。项羽有一范增而不能用，此其所以为我擒也。”

古人云：“为治以知人为先，知人才能善任。”治理国家以了解、识别人才为首要的事情。对一个人了解越深刻，使用起来也就越得当，正所谓只有知人才能善任。

刘邦和项羽为了争天下互不相让，刘邦这边有张良、陈平这些贤人，而项羽身边也有范增这个能臣。两边的实力相当，所以斗争也很激烈。可是，刘邦和项羽最大的不同在于刘邦用人比较得当，做事小心谨慎，也比较能够听从属下的意见；而项羽则行事鲁莽，喜欢感情用事，还一意孤行。所以，尽管项羽的实力比刘邦略胜一筹，而他也曾有过很多机会可以战胜刘邦，但都错失了良机。

正是由于知人善任，刘邦才笼络了一帮人才在身边，成就了自己的伟业。知人善任在现代社会同样重要，特别是对一些企业的领导者来说至关重要。

吕太后本纪第九

【原典】

吕太后者，高祖微时[1]妃也，生孝惠帝、女鲁元太后。及高祖为汉王，得定陶戚姬，爱幸，生赵隐王如意。孝惠为人仁弱，高祖以为不类我，常欲废太子，立戚姬子如意，如意类我。戚姬幸，常从上之关东，日夜啼泣，欲立其子代太子。吕后年长，常留守，希见上，益疏。如意立为赵王后，几代太子者数矣[2]，赖大臣争之，及留侯策[3]，太子得毋废。

吕后为人刚毅，佐高祖定天下，所诛大臣多吕后力。吕后兄二人，皆为将。长兄周吕侯死事，封其子吕台为郦侯，子产为交侯；次兄吕释之为建成侯。

高祖十二年四月甲辰，崩长乐宫[4]，太子袭号为帝。是时高祖八子：长男肥，孝惠兄也，异母，肥为齐王；馀皆孝惠弟，戚姬子如意为赵王，薄夫人子恒为代王，诸姬子子恢为梁王，子友为淮阳王，子长为淮南王，子建为燕王。高祖弟交为楚王，兄子濞（bì）为吴王。非刘氏功臣番君吴芮子臣为长沙王。

吕后最怨戚夫人及其子赵王，乃令永巷囚戚夫人，而召赵王。使者三反，赵相建平侯周昌谓使者曰："高帝属臣赵王，赵王年少。窃闻太后怨戚夫人，欲召赵王并诛之，臣不敢遣王。王且亦病，不能奉诏。"吕后大怒，乃使人召赵相。赵相征至长安，乃使人复召赵王。王来，未到。孝惠帝慈仁，知太后怒，自迎赵王霸上，与入宫，自挟与赵王起居饮食。太后欲杀之，不得间。孝惠元年十二月，帝晨出射。赵王少，不能蚤起。太后闻其独居，使人持鸩饮之[5]。犁明[6]，孝惠还，赵王已死。于是乃徙淮阳王友为赵王。夏，诏赐郦侯父追谥为令武侯。太后遂断戚夫人手足，去眼，辉耳[7]，饮瘖药[8]，使居厕中，命曰"人彘[9]"。居数日，乃召孝惠帝观人彘。孝惠见，问，乃知其戚夫人，乃大哭，因病，岁馀不能起。使人请太后曰："此非人所为。臣为太后子，终不能治天下。"孝惠以此日饮为淫乐，不听政，故有病也。

二年，楚元王、齐悼惠王皆来朝。十月，孝惠与齐王燕饮太后前，孝惠以为齐王兄，置上坐，如家人之礼。太后怒，乃令酌两卮鸩[10]，置前，令齐王起为寿。齐王起，孝惠亦起，取卮欲俱为寿。太后乃恐，自起泛孝惠卮。齐王怪之，因不敢饮，详醉去。问，知其鸩，齐王恐，自以为不得脱长安，忧。齐内史士说王曰："太后独有孝惠与鲁元公主。今王有七十馀城，而公主乃食数城。王诚以一郡上太后，为公主汤沐邑，太后必喜，王必无忧。"于是齐王乃上城阳之郡，尊公主为王太后。吕后喜，许之。乃置酒齐邸[11]，乐饮，罢，归齐王。三年，方筑长安城，四年就半，五年六年城就。诸侯来会。十月朝贺。

七年秋八月戊寅，孝惠帝崩。发丧，太后哭，泣不下。留侯子张辟疆为侍中，年十五，谓丞相曰："太后独有孝惠，今崩，哭不悲，君知其解乎?"丞相曰："何解?"辟疆曰："帝毋壮子，太后畏君等。君今请拜吕台、吕产、吕禄为将，将兵居南北军，及诸吕皆入宫，居中用事，如此则太后心安，君等幸得脱祸矣。"丞相乃如辟疆计。太后说，其哭乃哀。吕氏权由此起。乃大赦天下。九月辛丑，葬。太子即位为帝，谒高庙。元年，号令一出太后[12]。

【注释】

①微时：贫贱未得势的时候。

②几：几乎，差一点。

③留侯策：张良的计策。

④崩：古代帝王或王后死叫崩。

⑤鸩（zhèn）：毒酒。相传古代有一种叫作鸩的鸟，毒性甚强，以其羽毛浸过的酒，人喝了立即会死。

⑥犁：通“黎”，等到。

⑦辉：通“熏”。

⑧瘖（yīn）药：使人变哑的药。

⑨彘（zhì）：猪。

⑩卮（zhī）：盛酒的器皿。

⑪齐邸：齐王在京的官邸。

⑫一：一概，完全。

解读

吕后名雉，字娥姁（xū），是中国历史上非常有名的女性野心家。司马迁通过这篇本纪成功地塑造了吕后这样一个自私狭隘、心狠手辣、权欲熏心的乱政后妃形象，详细地记述了吕后篡权及其覆灭的过程。

世人都说“女生外向”，其实最终还是“内向”的，尤其是皇后或皇太后，趁自己得宠或临朝称制时，恨不得把全天下的富贵都搬到自己的娘家，真如烈火烹油，一时间煊赫无比，待到自己失宠或者失去权力后，自己的娘家反而因为权势过盛，恃势胡为而遭灭门之祸。纵观两汉后族，几乎没有例外。

这些人也并非愚蠢，他们错就错在“肥水不流外人田”的思想，面对摆在眼前、唾手可得的权势富贵，首先想到的就是自家人，却不知这“光宗耀祖”的事最后都成了祸害。

孝文本纪第十

【原典】

十三年夏，上曰："盖闻天道祸自怨起而福繇德兴[①]。百官之非，宜由朕躬。今秘祝之官移过于下，以彰吾之不德，朕甚不取。其除之。"

五月，齐太仓令淳于公有罪当刑，诏狱逮徙系长安。太仓公无男，有女五人。太仓公将行会逮，骂其女曰："生子不生男，有缓急非有益也！"其少女缇萦自伤泣，乃随其父至长安，上书曰："妾父为吏，齐中皆称其廉平，今坐法当刑。妾伤夫死者不可复生，刑者不可复属，虽复欲改过自新，其道无由也。妾愿没入为官婢，赎父刑罪，使得自新。"书奏天子，天子怜悲其意，乃下诏曰："盖闻有虞氏之时，画衣冠异章服以为僇[②]，而民不犯。何则？至治也。今法有肉刑三[③]，而奸不止，其咎安在？非乃朕德薄而教不明欤？吾甚自愧。故夫驯道不纯而愚民陷焉。诗曰'恺悌君子[④]，民之父母'。今人有过，教未施而刑加焉，或欲改行为善而道毋由也。朕甚怜之。夫刑至断肢体，刻肌肤，终身不息，何其痛楚而不德也，岂称为民父母之意哉！其除肉刑。"

上曰："农，天下之本，务莫大焉。今勤身从事而有租税之赋，是为本末者毋以异，其于劝农之道未备。其除田之租税。"

十四年冬，匈奴谋入边为寇，攻朝那（nà）塞，杀北地都尉卬（áng）。上乃遣三将军军陇西、北地、上郡，中尉周舍为卫将军，郎中令张武为车骑将军，军渭北，车千乘，骑卒十万。帝亲自劳军，勒兵申教令，赐军吏卒。帝欲自将击匈奴，群臣谏，皆不听。皇太后固要帝[⑤]，帝乃止。于是以东阳侯张相如为大将军，成侯赤为内史，栾布为将军，击匈奴。匈奴遁走。

春，上曰："朕获执牺牲珪币以事上帝宗庙，十四年于今，历日绵长，以不敏不明而久抚临天下，朕甚自愧。其广增诸祀墠场圭币。昔先王远施不求其报，

望祀不祈其福，右贤左戚，先民后己，至明之极也。今吾闻祠官祝厘[6]，皆归福朕躬，不为百姓，朕甚愧之。夫以朕不德，而躬享独美其福，百姓不与焉，是重吾不德。其令祠官致敬，毋有所祈。"

是时北平侯张苍为丞相，方明律历。鲁人公孙臣上书陈终始传五德事，言方今土德时，土德应黄龙见，当改正朔服色制度。天子下其事与丞相议。丞相推以为今水德，始明正十月上黑事[7]，以为其言非是，请罢之。

十五年，黄龙见成纪，天子乃复召鲁公孙臣，以为博士，申明土德事。于是上乃下诏曰："有异物之神见于成纪，无害于民，岁以有年。朕亲郊祀上帝诸神。礼官议，毋讳以劳朕。"有司礼官皆曰："古者天子夏躬亲礼祀上帝于郊，故曰郊。"于是天子始幸雍，郊见五帝，以孟夏四月答礼焉。赵人新垣平以望气见，因说上设立渭阳五庙。欲出周鼎，当有玉英见[8]。

十六年，上亲郊见渭阳五帝庙，亦以夏答礼而尚赤。

十七年，得玉杯，刻曰"人主延寿"。于是天子始更为元年，令天下大酺。其岁，新垣平事觉，夷三族。

后二年，上曰："朕既不明，不能远德，是以使方外之国或不宁息[9]。夫四荒之外不安其生，封畿之内勤劳不处，二者之咎，皆自于朕之德薄而不能远达也。间者累年，匈奴并暴边境，多杀吏民，边臣兵吏又不能谕吾内志，以重吾不德也。夫久结难连兵，中外之国将何以自宁？今朕夙兴夜寐，勤劳天下，忧苦万民，为之怛惕不安，未尝一日忘于心，故遣使者冠盖相望，结轶于道[10]，以谕朕意于单于。今单于反古之道，计社稷之安，便万民之利，亲与朕俱弃细过，偕之大道，结兄弟之义，以全天下元元之民。和亲已定，始于今年。"

后六年冬，匈奴三万人入上郡，三万人入云中。以中大夫令勉为车骑将军，军飞狐；故楚相苏意为将军，军句注；将军张武屯北地；河内守周亚夫为将军，居细柳；宗正刘礼为将军，居霸上；祝兹侯军棘门：以备胡。数月，胡人去，亦罢。

天下旱，蝗。帝加惠：令诸侯毋入贡，弛山泽，减诸服御狗马，损郎吏员，发仓庾以赈贫民[11]，民得卖爵。

孝文帝从代来，即位二十三年，宫室苑囿狗马服御无所增益，有不便，辄弛以利民。尝欲作露台，召匠计之，直百金。上曰："百金中民十家之产，吾奉先帝宫室，常恐羞之，何以台为！"上常衣绨衣[12]，所幸慎夫人，令衣不得曳地[13]，帏帐不得文绣，以示敦朴，为天下先。治霸陵皆以瓦器，不得以金银铜锡为饰，不治坟，欲为省，毋烦民。南越王尉佗自立为武帝，然上召贵尉佗兄弟，以德报之，佗遂去帝称臣。与匈奴和亲，匈奴背约入盗，然令边备守，不发兵深入，恶烦苦百姓。吴王诈病不朝，就赐几杖。群臣如袁盎等称说虽切，常假借用之。群臣如张武等受赂遗金钱，觉，上乃发御府金钱赐之，以愧其心，弗下吏。专务以德化民，是以海内殷富，兴于礼义。

后七年六月己亥，帝崩于未央宫。遗诏曰："朕闻盖天下万物之萌生，靡不有死。死者天地之理，物之自然者，奚可甚哀！当今之时，世咸嘉生而恶死，厚葬以破业，重服以伤生，吾甚不取。且朕既不德，无以佐百姓。今崩，又使重服久临，以离寒暑之数，哀人之父子，伤长幼之志，损其饮食，绝鬼神之祭祀，以重吾不德也，谓天下何！朕获保宗庙，以眇眇之身托于天下君王之上，二十有馀年矣。赖天地之灵，社稷之福，方内安宁，靡有兵革。朕既不敏，常畏过行，以羞先帝之遗德；维年之久长，惧于不终。今乃幸以天年，得复供养于高庙。朕之不明与！嘉之，其奚哀悲之有！其令天下吏民，令到出临三日，皆释服。毋禁取妇、嫁女、祠祀、饮酒、食肉者。自当给丧事服临者，皆无践。绖带无过三寸[14]，毋布车及兵器，毋发民男女哭临宫殿。宫殿中当临者，皆以旦夕各十五举声，礼毕罢。非旦夕临时，禁毋得擅哭。已下，服大红十五日，小红十四日[15]，纤七日，释服。佗不在令中者，皆以此令比率从事[16]。布告天下，使明知朕意。霸陵山川因其故，毋有所改。归夫人以下至少使。"令中尉亚夫为车骑将军，属国悍为将屯将军，郎中令武为复土将军，发近县见卒万六千人，发内史卒万五千人，藏郭穿复土属将军武。

乙巳，群臣皆顿首上尊号曰孝文皇帝。

【注释】

①繇（yóu）：由，从。

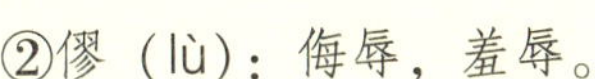

②僇（lù）：侮辱，羞辱。

③肉刑三：古代的三种肉刑，一般指黥（脸上刺字）、劓（割去鼻子）、刖（断足）。

④恺（kǎi）悌：平易近人。

⑤固要（yāo）：坚决阻拦。要，制止。

⑥祝厘（xī）：祭祀上天，祈求降福。

⑦正十月：确定每年以十月为岁首。上黑：崇尚黑色。

⑧玉英：美玉的精华，即奇异的美玉。

⑨方外之国：西汉王朝境外的国家。

⑩结轶：车轮轧出的痕迹相连。

⑪仓庾（yǔ）：贮藏粮食的仓库。

⑫绨：一种质地粗厚的丝织品。

⑬曳地：拖到地上。

⑭绖（dié）带：古代服丧时系的麻带。

⑮大红（gōng）：即大功，古代丧服五服之一，服期九个月。小红（gōng）：即小功，古代丧服五服之一，服期五个月。

⑯比率（shuài）：比照，参照。

解读

汉文帝刘恒，以德政治天下，开创了中国封建社会第一个治世——文景之治。“治世”是治平之世，也就是太平盛世。

汉文帝在位期间提倡农耕，免农田租税，减轻刑罚，从本质上说都是为了维护和巩固汉王朝的统治。但在经历了战国至秦末的长期战乱之后，这些措施对经济的恢复和政治的稳定都起到了积极的作用。而他的仁厚、俭朴，截然不同于暴君，在中国历代帝王中，文帝是一位一生都注重简朴并为世人称道的皇帝。

汉文帝的政绩不但得到了后人的赞誉，也得到了西汉末年“赤眉军”的尊崇，他们攻占长安后，西汉皇陵均被破坏，唯有汉文帝的霸陵得到了保护。

这篇本纪记载了汉文帝在位二十三年间的种种仁政，赞颂了他宽厚仁爱、谦让俭朴的品德，刻画出一个完美贤圣的封建君主形象。

孝景本纪第十一

【原典】

孝景皇帝者，孝文之中子也。母窦太后。孝文在代时，前后有三男，及窦太后得幸，前后死，及三子更死[①]，故孝景得立。

元年四月乙卯，赦天下。乙巳，赐民爵一级。五月，除田半租，为孝文立太宗庙。令群臣无朝贺。匈奴入代，与约和亲。

二年春，封故相国萧何孙系为武陵侯。男子二十而得傅[②]。四月壬午，孝文太后崩。广川、长沙王皆之国。丞相申屠嘉卒。八月，以御史大夫开封侯陶青为丞相。彗星出东北。秋，衡山雨雹，大者五寸，深者二尺。荧惑逆行[③]，守北辰。月出北辰间。岁星逆行天廷中[④]。置南陵及内史祋祤为县。

三年正月乙巳，赦天下。长星出西方。天火燔雒阳东宫大殿城室[⑤]。吴王濞、楚王戊、赵王遂、胶西王卬、济南王辟光、菑川王贤、胶东王雄渠反，发兵西乡。天子为诛晁错，遣袁盎谕告，不止，遂西围梁。上乃遣大将军窦婴、太尉周亚夫将兵诛之。六月乙亥。赦亡军及楚元王子艺等与谋反者。封大将军窦婴为魏其侯。立楚元王子平陆侯礼为楚王。立皇子端为胶西王，子胜为中山王。徙济北王志为菑川王，淮阳王馀为鲁王，汝南王非为江都王。齐王将庐、燕王嘉皆薨。

四年夏，立太子。立皇子彻为胶东王。六月甲戌，赦天下。后九月，更以弋阳为阳陵。复置津关，用传出入[⑥]。冬，以赵国为邯郸郡。

五年三月，作阳陵、渭桥。五月，募徙阳陵，予钱二十万。江都大暴风从西方来，坏城十二丈。丁卯，封长公主子蟜为隆虑侯。徙广川王为赵王。

六年春，封中尉绾为建陵侯，江都丞相嘉为建平侯，陇西太守浑邪为平曲侯，赵丞相嘉为江陵侯，故将军布为鄃侯。梁楚二王皆薨。后九月，伐驰道树，殖兰池。

七年冬，废栗太子为临江王。十一月晦，日有食之。春，免徒隶作阳陵者。丞相青免。二月乙巳，以太尉条侯周亚夫为丞相。四月乙巳，立胶东王太后为皇后。丁巳，立胶东王为太子。名彻。

中元年，封故御史大夫周苛孙平为绳侯，故御史大夫周昌孙左车为安阳侯，四月乙巳，赦天下，赐爵一级。除禁锢。地动。衡山、原都雨雹，大者尺八寸。

中二年二月，匈奴入燕，遂不和亲。三月，召临江王来。即死中尉府中。夏，立皇子越为广川王，子寄为胶东王。封四侯。九月甲戌，日食。

中三年冬，罢诸侯御史中丞。春，匈奴王二人率其徒来降，皆封为列侯。立皇子方乘为清河王。三月，彗星出西北。丞相周亚夫免，以御史大夫桃侯刘舍为丞相。四月，地动。九月戊戌晦，日食。军东都门外。

中四年三月，置德阳宫。大蝗。秋，赦徒作阳陵者。

中五年夏，立皇子舜为常山王。封十侯。六月丁巳，赦天下，赐爵一级。天下大潦[⑦]。更命诸侯丞相曰相。秋，地动。

中六年二月己卯，行幸雍，郊见五帝。三月，雨雹。四月，梁孝王、城阳共王、汝南王皆薨。立梁孝王子明为济川王，子彭离为济东王，子定为山阳王，子不识为济阴王。梁分为五。封四侯。更命廷尉为大理，将作少府为将作大匠，主爵中尉为都尉，长信詹事为长信少府，将行为大长秋，大行为行人，奉常为太常，典客为大行，治粟内史为大农。以大内为二千石，置左右内官，属大内。七月辛亥，日食。八月，匈奴入上郡。

后元年冬，更命中大夫令为卫尉。三月丁酉，赦天下，赐爵一级，中二千石、诸侯相爵右庶长。四月，大酺[⑧]。五月丙戌，地动，其蚤食时复动。上庸地动二十二日，坏城垣。七月乙巳，日食。丞相刘舍免。八月壬辰，以御史大夫绾为丞相，封为建陵侯。

后二年正月，地一日三动。郅将军击匈奴。酺五日。令内史、郡不得食马粟，没入县官。令徒隶衣七緵布[⑨]。止马舂。为岁不登，禁天下食不造岁。省列侯遣之国。三月，匈奴入雁门。十月，租长陵田。大旱。衡山国、河东、云中郡民疫。后三年十月，日月皆赤五日。十二月晦，雷。日如紫。五星逆行守太微。月贯天廷中。正月甲寅，皇太子冠。甲子，孝景皇帝崩。遗诏赐诸侯王以下至民为父后爵一级，天下户百钱。出宫人归其家，复无所与。太子即位，是为孝武皇帝。三月，封皇太后弟蚡为武安侯，弟胜为周阳侯。置阳陵。

太史公曰：汉兴，孝文施大德，天下怀安，至孝景，不复忧异姓，而晁错刻削诸侯，遂使七国俱起，合从而西向，以诸侯太盛，而错为之不以渐也。及主父偃言之，而诸侯以弱，卒以安。安危之机，岂不以谋哉？

【注释】

①更：相继。

②傅：指登记在册，给公家服徭役。

③荧惑：火星的别名。

④岁星：木星。

⑤燔（fán）：焚烧。

⑥传：一种出入关隘的凭证。

⑦潦：同"涝"，雨多成灾。

⑧酺：官方特许的聚众饮酒。

⑨七缕（zōng）布：一种很粗糙的布。

解读

这篇本纪以大事记的形式，简略地记录了汉景帝在位十六年间所发生的重要事件。总的来说，司马迁对汉景帝的功绩是持肯定态度的，但对于汉景帝的过失，司马迁也没有避讳，这一点主要体现在对汉景帝用人方面的批判。如在《绛侯周勃世家》中记载了景帝意气用事，致使敢于直言诤谏、平定七国之乱的大功臣周亚夫受辱含冤绝食而死。

尚贤用贤本是我们优秀的民族传统。孔子所提倡的治国方略就是"先有司，赦小过，举贤才"。"举贤才"，是说你所提拔的人才是公认的有能力的人才，起码在你所信任的人才中，找一个众人评价较高的贤能之士作为提拔对象，方能深得众人之心。

帝王也好，领导也好，若求贤若渴，就必须礼贤下士，以宽广的胸怀接纳人才。

对于人才，怎样才能广为吸纳和有效任用，古人的经验值得借鉴。古人在使用人才方面，不外乎以下几点：一是利义并用吸纳人才；二是公正无私使用人

才；三是苦心孤诣培养人才；四是真心诚意重视人才。

孝武本纪第十二

【原典】

孝武皇帝者，孝景中子也。母曰王太后。孝景四年，以皇子为胶东王。孝景七年，栗太子废为临江王，以胶东王为太子。孝景十六年崩，太子即位，为孝武皇帝。孝武皇帝初即位，尤敬鬼神之祀。

元年，汉兴已六十馀岁矣，天下乂安[①]，荐绅之属皆望天子封禅改正度也。而上乡儒术，招贤良，赵绾、王臧等以文学为公卿，欲议古立明堂城南，以朝诸侯。草巡狩封禅改历服色事未就。会窦太后治黄老言[②]，不好儒术，使人微得赵绾等奸利事，召案绾、臧，绾、臧自杀，诸所兴为者皆废。

后六年，窦太后崩。其明年，上征文学之士公孙弘等。

明年，上初至雍，郊见五畤[③]。后常三岁一郊。是时上求神君，舍之上林中蹏氏观[④]。神君者，长陵女子，以子死悲哀，故见神于先后宛若。宛若祠之其室，民多往祠。平原君往祠，其后子孙以尊显。及武帝即位，则厚礼置祠之内中，闻其言，不见其人云。

是时而李少君亦以祠灶、谷道、却老方见上，上尊之。少君者，故深泽侯入以主方。匿其年及所生长，常自谓七十，能使物，却老。其游以方遍诸侯。无妻子。人闻其能使物及不死，更馈遗之[⑤]，常馀金钱帛衣食。人皆以为不治产业而饶给，又不知其何所人，愈信，争事之。少君资好方，善为巧发奇中。尝从武安侯饮，坐中有年九十馀老人，少君乃言与其大父游射处，老人为儿时从其大父行，识其处，一坐尽惊。少君见上，上有故铜器，问少君。少君曰："此器齐桓公十年陈于柏寝[⑥]。"已而案其刻，果齐桓公器。一宫尽骇，以少君为神，数百岁人也。

少君言于上曰："祠灶则致物，致物而丹沙可化为黄金，黄金成以为饮食器

则益寿，益寿而海中蓬莱仙者可见，见之以封禅则不死，黄帝是也。臣尝游海上，见安期生，食臣枣，大如瓜。安期生仙者，通蓬莱中，合则见人，不合则隐。”于是天子始亲祠灶，而遣方士入海求蓬莱安期生之属，而事化丹沙诸药齐为黄金矣。

居久之，李少君病死。天子以为化去不死也，而使黄锤史宽舒受其方。求蓬莱安期生莫能得，而海上燕齐怪迂之方士多相效，更言神事矣。

亳人薄诱忌奏祠泰一方[7]，曰：“天神贵者泰一，泰一佐曰五帝。古者天子以春秋祭泰一东南郊，用太牢具，七日，为坛开八通之鬼道。”于是天子令太祝立其祠长安东南郊，常奉祠如忌方。其后人有上书，言“古者天子三年一用太牢具祠神三一：天一，地一，泰一”。天子许之，令太祝领祠之忌泰一坛上，如其方。后人复有上书，言“古者天子常以春秋解祠，祠黄帝用一枭破镜[8]；冥羊用羊；祠马行用一青牡马；泰一、皋山山君、地长用牛；武夷君用干鱼；阴阳使者以一牛”。令祠官领之如其方，而祠于忌泰一坛旁。

其后，天子苑有白鹿，以其皮为币，以发瑞应，造白金焉。

其明年，郊雍，获一角兽，若麃然[9]。有司曰：“陛下肃祗郊祀[10]，上帝报享，锡一角兽，盖麟云。”于是以荐五畤，畤加一牛以燎。赐诸侯白金，以风符应合于天地。

于是济北王以为天子且封禅，乃上书献泰山及其旁邑。天子受之，更以他县偿之。常山王有罪，迁，天子封其弟于真定，以续先王祀，而以常山为郡。然后

五岳皆在天子之郡。

其明年，齐人少翁以鬼神方见上。上有所幸王夫人，夫人卒，少翁以方术盖夜致王夫人及灶鬼之貌云，天子自帷中望见焉。于是乃拜少翁为文成将军，赏赐甚多，以客礼礼之。文成言曰："上即欲与神通，宫室被服不象神，神物不至。"乃作画云气车，及各以胜日驾车辟恶鬼。又作甘泉宫，中为台室，画天、地、泰一诸神，而置祭具以致天神。居岁馀，其方益衰，神不至。乃为帛书以饭牛，详弗知也，言此牛腹中有奇。杀而视之，得书，书言甚怪，天子疑之。有识其手书，问之人，果伪书。于是诛文成将军而隐之。

其后则又作柏梁、铜柱、承露仙人掌之属矣⑪。

文成死明年，天子病鼎湖甚，巫医无所不致，不愈。游水发根乃言曰："上郡有巫，病而鬼下之。"上召置祠之甘泉。及病，使人问神君。神君言曰："天子毋忧病。病少愈，强与我会甘泉。"于是病愈，遂幸甘泉，病良已。大赦天下，置寿宫神君。神君最贵者太一，其佐曰大禁、司命之属，皆从之。非可得见，闻其音，与人言等。时去时来，来则风肃然也。居室帷中。时昼言，然常以夜。天子祓⑫，然后入。因巫为主人，关饮食。所欲者言行下。又置寿宫、北宫，张羽旗，设供具，以礼神君。神君所言，上使人受书其言，命之曰"画法"。其所语，世俗之所知也，毋绝殊者，而天子独喜。其事秘，世莫知也。

其后三年，有司言元宜以天瑞命⑬，不宜以一二数。一元曰建元，二元以长星曰元光，三元以郊得一角兽曰元狩云。

【注释】

①乂（yì）安：安定。"乂"与"安"同义。

②黄老言：黄帝、老子之言，即道家学说。

③五畤（zhì）：古代祭祀五位天帝的五个处所。

④虒（tí）氏观：庙宇名，在上林苑中。

⑤馈遗（wèi）：赠送财物。

⑥柏寝：齐国的一处台榭。

⑦泰一：传说中最尊贵的神。也作"太一"。

⑧枭：传说中弑杀母亲的恶鸟。破镜：传说中弑杀父亲的恶兽。

⑨麃（páo）：兽名，鹿属。

⑩肃祇（zhī）：恭敬。

⑪承露仙人掌之属：汉武帝以为，经常饮用仙人掌上的露水和着玉石粉末调成的“玉露”，就可以长生不老。

⑫祓（fú）：古代的一种除灾求福的仪式。

⑬天瑞：上天降下来的吉兆。

解读

这段文字记载了汉武帝即位后四十余年间的祭祀天地山川鬼神的活动。

这篇本纪中以汉武帝为中心，围绕在他周围的是李少君、齐人少翁、栾大和公孙卿等方士。作者对这些方士以方术行骗的描述极为生动曲折，从而深刻地讽刺了武帝希冀鬼神赐福、追求长生不老的荒诞和愚昧。这些方士或以魔术手法炫人眼目，或以动听言辞故弄玄虚；而武帝对方士却是深信不疑，或尊之礼之，或封之赏之，并且言听计从，而结局却是方术无一灵验。武帝屡屡受骗，却始终不能醒悟自拔，仍然执着地“羁縻弗绝，冀遇其真”。这些描述不仅嘲讽了方士的伪诈和武帝的愚昧，也揭示了方士行骗之所以能够得逞于一时，正是武帝对鬼神方术的耽迷创造的条件。

吴太伯世家第一

【原典】

吴太伯，太伯弟仲雍，皆周太王之子，而王季历之兄也。季历贤，而有圣子昌，太王欲立季历以及昌，于是太伯、仲雍二人乃奔荆蛮，文身断发，示不可用，以避季历。季历果立，是为王季，而昌为文王。太伯之奔荆蛮，自号勾吴[①]。荆蛮义之，从而归之千馀家，立为吴太伯。

太伯卒，无子，弟仲雍立，是为吴仲雍。仲雍卒，子季简立。季简卒，子叔达立。叔达卒，子周章立。是时周武王克殷，求太伯、仲雍之后，得周章。周章已君吴，因而封之。乃封周章弟虞仲于周之北故夏虚，是为虞仲，列为诸侯。

周章卒，子熊遂立，熊遂卒，子柯相立。柯相卒，子强鸠夷立。强鸠夷卒，子馀桥疑吾立。馀桥疑吾卒，子柯卢立。柯卢卒，子周繇立。周繇卒，子屈羽立。屈羽卒，子夷吾立。夷吾卒，子禽处立。禽处卒，子转立。转卒，子颇高立。颇高卒，子句卑立。是时晋献公灭周北虞公，以开晋伐虢也。句卑卒，子去齐立。去齐卒，子寿梦立。寿梦立而吴始益大，称王。

自太伯作吴，五世而武王克殷，封其后为二：其一虞，在中国[②]；其一吴，在夷蛮。十二世而晋灭中国之虞。中国之虞灭二世，而夷蛮之吴兴。大凡从太伯至寿梦十九世。

王寿梦二年，楚之亡大夫申公巫臣怨楚将子反而奔晋，自晋使吴，教吴用兵乘车，令其子为吴行人，吴于是始通于中国。吴伐楚。十六年，楚共王伐吴，至衡山。

二十五年，王寿梦卒。寿梦有子四人，长曰诸樊，次曰馀祭，次曰馀眜，次曰季札。季札贤，而寿梦欲立之，季札让不可，于是乃立长子诸樊，摄行事当国[③]。

王诸樊元年，诸樊已除丧，让位季札。季札谢曰："曹宣公之卒也，诸侯与曹人不义曹君，将立子臧，子臧去之，以成曹君，君子曰'能守节矣'。君义嗣[④]，谁敢干君！有国，非吾节也。札虽不材，愿附于子臧之义。"吴人固立季札，季札弃其室而耕，乃舍之。秋，吴伐楚，楚败我师。四年，晋平公初立。

十三年，王诸樊卒。有命授弟馀祭，欲传以次，必致国于季札而止，以称先王寿梦之意，且嘉季札之义，兄弟皆欲致国，令以渐至焉。季札封于延陵，故号曰延陵季子。

王馀祭三年，齐相庆封有罪，自齐来奔吴。吴予庆封朱方之县，以为奉邑[⑤]，以女妻之，富于在齐。

四年，吴使季札聘于鲁[⑥]，请观周乐。为歌《周南》《召南》。曰："美哉，始基之矣，犹未也。然勤而不怨。"歌《邶》《墉》《卫》。曰："美哉，渊乎，忧而不困者也。吾闻卫康叔、武公之德如是，是其《卫风》乎？"歌《王》。曰：

“美哉，思而不惧，其周之东乎？”歌《郑》。曰：“其细已甚，民不堪也，是其先亡乎？”歌《齐》。曰：“美哉，泱泱乎大风也哉。表东海者，其太公乎？国未可量也。”歌《豳（bīn）》。曰：“美哉，荡荡乎，乐而不淫，其周公之东乎？”歌《秦》。曰：“此之谓夏声。夫能夏则大，大之至也，其周之旧乎？”歌《魏》。曰：“美哉，沨沨乎，大而宽，俭而易，行以德辅，此则盟主也。”歌《唐》。曰：“思深哉，其有陶唐氏之遗风乎？不然，何忧之远也？非令德之后，谁能若是！”歌《陈》。曰：“国无主，其能久乎？”自《郐（kuài）》以下，无讥焉。歌《小雅》。曰：“美哉，思而不贰，怨而不言，其周德之衰乎？犹有先王之遗民也。”歌《大雅》。曰：“广哉，熙熙乎，曲而有直体，其文王之德乎？”歌《颂》。曰：“至矣哉，直而不倨，曲而不诎，近而不逼，远而不携，迁而不淫，复而不厌，哀而不愁，乐而不荒，用而不匮，广而不宣，施而不费，取而不贪，处而不底（zhǐ），行而不流。五声和，八风平，节有度，守有序，盛德之所同也。”见舞《象箾（xiāo）》《南籥》者，曰：“美哉，犹有憾。”见舞《大武》，曰：“美哉，周之盛也其若此乎？”见舞《韶濩》者，曰：“圣人之弘也，犹有惭德，圣人之难也！”见舞《大夏》，曰：“美哉，勤而不德！非禹其谁能及之？”见舞《招箾》，曰：“德至矣哉，大矣，如天之无不焘也[⑦]，如地之无不载也，虽甚盛德，无以加矣。观止矣，若有他乐，吾不敢观。”

去鲁，遂使齐。说晏平仲曰："子速纳邑与政。无邑无政，乃免于难。齐国之政将有所归；未得所归，难未息也。"故晏子因陈桓子以纳政与邑，是以免于栾高之难[⑧]。

去齐，使于郑。见子产，如旧交。谓子产曰："郑之执政侈，难将至矣，政必及子。子为政，慎以礼。不然，郑国将败。"去郑，适卫。说蘧（qú）瑗、史狗、史鳅、公子荆、公叔发、公子朝曰："卫多君子，未有患也。"

自卫如晋，将舍于宿，闻钟声，曰："异哉！吾闻之，辩而不德，必加于戮。夫子获罪于君以在此，惧犹不足，而又可以畔乎？夫子之在此，犹燕之巢于幕也[⑨]。君在殡而可以乐乎？"遂去之。文子闻之，终身不听琴瑟。

适晋，说赵文子、韩宣子、魏献子曰："晋国其萃于三家乎！"将去，谓叔向曰："吾子勉之[⑩]！君侈而多良，大夫皆富，政将在三家。吾子直，必思自免于难。"

季札之初使，北过徐君。徐君好季札剑，口弗敢言。季札心知之，为使上国，未献。还至徐，徐君已死，于是乃解其宝剑，系之徐君冢树而去。从者曰："徐君已死，尚谁予乎？"季子曰："不然。始吾心已许之，岂以死倍吾心哉[⑪]！"

七年，楚公子围弑其王夹敖而代立，是为灵王。十年，楚灵王会诸侯而以伐吴之朱方，以诛齐庆封。吴亦攻楚，取三邑而去。十一年，楚伐吴，至雩娄。十二年，楚复来伐，次于干溪，楚师败走。

十七年，王馀祭卒，弟馀眜立。王馀眜二年，楚公子弃疾弑其君灵王代立焉。

四年，王馀眜卒，欲授弟季札。季札让，逃去。于是吴人曰："先王有命，兄卒弟代立，必致季子。季子今逃位，则王馀眜后立。今卒，其子当代。"乃立王馀眜之子僚为王。

【注释】

①句吴：又作"勾吴"。"句"是当地方言的发声词，并无实际意义。

②中国：在上古时期指中原黄河流域一带，为华夏族聚居之地。

③摄：主持。当国：执政。

④义嗣：符合礼义的继承人。

⑤奉邑：以收取租税作为俸禄的封地。

⑥聘：诸侯之间派使节问候。

⑦焘：覆盖。

⑧栾、高之难：齐景公十四年，齐国大夫栾施、高强互相进攻，发动战争。

⑨燕巢于幕：比喻处境十分危险。

⑩吾子：对对方的敬爱之称。

⑪倍：通“背”，违背。

解读

本篇名为《吴太伯世家》，记载了吴国从开国祖先吴太伯远避荆蛮（约公元前12世纪中叶）至吴王夫差亡国（公元前473年），长达一千二百年的一部兴亡史。其中，司马迁有意歌颂了吴太伯、季札二人不慕权力避位让国的高风亮节。对此，孔子曾说：“太伯可以说是道德的巅峰，三次把天下让给别人，人民都不知用什么言辞来称赞他才好。”

老百姓的眼睛是雪亮的，不管你有多大的官职，也无论你多么有才华，但凡你想要得到老百姓的口碑，就必须有足够高尚的道德修养，而无道德之人只有遭人唾弃的份。比如赵高秦桧之辈，尽管位居宰相之位，一人之下万人之上，但身后留下了什么？不过是骂声一片而已。

所以说，一个人无论想要学什么、做什么，首先要在道德上立根基。这是做人的根本，没有这个根本，做再大的官，有再高的学问、再大的本事也是没有益处的。

齐太公世家第二

【原典】

初，襄公之醉杀鲁桓公，通其夫人，杀诛数不当，淫于妇人，数欺大臣，群弟恐祸及，故次弟纠奔鲁。其母鲁女也。管仲、召忽傅之。次弟小白奔莒，鲍叔傅之。小白母，卫女也，有宠于厘公。小白自少好善大夫高傒。及雍林人杀无

知，议立君，高、国先阴召小白于莒。鲁闻无知死，亦发兵送公子纠，而使管仲别将兵遮莒道，射中小白带钩。小白详死[①]，管仲使人驰报鲁。鲁送纠者行益迟，六日至齐，则小白已入，高傒立之，是为桓公。

桓公之中钩，详死以误管仲，已而载温车中驰行，亦有高、国内应，故得先入立，发兵距鲁。秋，与鲁战于乾时，鲁兵败走，齐兵掩绝鲁归道。齐遗鲁书曰："子纠兄弟，弗忍诛，请鲁自杀之。召忽、管仲雠也[②]，请得而甘心醢之[③]。不然，将围鲁。"鲁人患之，遂杀子纠于笙渎。召忽自杀，管仲请囚。桓公之立，发兵攻鲁，心欲杀管仲。鲍叔牙曰："臣幸得从君，君竟以立。君之尊，臣无以增君。君将治齐，即高傒与叔牙足也。君且欲霸王，非管夷吾不可。夷吾所居国国重，不可失也。"于是桓公从之。乃详为召管仲欲甘心，实欲用之。管仲知之，故请往。鲍叔牙迎受管仲，及堂阜而脱桎梏，斋祓而见桓公[④]。桓公厚礼以为大夫，任政。

桓公既得管仲，与鲍叔、隰朋、高傒修齐国政，连五家之兵，设轻重鱼盐之利，以赡贫穷，禄贤能，齐人皆说。

二年，伐灭郯，郯子奔莒。初，桓公亡时，过郯，郯无礼，故伐之。

五年，伐鲁，鲁将师败。鲁庄公请献遂邑以平，桓公许，与鲁会柯而盟。鲁将盟，曹沫以匕首劫桓公于坛上，曰："反鲁之侵地！"桓公许之。已而曹沫去匕首，北面就臣位。桓公后悔，欲无与鲁地而杀曹沫（mèi）。管仲曰："夫劫许之而倍[⑤]信杀之，愈一小快耳[⑥]，而弃信于诸侯，失天下之援，不可。"于是遂与曹沫三败所亡地于鲁。诸侯闻之，皆信齐而欲附焉。七年，诸侯会桓公于甄，而桓公于是始霸焉。

十四年，陈厉公子完，号敬仲，来奔齐。齐桓公欲以为卿，让；于是以为工正。田成子常之祖也。

二十三年，山戎伐燕，燕告急于齐。齐桓公救燕，遂伐山戎，至于孤竹而还。燕庄公遂送桓公入齐境。桓公曰："非天子，诸侯相送不出境，吾不可以无礼于燕。"于是分沟割燕君所至与燕，命燕君复修召公之政，纳贡于周，如成康之时。诸侯闻之，皆从齐。

二十七年，鲁湣（mǐn）公母曰哀姜，桓公女弟也。哀姜淫于鲁公子庆父，庆父弑湣公，哀姜欲立庆父，鲁人更立厘公。桓公召哀姜，杀之。

二十八年，卫文公有狄乱，告急于齐。齐率诸侯城楚丘而立卫君。

二十九年，桓公与夫人蔡姬戏船中。蔡姬习水，荡公，公惧，止之，不止，出船，怒，归蔡姬，弗绝。蔡亦怒，嫁其女。桓公闻而怒，兴师往伐。

三十年春，齐桓公率诸侯伐蔡，蔡溃。遂伐楚。楚成王兴师问曰："何故涉吾地？"管仲对曰："昔召康公命我先君太公曰：'五侯九伯，若实征之，以夹辅周室[⑦]。'赐我先君履，东至海，西至河，南至穆陵，北至无棣。楚贡包茅不入，王祭不具，是以来责。昭王南征不复，是以来问。"楚王曰："贡之不入，有之，寡人罪也，敢不共乎[⑧]！昭王之出不复，君其问之水滨。"齐师进次于陉。夏，楚王使屈完将兵扞齐，齐师退次召陵。桓公矜屈完以其众。屈完曰："君以道则可；若不，则楚方城以为城，江、汉以为沟，君安能进乎？"乃与屈完盟而去。过陈，陈袁涛涂诈齐，令出东方，觉。秋，齐伐陈。是岁，晋杀太子申生。

三十五年夏，会诸侯于葵丘。周襄王使宰孔赐桓公文武胙[⑨]、彤弓矢、大路[⑩]，命无拜。桓公欲许之，管仲曰"不可"，乃下拜受赐。秋，复会诸侯于葵丘，益有骄色。周使宰孔会。诸侯颇有叛者。晋侯病，后，遇宰孔。宰孔曰："齐侯骄矣，弟无行。"从之。是岁，晋献公卒，里克杀奚齐、卓子，秦穆公以夫人入公子夷吾为晋君。桓公于是讨晋乱，至高梁，使隰朋立晋君，还。

是时周室微，唯齐、楚、秦、晋为强。晋初与会，献公死，国内乱。秦穆公辟远，不与中国会盟[⑪]。楚成王初收荆蛮有之，夷狄自置。唯独齐为中国会盟，而桓公能宣其德，故诸侯宾会。于是桓公称曰："寡人南伐至召陵，望熊山；北伐山戎、离枝、孤竹；西伐大夏，涉流沙；束马悬车登太行，至卑耳山而还。诸侯莫违寡人。寡人兵车之会三，乘车之会六，九合诸侯，一匡天下。昔三代受命，有何以异于此乎？吾欲封泰山，禅梁父。"管仲固谏，不听；乃说桓公以远方珍怪物至乃得封，桓公乃止。

三十八年，周襄王弟带与戎、翟合谋伐周，齐使管仲平戎于周。周欲以上卿礼管仲，管仲顿首曰："臣陪臣，安敢！"三让，乃受下卿礼以见。三十九年，周襄王弟带来奔齐。齐使仲孙请王，为带谢。襄王怒，弗听。

四十一年，秦穆公虏晋惠公，复归之。是岁，管仲、隰朋皆卒。管仲病，桓公问曰："群臣谁可相者？"管仲曰："知臣莫如君。"公曰："易牙如何？"对曰："杀子以适君，非人情，不可。"公曰："开方如何[⑫]？"对曰："倍亲以适君，非

人情，难近。”公曰：“竖刁如何？”对曰：“自宫以适君，非人情，难亲。”管仲死，而桓公不用管仲言，卒近用三子，三子专权。

四十二年，戎伐周，周告急于齐，齐令诸侯各发卒戍周。是岁，晋公子重耳来，桓公妻之。

四十三年。初，齐桓公之夫人三：曰王姬、徐姬、蔡姬，皆无子。桓公好内[13]，多内宠，如夫人者六人，长卫姬，生无诡；少卫姬，生惠公元；郑姬，生孝公昭；葛嬴，生昭公潘；密姬，生懿公商人；宋华子，生公子雍。桓公与管仲属孝公于宋襄公，以为太子。雍巫有宠于卫共姬，因宦者竖刁以厚献于桓公，亦有宠，桓公许之立无诡。管仲卒，五公子皆求立。冬十月乙亥，齐桓公卒。易牙入，与竖刁因内宠杀群吏，而立公子无诡为君。太子昭奔宋。

桓公病，五公子各树党争立。及桓公卒，遂相攻，以故宫中空，莫敢棺。桓公尸在床上六十七日，尸虫出于户。十二月乙亥，无诡立，乃棺赴。辛巳夜，敛殡。

桓公十有馀子，要其后立者五人[14]：无诡立三月死，无谥；次孝公；次昭公；次懿公；次惠公。孝公元年三月，宋襄公率诸侯兵送齐太子昭而伐齐。齐人恐，杀其君无诡。齐人将立太子昭，四公子之徒攻太子，太子走宋，宋遂与齐人四公子战。五月，宋败齐四公子师而立太子昭，是为齐孝公。宋以桓公与管仲属之太子，故来征之。以乱故，八月乃葬齐桓公。

【注释】

①详：通“佯”，假装。

②雠：仇敌。

③醢（hǎi）：一种酷刑，将人剁成肉酱。

④斋袚：古人在大典礼前要戒酒荤，沐浴净身，叫作“斋”。进行除灾求福的祭祀活动叫作“袚”。

⑤倍：通“背”。

⑥愈：通“愉”，高兴。

⑦夹辅：辅佐。

⑧共：通“供”，供给。

⑨文武胙：周天子祭祀文王武王用的供品之肉。

⑩大路：天子乘坐的车。

⑪中国：此指中原地区。

⑫开方：人名，卫国公子，一直侍奉桓公。

⑬内：女色。

⑭要：总计。

解读

《齐太公世家》记载了姜姓齐国自西周初太公建国起，至公元前379年齐康公身死国灭，总计近千年的历史，其中重点塑造了齐桓公这个一代霸主的形象。

管仲死后，齐桓公开始时还记着管仲的劝告，将易牙、竖刁这些人赶出了宫，却非常不习惯没有这些人的日子，又将他们接了回来。齐桓公将管仲的劝告置之脑后，重用易牙、竖刁等人。这些人投其所好，阿谀谄媚。齐桓公在他们的奉承下，上进心尽失，政治腐败，他自己还觉得没有不妥，说："仲父的话是言过其实了。"齐桓公生病的时候，这几个人一同叛乱。他们在桓公寝室四周筑起一道围墙，禁止任何人入内。这时，桓公哭得涕泪横流，感慨道："唉！还是圣人的眼光比我们远大呀！若是死者地下有知，我还有什么脸面去见仲父呢？"说罢，自己扬起衣袖捂住脸部，气绝身亡，死在寿宫。尸首无人理睬，以致腐烂发臭，蛆虫爬出门外，上面只盖一把扇子，三个月没人安葬。

从此，齐国的霸业骤然衰落了。

齐桓公的死可以说是他自己一手造成的。他的悲剧提醒人们，如果听不到批评意见，听不进难以入耳的忠言，就认识不到错误，察觉不了灾祸，无法提醒、鞭策自己，是件很危险的事；整天被赞扬的话包围，赞美之词不绝于耳，就像喝含有"鸩毒"的美酒一样，听多了就会丧失警觉，削弱自己发奋上进的精神，沉湎在自我陶醉之中，积羽沉舟，最终会毁了自己。

鲁周公世家第三

【原典】

周公旦者，周武王弟也。自文王在时，旦为子孝，笃仁，异于群子。及武王即位，旦常辅翼武王，用事居多。武王九年，东伐至盟津，周公辅行。十一年，伐纣，至牧野，周公佐武王，作《牧誓》。破殷，入商宫。已杀纣，周公把大钺，召公把小钺，以夹武王，衅社[①]，告纣之罪于天及殷民。释箕子之囚。封纣子武庚禄父，使管叔、蔡叔傅之，以续殷祀。遍封功臣同姓戚者。封周公旦于少昊之虚曲阜[②]，是为鲁公。周公不就封，留佐武王。

武王克殷二年，天下未集，武王有疾，不豫[③]，群臣惧，太公、召公乃缪卜。周公曰："未可以戚我先王。"周公于是乃自以为质，设三坛，周公北面立，戴璧秉圭，告于太王、王季、文王。史策祝曰："惟尔元孙王发，勤劳阻疾。若尔三王是有负子之责于天，以旦代王发之身。旦巧能，多材多艺，能事鬼神。乃王发不如旦多材多艺，不能事鬼神。乃命于帝庭，敷佑四方，用能定汝子孙于下地，四方之民罔不敬畏[④]。无坠天之降葆命，我先王亦永有所依归。今我其即命于元龟，尔之许我，我以其璧与圭归，以俟尔命。尔不许我，我乃屏璧与圭。"周公已令史策告太王、王季、文王，欲代武王发，于是乃即三王而卜。卜人皆曰吉，发书视之，信吉。周公喜，开籥，乃见书遇吉。周公入贺武王曰："王其无害。旦新受命三王，维长终是图。兹道能念予一人。"周公藏其策金縢匮中，诫守者勿敢言。明日，武王有瘳[⑤]。

其后武王既崩，成王少，在襁褓之中。周公恐天下闻武王崩而畔，周公乃践阼代成王摄行政当国。管叔及其群弟流言于国曰："周公将不利于成王。"周公乃告太公望、召公奭曰："我之所以弗辟而摄行政者[⑥]，恐天下畔周，无以告我先王太王、王季、文王。三王之忧劳天下久矣，于今而后成。武王蚤终，成王少，将以成周，我所以为之若此。”于是卒相成王，而使其子伯禽代就封于鲁。周公戒伯禽曰：“我文王之子，武王之弟，成王之叔父，我于天下亦不贱矣。然我一沐三捉发，一饭三吐哺，起以待士，犹恐失天下之贤人。子之鲁，慎无以国骄人。”

管、蔡、武庚等果率淮夷而反。周公乃奉成王命，兴师东伐，作《大诰》。遂诛管叔，杀武庚，放蔡叔。收殷馀民，以封康叔于卫，封微子于宋，以奉殷祀。宁淮夷东土，二年而毕定。诸侯咸服宗周。

天降祉福，唐叔得禾，异母同颖，献之成王，成王命唐叔以馈周公于东土，作《馈禾》。周公既受命禾[⑦]，嘉天子命，作《嘉禾》。东土以集，周公归报成王，乃为诗贻王，命之曰《鸱鸮》。王亦未敢训周公。

成王七年二月乙未，王朝步自周，至丰，使太保召公先之雒相土。其三月，周公往营成周雒邑，卜居焉，曰吉，遂国之。

成王长，能听政。于是周公乃还政于成王，成王临朝。周公之代成王治，南面倍依以朝诸侯。及七年后，还政成王，北面就臣位，匔匔如畏然[⑧]。

初，成王少时，病，周公乃自揃（jiǎn）其蚤沈之河，以祝于神曰：“王少未有识，奸神命者乃旦也。”亦藏其策于府。成王病有瘳。及成王用事，人或谮周公[⑨]，周公奔楚。成王发府，见周公祷书，乃泣，反周公。

周公归，恐成王壮，治有所淫佚，乃作《多士》，作《毋逸》。《毋逸》称：“为人父母，为业至长久，子孙骄奢忘之，以亡其家，为人子可不慎乎！故昔在殷王中宗，严恭敬畏天命，自度治民，震惧不敢荒宁，故中宗飨国七十五年。其在高宗，久劳于外，为与小人，作其即位，乃有亮闇，三年不言，言乃欢，不敢

荒宁，密靖殷国，至于小大无怨，故高宗飨国五十五年。其在祖甲，不义惟王，久为小人于外，知小人之依，能保施小民，不侮鳏寡，故祖甲飨国三十三年。”《多士》称曰：“自汤至于帝乙，无不率祀明德，帝无不配天者。在今后嗣王纣，诞淫厥佚，不顾天及民之从也。其民皆可诛。”“文王日中昃不暇食[10]，飨国五十年。”作此以诫成王。

成王在丰，天下已安，周之官政未次序，于是周公作《周官》，官别其宜，作《立政》，以便百姓。百姓说。

周公在丰，病，将没[11]，曰：“必葬我成周，以明吾不敢离成王。”周公既卒，成王亦让，葬周公于毕，从文王，以明予小子不敢臣周公也。

周公卒后，秋未获，暴风雷，禾尽偃，大木尽拔。周国大恐。成王与大夫朝服以开金縢（téng）书，王乃得周公所自以为功代武王之说。二公及王乃问史百执事，史百执事曰：“信有，昔周公命我勿敢言。”成王执书以泣，曰：“自今后其无缪卜乎！昔周公勤劳王家，惟予幼人弗及知。今天动威以彰周公之德，惟朕小子其迎[12]，我国家礼亦宜之。”王出郊，天乃雨，反风，禾尽起。二公命国人，凡大木所偃，尽起而筑之。岁则大孰。于是成王乃命鲁得郊祭文王。鲁有天子礼乐者，以褒周公之德也。

【注释】

①衅社：衅，用牲畜的血祭祀；社，地神。

②虚：同“墟”，区域。

③不豫：不安，不舒服。

④罔：无。

⑤有瘳（chōu）：病体痊愈。

⑥弗辟：不避让。

⑦命禾：天子所赐之禾。

⑧匔（gōng）：即躬，谨慎恭敬的样子。

⑨谮（zèn）：说坏话诬陷别人。

⑩昃（zè）：太阳偏西。

⑪没：同“殁”，死亡。

⑫朕小子：成王自己的谦称。

解读

本篇内容主要详细记述了西周开国重臣周公的生平事迹，并择要记载了鲁国经历三十四代君主、历时一千余年的历史发展过程。

周公在历史上有着极其重要的地位，对后世产生了深刻的影响。他兢兢业业，任劳任怨，辅佐周武王开创了周王朝八百年的基业，从而也把我国的第一个文明社会形式推向了巅峰，为我国民族融合、政治统一作出了巨大贡献。同时，他所制定的“礼乐行政”对我国传统文化的形成奠定了扎实的基础，至今中华民族的文化氛围中，仍然洋溢着西周时代那种重伦理、轻逸乐、好俭朴、乐献身的风度和精神。司马迁对周公不但怀有一种深厚的景仰之情，而且把周公作为“立德立功立言”的楷模来学习仿效，以期为中国文化发展作出贡献。在《太史公自序》中，司马迁激动地回忆了父亲临终时的嘱托：“夫天下称颂周公，言其能论歌文武之德，宣周邵之风，达太王王季之思虑，爰及公刘，以尊后稷也。”可见，周公的榜样力量是激励司马迁完成《史记》创作的重要因素之一。

在本篇中，司马迁为我们树立了一个胸怀博大、深沉果断，为国家利益辛劳毕生、鞠躬尽瘁的高尚君子形象，内容感人至深，不由得令人深思。

对从政者而言，严格意义上讲，从政本身就应该是效力于社会，而不应先考虑为个人捞好处。所以从政者首先必须考虑如何为国家出力。历史上辅政者、从政者多得无法统计，但能像周公这样流芳后世者几乎全是“敬其事而后其食”的有德有为之人。

一个知识分子，为什么读书？为什么从政？为什么工作？不是为了自己吃饭，是为了对社会、国家有所贡献，假如没有贡献，无论在安定的社会或动乱的社会都是可耻的。

以周公为榜样，我们应该严格要求自己，始终把社会责任放在首位。这是人类维持社会正常秩序、实现其人生社会价值的重要策略。人与社会之间是相互依存的关系，在这种相互依存的关系中，每个人首先应该想到要为社会作贡献，促使社会财富迅速增加，逐渐发达，然后再谈取之于社会。对于从政者来说，尤其应当如此。

燕召公世家第四

【原典】

召公奭与周同姓，姓姬氏。周武王之灭纣，封召公于北燕。

其在成王时，召王为三公：自陕以西，召公主之；自陕以东，周公主之。成王既幼，周公摄政，当国践祚[①]，召公疑之，作《君奭》。《君奭》不说周公。周公乃称“汤时有伊尹，假于皇天；在太戊时，则有若伊陟、臣扈，假于上帝，巫咸治王家；在祖乙时，则有若巫贤；在武丁时，则有若甘般：率维兹有陈，保乂有殷[②]”。于是召公乃说。

召公之治西方，甚得兆民和。召公巡行乡邑，有棠树，决狱政事其下，自侯伯至庶人各得其所，无失职者。召公卒，而民人思召公之政，怀棠树不敢伐，哥咏之，作《甘棠》之诗。

自召公已下九世至惠侯。燕惠侯当周厉王奔彘，共和之时。

惠侯卒，子厘侯立。是岁，周宣王初即位。厘侯二十一年，郑桓公初封于郑。三十六年，厘侯卒，子顷侯立。

顷侯二十年，周幽王淫乱，为犬戎所弑[③]。秦始列为诸侯。

二十四年，顷侯卒，子哀侯立。哀侯二年卒，子郑侯立。郑侯三十六年卒，子穆侯立。

穆侯七年，而鲁隐公元年也。十八年卒，子宣侯立。宣侯十三年卒，子桓侯立。桓侯七年卒，子庄公立。

庄公十二年，齐桓公始霸。十六年，与宋、卫共伐周惠王，惠王出奔温，立惠王弟颓为周王。十七年，郑执燕仲父而内惠王于周。二十七年，山戎来侵我，齐桓公救燕，遂北伐山戎而还。燕君送齐桓公出境，桓公因割燕所至地予燕，使燕共贡天子，如成周时职；使燕复修召公之法。三十三年卒，子襄公立。

襄公二十六年，晋文公为践土之会，称伯[④]。三十一年，秦师败于殽。三十七年，秦穆公卒。四十年，襄公卒，桓公立。

桓公十六年卒，宣公立。宣公十五年卒，昭公立。昭公十三年卒，武公立。是岁晋灭三郤大夫。

武公十九年卒，文公立。文公六年卒，懿公立。懿公元年，齐崔杼弑其君庄公。四年卒，子惠公立。

惠公元年，齐高止来奔。六年，惠公多宠姬，公欲去诸大夫而立宠姬宋，大夫共诛姬宋，惠公惧，奔齐。四年，齐高偃如晋，请共伐燕，入其君。晋平公许，与齐伐燕，入惠公。惠公至燕而死。燕立悼公。

悼公七年卒，共公立[⑤]。共公五年卒，平公立。晋公室卑，六卿始强大。平公十八年，吴王阖闾破楚入郢。十九年卒，简公立。简公十二年卒，献公立。晋赵鞅围范、中行于朝歌。献公十二年，齐田常弑其君简公。十四年，孔子卒。二十八年，献公卒，孝公立。

孝公十二年，韩、魏、赵灭知伯[⑥]，分其地，三晋强。

十五年，孝公卒，成公立。成公十六年卒，湣公立。湣公三十一年卒，厘公立。是岁，三晋列为诸侯。

厘公三十年，伐败齐于林营。厘公卒，桓公立。桓公十一年卒，文公立。是岁，秦献公卒。秦益强。

文公十九年，齐威王卒。二十八年，苏秦始来见，说文公。文公予车马金帛以至赵，赵肃侯用之。因约六国，为从长[⑦]。秦惠王以其女为燕太子妇。

二十九年，文公卒，太子立，是为易王。

易王初立，齐宣王因燕丧伐我，取十城；苏秦说齐，使复归燕十城。十年，燕君为王。苏秦与燕文公夫人私通，惧诛，乃说王使齐为反间，欲以乱齐。易王立十二年卒，子燕哙立。

燕哙既立，齐人杀苏秦。苏秦之在燕，与其相子之为婚，而苏代与子之交。及苏秦死，而齐宣王复用苏代。燕哙三年，与楚、三晋攻秦，不胜而还。子之相燕，贵重，主断。苏代为齐使于燕，燕王问曰："齐王奚如？"对曰："必不霸。"燕王曰："何也？"对曰："不信其臣。"苏代欲以激燕王以尊子之也。于是燕王大信子之。子之因遗苏代百金，而听其所使。

鹿毛寿谓燕王："不如以国让相子之。人之谓尧贤者，以其让天下于许由，

许由不受，有让天下之名而实不失天下。今王以国让于子之，子之必不敢受，是王与尧同行也。”燕王因属国于子之[8]，子之大重。或曰：“禹荐益，已而以启人为吏。及老，而以启人为不足任乎天下，传之于益。已而启与交党攻益，夺之。天下谓禹名传天下于益，已而实令启自取之。今王言属国于子之，而吏无非太子人者，是名属子之而实太子用事也。”王因收印自三百石吏已上而效之子之。子之南面行王事，而哙老不听政，顾为臣，国事皆决于子之。

三年，国大乱，百姓恫恐。将军市被与太子平谋，将攻子之。诸将谓齐湣王曰：“因而赴之，破燕必矣。”齐王因令人谓燕太子平曰：“寡人闻太子之义，将废私而立公，饬君臣之义，明父子之位。寡人之国小，不足以为先后。虽然，则唯太子所以令之。”太子因要党聚众，将军市被围公宫，攻子之，不克。将军市被及百姓反攻太子平，将军市被死以徇。因构难数月[9]，死者数万，众人恫恐，百姓离志。孟轲谓齐王曰：“今伐燕，此文、武之时，不可失也。”王因令章子将五都之兵，以因北地之众以伐燕。士卒不战，城门不闭，燕君哙死，齐大胜。燕子之亡二年，而燕人共立太子平，是为燕昭王。

燕昭王于破燕之后即位，卑身厚币以招贤者。谓郭隗曰：“齐因孤之国乱而袭破燕，孤极知燕小力少，不足以报。然诚得贤士以共国，以雪先王之耻，孤之愿也。先生视可者，得身事之。”郭隗曰：“王必欲致士，先从隗始。况贤于隗者，岂远千里哉！”于是昭王为隗改筑宫而师事之。乐毅自魏往，邹衍自齐往，剧辛自赵往，士争趋燕。燕王吊死问孤，与百姓同甘苦。

二十八年，燕国殷富，士卒乐轶轻战[10]，于是遂以乐毅为上将军，与秦、楚、三晋合谋以伐齐。齐兵败，湣王出亡于外。燕兵独追北，入至临淄，尽取齐宝，烧其宫室宗庙。齐城之不下者，独唯聊、莒、即墨，其馀皆属燕六岁。

昭王三十三年卒，子惠王立。

【注释】

①践祚：登上皇位。祚：同“阼”，王位前的台阶。

②保乂（yì）：治理，安定。

③弑：古代把臣子杀死君主或子女杀死父母叫作“弑”。

④伯：通“霸”。

⑤共：通“恭”。

⑥知：同“智”。

⑦从：同“纵”，即合纵。长：首领，领导人。

⑧属（zhǔ）：同嘱，委托，交付。

⑨构难：造成祸乱。

⑩轶：突，袭击。乐轶：乐于出击。

解读

这篇传记记叙了民众爱戴燕召公的故事，尤其突出记叙了召公听讼甘棠之下，后人思召公之政而作《甘棠》诗歌颂他的典型事例，高度赞扬了燕召公仁德爱民的思想和行为。

为政者的仁政方针，如果能真正实施开来，其产生的正面效果往往是巨大的。这在中国古代的“人治”社会里尤其明显。

燕召公的德行和仁政，在当时各种尖锐的社会矛盾情况下，不但使国势为之而振，而且赢得了广大百姓的心；不但本朝史官称赞，而且连后代的人们也敬仰有加。可见，以德行仁政不仅是一种人为的统治需要，同时也符合社会秩序的内在规律。

在这里，作者字里行间强调的是为政者的个人修养问题。他将为政者的道德及其仁道政治，与政局的稳定和国家的强盛紧密联系在一起，说明了“德”与“仁”强大的感召力和凝聚力。

其实，无论是治国，还是做人做事，高尚的道德品质和非凡的人格魅力都会

形成一种像磁场一样的向心力，从而提升自己的“人气”。

管蔡世家第五

【原典】

管叔鲜、蔡叔度者，周文王子而武王弟也。武王同母兄弟十人。母曰太姒，文王正妃也。其长子曰伯邑考，次曰武王发，次曰管叔鲜，次曰周公旦，次曰蔡叔度，次曰曹叔振铎，次曰成叔武，次曰霍叔处，次曰康叔封，次曰冉季载。冉季载最少。同母昆弟十人[①]，唯发、旦贤，左右辅文王，故文王舍伯邑考而以发为太子。及文王崩而发立，是为武王。伯邑考既已前卒矣。

武王已克殷纣，平天下，封功臣昆弟。于是封叔鲜于管，封叔度于蔡：二人相纣子武庚禄父，治殷遗民[②]。封叔旦于鲁而相周，为周公。封叔振铎于曹，封叔武于成，封叔处于霍。康叔封、冉季载皆少，未得封。

武王既崩，成王少，周公旦专王室。管叔、蔡叔疑周公之为不利于成王，乃挟武庚以作乱。周公旦承成王命伐诛武庚，杀管叔，而放蔡叔，迁之，与车十乘，徒七十人从。而分殷馀民为二：其一封微子启于宋，以续殷祀；其一封康叔为卫君，是为卫康叔。封季载于冉。冉季、康叔皆有驯行，于是周公举康叔为周司寇，冉季为周司空，以佐成王治，皆有令名于天下。

蔡叔度既迁而死。其子曰胡，胡乃改行，率德驯善。周公闻之，而举胡以为鲁卿士，鲁国治。于是周公言于成王，复封胡于蔡，以奉蔡叔之祀，是为蔡仲。馀五叔皆就国，无为天子吏者。

蔡仲卒，子蔡伯荒立。蔡伯荒卒，子宫侯立。宫侯卒，子厉侯立。厉侯卒，子武侯立。武侯之时，周厉王失国，奔彘，共和行政，诸侯多叛周。

武侯卒，子夷侯立。夷侯十一年，周宣王即位。二十八年，夷侯卒，子厘侯所事立。

厘侯三十九年，周幽王为犬戎所杀，周室卑而东徙。秦始得列为诸侯。

四十八年，厘侯卒，子共侯兴立。共侯二年卒，子戴侯立。戴侯十年卒，子宣侯措父立。

宣侯二十八年，鲁隐公初立。三十五年，宣侯卒，子桓侯封人立。桓侯三年，鲁弑其君隐公。二十年，桓侯卒，弟哀侯献舞立。

哀侯十一年，初，哀侯娶陈，息侯亦娶陈。息夫人将归[3]，过蔡，蔡侯不敬。息侯怒，请楚文王："来伐我，我求救于蔡，蔡必来，楚因击之，可以有功。"楚文王从之，虏蔡哀侯以归。哀侯留九岁，死于楚。凡立二十年卒。蔡人立其子肸（xī），是为穆侯。

穆侯以其女弟为齐桓公夫人。十八年，齐桓公与蔡女戏船中，夫人荡舟，桓公止之，不止，公怒，归蔡女而不绝也[4]。蔡侯怒，嫁其弟。齐桓公怒，伐蔡；蔡溃，遂虏穆侯，南至楚邵陵。已而诸侯为蔡谢齐，齐侯归蔡侯。二十九年，穆侯卒，子庄侯甲午立。

庄侯三年，齐桓公卒。十四年，晋文公败楚于城濮。二十年，楚太子商臣弑其父成王代立。二十五年，秦穆公卒。三十三年，楚庄王即位。三十四年，庄侯卒，子文侯申立。

文侯十四年，楚庄王伐陈，杀夏徵舒。十五年，楚围郑，郑降楚，楚复醳之[5]。二十年，文侯卒，子景侯固立。

景侯元年，楚庄王卒。四十九年，景侯为太子般娶妇于楚，而景侯通焉[6]。太子弑景侯而自立，是为灵侯。

灵侯二年，楚公子围弑其王郏敖而自立，为灵王。九年，陈司徒招弑其君哀公。楚使公子弃疾灭陈而有之。十二年，楚灵王以灵侯弑其父，诱蔡灵侯于申，伏甲饮之，醉而杀之，刑其士卒七十人。令公子弃疾围蔡。十一月，灭蔡，使弃疾为蔡公。

楚灭蔡三岁，楚公子弃疾弑其君灵王代立，为平王。平王乃求蔡景侯少子庐，立之，是为平侯。是年，楚亦复立陈。楚平王初立，欲亲诸侯，故复立陈、蔡后。

平侯九年卒，灵侯般之孙东国攻平侯子而自立，是为悼侯。悼侯父曰隐太子友。隐太子友者，灵侯之太子，平侯立而杀隐太子，故平侯卒而隐太子之子东国攻平侯子而代立，是为悼侯。悼侯三年卒，弟昭侯申立。

昭侯十年，朝楚昭王，持美裘二，献其一于昭王而自衣其一。楚相子常欲之，不与。子常谗蔡侯，留之楚三年。蔡侯知之，乃献其裘于子常；子常受之，乃言归蔡侯。蔡侯归而之晋，请与晋伐楚。

十三年春，与卫灵公会邵陵。蔡侯私于周苌弘，以求长于卫；卫使史�言康叔之功德，乃长卫。夏，为晋灭沈，楚怒，攻蔡。蔡昭侯使其子为质于吴，以共伐楚。冬，与吴王阖闾遂破楚，入郢。蔡怨子常，子常恐，奔郑。十四年，吴去而楚昭王复国。十六年，楚令尹为其民泣以谋蔡，蔡昭侯惧。二十六年，孔子如蔡。楚昭王伐蔡，蔡恐，告急于吴。吴为蔡远，约迁以自近，易以相救；昭侯私许，不与大夫计。吴人来救蔡，因迁蔡于州来。二十八年，昭侯将朝于吴，大夫恐其复迁，乃令贼利杀昭侯；已而诛贼利以解过，而立昭侯子朔，是为成侯。

成侯四年，宋灭曹。十年，齐田常弑其君简公。十三年，楚灭陈。十九年，成侯卒，子声侯产立。声侯十五年卒，子元侯立。元侯六年卒，子侯齐立。

侯齐四年，楚惠王灭蔡，蔡侯齐亡，蔡遂绝祀[⑦]。后陈灭三十三年。

伯邑考，其后不知所封。武王发，其后为周，有本纪言。管叔鲜作乱诛死，无后。周公旦，其后为鲁，有世家言。蔡叔度，其后为蔡，有世家言。曹叔振铎，有后为曹，有世家言。成叔武，其后世无所见。霍叔处，其后晋献公时灭霍。康叔封，其后为卫，有世家言。冉季载，其后世无所见。

太史公曰：管、蔡作乱，无足载者。然周武王崩，成王少，天下既疑，赖同母之弟成叔、冉季之属十人为辅拂[⑧]，是以诸侯卒宗周，故附之世家言。

【注释】

①昆弟：兄弟。

②遗民：亡国之民。

③归：出嫁。

④归：使归。此处指齐桓公把蔡女轰回娘家。

⑤醳（shì）：通“释”，释放。

⑥通：通奸。

⑦绝祀：宗庙祭祀断绝，象征亡国。

⑧拂：通“弼”，辅佐。

解读

本篇内容主要是记述周武王的弟弟管叔、蔡叔的事迹，其中穿插了蔡、曹两国的兴衰历程。

西周立国伊始，即实行以血缘关系来维系国家统治的宗法制度，把各个王室成员分封到各地为诸侯。武王死后，年幼的成王继位，由于周公旦摄政而引起了管叔、蔡叔的怀疑和不满。他们利用自己封地内殷族余民的力量叛周，后被武力平息。在本篇中，司马迁既从维护统一的立场出发，批评了管叔、蔡叔的分裂行为，又站在客观的立场，辩证地指出了二人叛国的真实思想根源：“疑周公之为不利于成王。”司马迁没有像那些极端的卫道者一样，把管蔡之乱完全归咎于管蔡个人品质的顽劣，体现出作者尊重史实、不偏不倚的实录精神，以及作为一个史学家的良知。

陈杞世家第六

【原典】

三十八年正月甲戌己丑[①]，桓公鲍卒。桓公弟佗，其母蔡女，故蔡人为佗杀五父及桓公太子免而立佗，是为厉公。桓公病而乱作，国人分散，故再赴[②]。

厉公二年，生子敬仲完。周太史过陈，陈厉公使以《周易》筮之，卦得“观”之“否”：“是为观国之光，利用宾于王。此其代陈有国乎？不在此，其在异国？非此其身，在其子孙。若在异国，必姜姓。姜姓，太岳之后。物莫能两大，陈衰，此其昌乎？”

厉公取蔡女，蔡女与蔡人乱[③]，厉公数如蔡淫。七年，厉公所杀桓公太子免之三弟，长曰跃，中曰林，少曰杵臼，共令蔡人诱厉公以好女，与蔡人共杀厉公而立跃，是为利公。利公者，桓公子也。利公立五月卒，立中弟林，是为庄公。庄公七年卒，少弟杵臼立，是为宣公。

宣公三年，楚武王卒，楚始强。十七年，周惠王娶陈女为后。

二十一年，宣公后有嬖姬生子款[④]，欲立之，乃杀其太子御寇。御寇素爱厉公子完，完惧祸及己，乃奔齐。齐桓公欲使陈完为卿，完曰：“羁旅之臣，幸得免负檐[⑤]，君之惠也，不敢当高位。”桓公使为工正。齐懿仲欲妻陈敬仲，卜之，占曰：“是谓凤皇于飞，和鸣锵锵。有妫之后，将育于姜。五世其昌，并于正卿。八世之后，莫之与京。”

三十七年，齐桓公伐蔡，蔡败；南侵楚，至召陵，还，过陈。陈大夫辕涛涂恶其过陈，诈齐令出东道。东道恶，桓公怒，执陈辕涛涂。是岁，晋献公杀其太子申生。

四十五年，宣公卒，子款立，是为穆公。穆公五年，齐桓公卒。十六年，晋文公败楚师于城濮。是岁，穆公卒，子共公朔立。共公六年，楚太子商臣弑其父成王代立，是为穆王。十一年，秦穆公卒。十八年，共公卒，子灵公平国立。

灵公元年，楚庄王即位。六年，楚伐陈。十年，陈及楚平。

十四年，灵公与其大夫孔宁、仪行父皆通于夏姬，衷其衣以戏于朝⑥。泄冶谏曰："君臣淫乱，民何效焉？"灵公以告二子，二子请杀泄冶，公弗禁，遂杀泄冶。十五年，灵公与二子饮于夏氏。公戏二子曰："徵舒似汝。"二子曰："亦似公。"徵舒怒。灵公罢酒出，徵舒伏弩厩门射杀灵公。孔宁、仪行父皆奔楚，灵公太子午奔晋。徵舒自立为陈侯。徵舒，故陈大夫也。夏姬，御叔之妻，舒之母也。

【注释】

①三十八年：即公元前707年。

②赴：同"讣"，报丧。

③乱：不正当的男女关系。

④嬖：宠爱。

⑤负檐：劳苦。

⑥衷：贴身穿。

解读

本篇的主要内容是叙述陈国历史发展的兴亡过程，同时简要记载了杞国的世系源流。在本篇中，司马迁选择了最能反映陈国君臣道德品质的典型事例加以阐述，以求达到"其恶可以戒后"的目的。

荒淫无道，是中国古代专制社会君主集权政治的必然现象，也是导致统治阶级内讧、国家丧乱的主要原因之一。司马迁在本篇着重写了陈厉公好淫而丧生，陈灵公荒淫而失国，孔宁、仪行父因淫乱而逃亡他国的史实，通过这些事例，司马迁对统治阶级的腐朽堕落进行了深刻的揭露和无情的鞭挞。

卫康叔世家第七

【原典】

卫康叔名封，周武王同母少弟也。其次尚有冉季，冉季最少。

武王已克殷纣，复以殷馀民封纣子武庚禄父，比诸侯，以奉其先祀勿绝。为武庚未集，恐其有贼心，武王乃令其弟管叔、蔡叔傅相武庚禄父，以和其民。武王既崩，成王少。周公旦代成王治，当国。管叔、蔡叔疑周公，乃与武庚禄父作乱，欲攻成周。周公旦以成王命兴师伐殷，杀武庚禄父、管叔，放蔡叔，以武庚殷馀民封康叔为卫君，居河、淇间故商墟。

周公旦惧康叔齿少，乃申告康叔曰："必求殷之贤人君子长者，问其先殷所以兴，所以亡，而务爱民。"告以纣所以亡者以淫于酒，酒之失，妇人是用，故纣之乱自此始。为《梓材》，示君子可法则。故谓之《康诰》《酒诰》《梓材》以命之[①]。康叔之国，既以此命，能和集其民，民大说。

成王长，用事，举康叔为周司寇，赐卫宝祭器，以章有德。

康叔卒，子康伯代立。康伯卒，子考伯立。考伯卒，子嗣伯立。嗣伯卒，子庱伯立。庱伯卒，子靖伯立。靖伯卒，子贞伯立。贞伯卒，子顷侯立。

顷侯厚赂周夷王，夷王命卫为侯。顷侯立十二年卒，子厘侯立。

厘侯十三年，周厉王出奔于彘，共和行政焉。二十八年，周宣王立。

四十二年，厘侯卒，太子共伯馀立为君。共伯弟和有宠于厘侯，多予之赂[②]；和以其赂赂士，以袭攻共伯于墓上，共伯入厘侯羡自杀。卫人因葬之厘侯旁，谥曰共伯，而立和为卫侯，是为武公。

武公即位，修康叔之政，百姓和集。四十二年，犬戎杀周幽王，武公将兵往佐周平戎，甚有功，周平王命武公为公。五十五年，卒，子庄公扬立。

庄公五年，取齐女为夫人[③]，好而无子。又取陈女为夫人，生子，蚤死。陈女女弟亦幸于庄公，而生子完。完母死，庄公令夫人齐女子之，立为太子。庄公有宠妾，生子州吁。十八年，州吁长，好兵，庄公使将。石碏谏庄公曰："庶子好兵，使将，乱自此起。"不听。二十三年，庄公卒，太子完立，是为桓公。

桓公二年，弟州吁骄奢，桓公绌之[④]，州吁出奔。十三年，郑伯弟段攻其兄，不胜，亡，而州吁求与之友。十六年，州吁收聚卫亡人以袭杀桓公，州吁自立为卫君。为郑伯弟段欲伐郑，请宋、陈、蔡与俱，三国皆许州吁。州吁新立，好兵，弑桓公，卫人皆不爱。石碏乃因桓公母家于陈，详为善州吁。至郑郊，石碏与陈侯共谋，使右宰丑进食，因杀州吁于濮，而迎桓公弟晋于邢而立之，是为宣公。

宣公七年，鲁弑其君隐公。九年，宋督弑其君殇公，及孔父。十年，晋曲沃庄伯弑其君哀侯。

十八年，初，宣公爱夫人夷姜，夷姜生子伋，以为太子，而令右公子傅之。右公子为太子取齐女，未入室，而宣公见所欲为太子妇者好，说而自取之，更为太子取他女。宣公得齐女，生子寿、子朔，令左公子傅之。太子伋母死，宣公正夫人与朔共谗恶太子伋。宣公自以其夺太子妻也，心恶太子，欲废之。及闻其恶，大怒，乃使太子伋于齐而令盗遮界上杀之，与太子白旄（máo）[⑤]，而告界盗见持白旄者杀之。且行，子朔之兄寿，太子异母弟也，知朔之恶太子而君欲杀之，乃谓太子曰：“界盗见太子白旄，即杀太子，太子可毋行。”太子曰：“逆父命求生，不可。”遂行。寿见太子不止，乃盗其白旄而先驰至界。界盗见其验[⑥]，即杀之。寿已死，而太子伋又至，谓盗曰：“所当杀乃我也。”盗并杀太子伋，以报宣公。宣公乃以子朔为太子。

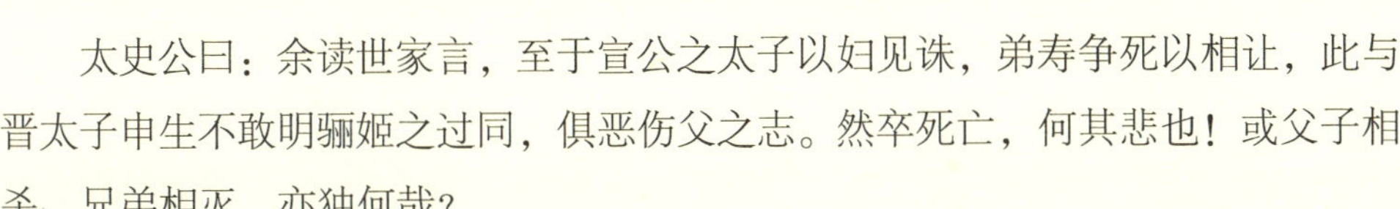

太史公曰：余读世家言，至于宣公之太子以妇见诛，弟寿争死以相让，此与晋太子申生不敢明骊姬之过同，俱恶伤父之志。然卒死亡，何其悲也！或父子相杀，兄弟相灭，亦独何哉？

【注释】

①诰：古代一种训诫、勉励的文告。

②多予之赂：多给他财物。

③取：通“娶”。

④绌：通“黜”，废，贬退。

⑤白旄：指用白色牦牛尾作装饰的使节。

⑥验：证据，凭证。

解读

本篇记述了卫国从建立到灭亡的整个历史过程。

本篇给人印象最深的情节是宣公杀害太子伋以及太子与其异母弟子寿争死相让之事。宣公贵为一国之君，竟厚颜无耻地夺子之妻，并对自己的儿子大开杀戒。可见，古代君王们到达权力的顶峰时，就会为所欲为以至丧心病狂。太子伋面对亲生父亲的一系列恶行劣迹，毫无违逆之心、抗争之意，竟至自投罗网，束手就擒，成为刀下鬼。由此又可见，封建社会愚昧、扭曲的忠孝伦理意识对人性的摧残到了何等程度。

宋微子世家第八

【原典】

微子开者，殷帝乙之首子而帝纣之庶兄也。纣既立，不明，淫乱于政，微子数谏，纣不听。及祖伊以周西伯昌之修德，灭阢（qí）国，惧祸至，以告纣。纣曰：“我生不有命在天乎？是何能为！”于是微子度纣终不可谏，欲死之，及去，未能自决，乃问于太师、少师，曰：“殷不有治政，不治四方。我祖遂陈于上，纣沈湎于酒，妇人是用，乱败汤德于下。殷既小大好草窃奸宄（guǐ），卿士师师非度，皆有罪辜，乃无维获，小民乃并兴，相为敌雠。今殷其典丧！若涉水无津涯。殷遂丧，越至于今。”曰：“太师，少师，我其发出往？吾家保于丧？今女无故告，予颠跻，如之何其？”太师若曰：“王子，天笃下灾亡殷国，乃毋畏畏，不用老长。今殷民乃陋淫神祇之祀[①]。今诚得治国，国治身死不恨。为死，终不得治，不如去。”遂亡。

箕子者，纣亲戚也。纣始为象箸，箕子叹曰：“彼为象箸，必为玉桮；为桮，则必思远方珍怪之物而御之矣。舆马宫室之渐自此始，不可振也。”纣为淫泆，箕子谏，不听。人或曰：“可以去矣。”箕子曰：“为人臣谏不听而去，是彰君之恶而自说于民，吾不忍为也。”乃被发佯狂而为奴。遂隐而鼓琴以自悲，故传之曰《箕子操》。

王子比干者，亦纣之亲戚也。见箕子谏不听而为奴，则曰：“君有过而不以死争，则百姓何辜！”乃直言谏纣。纣怒，曰：“吾闻圣人之心有七窍，信有诸乎？”乃遂杀王子比干，刳（kū）视其心[②]。

微子曰：“父子有骨肉，而臣主以义属。故父有过，子三谏不听，则随而号之；人臣三谏不听，则其义可以去矣。”于是太师、少师乃劝微子去，遂行。

周武王伐纣克殷，微子乃持其祭器造于军门，肉袒面缚，左牵羊，右把茅，

膝行而前以告。于是武王乃释微子，复其位如故。

武王封纣子武庚禄父以续殷祀，使管叔、蔡叔傅相之。

武王既克殷，访问箕子。

武王曰：“于乎！维天阴定下民，相和其居，我不知其常伦所序。”

箕子对曰：“在昔鲧堙鸿水，汩陈其五行，帝乃震怒，不从鸿范九等，常伦所斁[3]。鲧则殛死[4]，禹乃嗣兴。天乃锡禹鸿范九等，常伦所序。”

“初一曰五行；二曰五事；三曰八政；四曰五纪；五曰皇极；六曰三德；七曰稽疑；八曰庶徵；九曰向用五福，畏用六极。”

“五行：一曰水，二曰火，三曰木，四曰金，五曰土。水曰润下，火曰炎上，木曰曲直，金曰从革，土曰稼穑。润下作咸，炎上作苦，曲直作酸，从革作辛，稼穑作甘。”

“五事：一曰貌，二曰言，三曰视，四曰听，五曰思。貌曰恭，言曰从，视曰明，听曰聪，思曰睿。恭作肃，从作治，明作智，聪作谋，睿作圣。”

“八政：一曰食，二曰货，三曰祀，四曰司空，五曰司徒，六曰司寇，七曰宾，八曰师。”

“五纪：一曰岁，二曰月，三曰日，四曰星辰，五曰历数。”

“皇极：皇建其有极，敛时五福，用傅锡其庶民，维时其庶民于女极，锡女保极。凡厥庶民，毋有淫朋，人毋有比德，维皇作极。凡厥庶民，有猷有为有守[5]，女则念之。不协于极，不离于咎，皇则受之。而安而色，曰予所好德，女则锡之福。时人斯其维皇之极。毋侮鳏寡而畏高明。人之有能有为，使羞其行，而国其昌。凡厥正人，既富方谷。女不能使有好于而家，时人斯其辜。于其毋好，女虽锡之福，其作女用咎。毋偏毋颇，遵王之义。毋有作好，遵王之道。毋有作恶，遵王之路。毋偏毋党，王道荡荡。毋党毋偏，王道平平。毋反毋侧，王道正直。会其有极，归其有极。曰王极之傅言，是夷是训，于帝其顺。凡厥庶民，极之傅言，是顺是行，以近天子之光。曰天子作民父母，以为天下王。”

“三德：一曰正直，二曰刚克，三曰柔克。平康正直，强不友刚克，内友柔克，沈渐刚克，高明柔克。维辟作福，维辟作威，维辟玉食。臣无有作福作威玉食。臣有作福作威玉食，其害于而家，凶于而国，人用侧颇辟，民用僭忒[6]。”

“稽疑：择建立卜筮人。乃命卜筮，曰雨，曰济，曰涕，曰雾，曰克，曰贞，

曰悔，凡七。卜五，占之用二，衍贷。立时人为卜筮，三人占则从二人之言。女则有大疑，谋及女心，谋及卿士，谋及庶人，谋及卜筮。女则从，龟从，筮从，卿士从，庶民从，是之谓大同，而身其康强，而子孙其逢吉。女则从，龟从，筮从，卿士逆，庶民逆，吉。卿士从，龟从，筮从，女则逆，庶民逆，吉。庶民从，龟从，筮从，女则逆，卿士逆，吉。女则从，龟从，筮逆，卿士逆，庶民逆，作内吉，作外凶。龟筮共违于人，用静吉，用作凶。"

"庶徵：曰雨，曰阳，曰奥，曰寒，曰风，曰时。五者来备，各以其序，庶草繁庑[⑦]。一极备，凶。一极亡，凶。曰休徵：曰肃，时雨若；曰治，时旸若；曰知，时奥若；曰谋，时寒若；曰圣，时风若。曰咎徵：曰狂，常雨若；曰僭，常旸若；曰舒，常奥若；曰急，常寒若；曰雾，常风若。王眚维岁[⑧]，卿士维月，师尹维日。岁月日时毋易，百谷用成，治用明，畯民用章，家用平康。日月岁时既易，百谷用不成，治用昏不明，畯民用微[⑨]，家用不宁。庶民维星，星有好风，星有好雨。日月之行，有冬有夏。月之从星，则以风雨。"

"五福：一曰寿，二曰富，三曰康宁，四曰攸好德，五曰考终命。六极：一曰凶短折，二曰疾，三曰忧，四曰贫，五曰恶，六曰弱。"

于是武王乃封箕子于朝鲜而不臣也。

其后箕子朝周，过故殷虚，感宫室毁坏，生禾黍，箕子伤之，欲哭则不可，欲泣为其近妇人，乃作《麦秀之诗》以歌咏之。其诗曰：“麦秀渐渐兮，禾黍油油。彼狡僮兮，不与我好兮！”所谓狡童者，纣也。殷民闻之，皆为流涕。

武王崩，成王少，周公旦代行政当国。管、蔡疑之，乃与武庚作乱，欲袭成王、周公。周公既承成王命诛武庚，杀管叔，放蔡叔，乃命微子开代殷后，奉其先祀，作《微子之命》以申之，国于宋。微子故能仁贤，乃代武庚，故殷之馀民甚戴爱之。

【注释】

①神祇（qí）：天谓之神，地谓之祇。

②刳（kū）：剖开，挖空。

③斁（dù）：败坏。

④殛（jí）：诛杀。

⑤猷（yóu）：谋划。

⑥僭忒：逾越常规，心怀恶念。

⑦庑：通“芜”，草盛。

⑧眚（shěng）：过失。

⑨畯：通“俊”。

解读

微子启、箕子和王子比干，孔子称他们为“殷之三仁”，司马迁对他们也是极尽褒扬之情，在他们身上所表现出来的“仁”值得我们深思。

仁就是仁爱、仁政、仁言利博的本性，仁使有志于天下的人互相亲近。

在《论语》一书中，“仁”字出现了两百多次，但孔子并没有给“仁”下过一个明确的定义，儒学后进们为此吵得不可开交。韩愈说“仁”就是“博爱”。“仁”是一种人生观、世界观，要求发自内心地爱自己、爱家人、爱乡里、爱国家，乃至爱天下。但这种爱不是没有原则的滥爱，而是看到别人好，你要爱他，看到别人不好，你更要爱他，以此帮他扭转过来。

子曰：“里仁为美。择不处仁，焉得知？”

里仁并不是说要住在仁人堆里，而是要怀着一颗仁心，以仁的标准来要求、磨炼自己。仁是一种生活态度，它能荡涤你心中的尘埃，还你一颗纯净的心灵，让你活得潇洒，活得自如，活得理直气壮，活得无愧于心。

晋世家第九

【原典】

晋文公重耳，晋献公之子也。自少好士，年十七，有贤士五人：曰赵衰；狐偃咎犯，文公舅也；贾佗；先轸；魏武子。自献公为太子时，重耳固已成人矣。献公即位，重耳年二十一。献公十三年，以骊姬故，重耳备蒲城守秦。献公二十一年，献公杀太子申生，骊姬谗之，恐，不辞献公而守蒲城。献公二十二年，献公使宦者履鞮趣杀重耳[①]。重耳逾垣，宦者逐斩其衣祛。重耳遂奔狄。狄，其母国也。是时重耳年四十三。从此五士，其馀不名者数十人，至狄。

狄伐咎如，得二女：以长女妻重耳，生伯鯈（chōu）、叔刘；以少女妻赵衰，生盾。居狄五岁而晋献公卒，里克已杀奚齐、悼子，乃使人迎，欲立重耳。重耳畏杀，因固谢，不敢入。已而晋更迎其弟夷吾立之，是为惠公。惠公七年，畏重耳，乃使宦者履鞮与壮士欲杀重耳。重耳闻之，乃谋赵衰等曰："始吾奔狄，非以为可用与，以近易通，故且休足。休足久矣，固愿徙之大国。夫齐桓公好善，志在霸王，收恤诸侯。今闻管仲、隰朋死，此亦欲得贤佐，盍往乎？"于是遂行。重耳谓其妻曰："待我二十五年不来，乃嫁。"其妻笑曰："犁二十五年[②]，吾冢上柏大矣。虽然，妾待子。"重耳居狄凡十二年而去。

过卫，卫文公不礼。去，过五鹿，饥而从野人乞食，野人盛土器中进之。重耳怒。赵衰曰："土者，有土也，君其拜受之。"

至齐，齐桓公厚礼，而以宗女妻之，有马二十乘，重耳安之。重耳至齐二岁而桓公卒，会竖刁等为内乱，齐孝公之立，诸侯兵数至。留齐凡五岁。重耳爱齐女，毋去心。赵衰、咎犯乃于桑下谋行。齐女侍者在桑上闻之，以告其主。其主乃杀侍者，劝重耳趣行。重耳曰："人生安乐，孰知其他！必死于此，不能去。"

齐女曰："子一国公子，穷而来此，数士者以子为命。子不疾反国，报劳臣，而怀女德，窃为子羞之。且不求，何时得功？"乃与赵衰等谋，醉重耳，载以行。行远而觉，重耳大怒，引戈欲杀咎犯。咎犯曰："杀臣成子，偃之愿也。"重耳曰："事不成，我食舅氏之肉。"咎犯曰："事不成，犯肉腥臊，何足食！"乃止，遂行。

过曹，曹共公不礼，欲观重耳骈胁[③]。曹大夫厘负羁曰："晋公子贤，又同姓，穷来过我，奈何不礼！"共公不从其谋。负羁乃私遗重耳食，置璧其下。重耳受其食，还其璧。

去，过宋。宋襄公新困兵于楚，伤于泓，闻重耳贤，乃以国礼礼于重耳。宋司马公孙固善于咎犯，曰："宋小国新困，不足以求入，更之大国。"乃去。

过郑，郑文公弗礼。郑叔瞻谏其君曰："晋公子贤，而其从者皆国相，且又同姓。郑之出自厉王，而晋之出自武王。"郑君曰："诸侯亡公子过此者众，安可尽礼！"叔瞻曰："君不礼，不如杀之，且后为国患。"郑君不听。

重耳去之楚，楚成王以适诸侯礼待之[④]，重耳谢不敢当。赵衰曰："子亡在外十馀年，小国轻子，况大国乎？今楚大国而固遇子，子其毋让，此天开子也。"遂以客礼见之。成王厚遇重耳，重耳甚卑。成王曰："子即反国，何以报寡人？"重耳曰："羽毛齿角玉帛，君王所馀，未知所以报。"王曰："虽然，何以报不谷？"重耳曰："即不得已，与君王以兵车会平原广泽，请辟王三舍。"楚将子玉怒曰："王遇晋公子至厚，今重耳言不孙，请杀之。"成王曰："晋公子贤而困于外久，从者皆国器，此天所置，庸可杀乎？且言何以易之！"居楚数月，而晋太子圉亡秦，秦怨之；闻重耳在楚，乃召之。成王曰："楚远，更数国乃至晋。秦晋接境，秦君贤，子其勉行！"厚送重耳。

重耳至秦，穆公以宗女五人妻重耳，故子圉妻与往。重耳不欲受，司空季子曰："其国且伐，况其故妻乎！且受以结秦亲而求入，子乃拘小礼，忘大丑乎！"遂受。穆公大欢，与重耳饮。赵衰歌《黍苗》诗。穆公曰："知子欲急反国矣。"赵衰与重耳下，再拜曰："孤臣之仰君，如百谷之望时雨。"是时晋惠公十四年秋。惠公以九月卒，子圉立。十一月，葬惠公。十二月，晋国大夫栾、郤等闻重耳在秦，皆阴来劝重耳、赵衰等反国，为内应甚众。于是秦穆公乃发兵与重耳归晋。晋闻秦兵来，亦发兵拒之。然皆阴知公子重耳入也。唯惠公之故贵臣吕、郤之属不欲立重耳。重耳出亡凡十九岁而得入，时年六十二矣，晋人多附焉。

文公元年春，秦送重耳至河。咎犯曰："臣从君周旋天下，过亦多矣。臣犹知之，况于君乎？请从此去矣。"重耳曰："若反国，所不与子犯共者，河伯视之！"乃投璧河中，以与子犯盟。是时介子推从，在船中，乃笑曰："天实开公子，而子犯以为己功而要市于君⑤，固足羞也。吾不忍与同位。"乃自隐渡河。秦兵围令狐，晋军于庐柳。二月辛丑，咎犯与秦、晋大夫盟于郇。壬寅，重耳入于晋师。丙午，入于曲沃。丁未，朝于武宫，即位为晋君，是为文公。群臣皆往。怀公圉奔高梁。戊申，使人杀怀公。

怀公故大臣吕省、郤芮本不附文公，文公立，恐诛，乃欲与其徒谋烧公宫，杀文公。文公不知。始尝欲杀文公宦者履鞮知其谋，欲以告文公，解前罪，求见文公。文公不见，使人让曰："蒲城之事，女斩予袪。其后我从狄君猎，女为惠公来求杀我。惠公与女期三日至，而女一日至，何速也？女其念之。"宦者曰："臣刀锯之馀，不敢以二心事君倍主，故得罪于君。君已反国，其毋蒲、翟乎？且管仲射钩，桓公以霸。今刑馀之人以事告而君不见，祸又且及矣。"于是见之，遂以吕、郤等告文公。文公欲召吕、郤，吕、郤等党多，文公恐初入国，国人卖己，乃为微行，会秦穆公于王城，国人莫知。三月己丑，吕、郤等果反，焚公宫，不得文公。文公之卫徒与战，吕、郤等引兵欲奔，秦穆公诱吕、郤等，杀之河上，晋国复而文公得归。夏，迎夫人于秦，秦所与文公妻者卒为夫人。秦送三千人为卫，以备晋乱。

文公修政，施惠百姓。赏从亡者及功臣，大者封邑，小者尊爵。未尽行赏，周襄王以弟带难出居郑地，来告急晋。晋初定，欲发兵，恐他乱起，是以赏从亡，未至隐者介子推。推亦不言禄，禄亦不及。推曰："献公子九人，唯君在矣。惠、怀无亲，外内弃之；天未绝晋，必将有主，主晋祀者，非君而谁？天实开之，二三子以为己力，不亦诬乎？窃人之财，犹曰是盗，况贪天之功以为己力乎？下冒其罪，上赏其奸，上下相蒙，难与处矣！"其母曰："盍亦求之，以死谁怼？"推曰："尤而效之，罪有甚焉。且出怨言，不食其禄。"母曰："亦使知之，若何？"对曰："言，身之文也；身欲隐，安用文之？文之，是求显也。"其母曰："能如此乎？与女偕隐。"至死不复见。

介子推从者怜之，乃悬书宫门曰："龙欲上天，五蛇为辅。龙已升云，四蛇各入其宇，一蛇独怨，终不见处所。”文公出，见其书，曰：“此介子推也。吾方忧王室，未图其功。”使人召之，则亡。遂求所在，闻其入绵上山中，于是文公环绵上山中而封之，以为介推田，号曰介山，“以记吾过，且旌善人[⑥]”。

从亡贱臣壶叔曰：“君三行赏，赏不及臣，敢请罪。”文公报曰：“夫导我以仁义，防我以德惠，此受上赏。辅我以行，卒以成立，此受次赏。矢石之难，汗马之劳，此复受次赏。若以力事我而无补吾缺者，此复受次赏。三赏之后，故且及子。”晋人闻之，皆说。

二年春，秦军河上，将入王。赵衰曰：“求霸莫如入王尊周。周晋同姓，晋不先入王，后秦入之，毋以令于天下。方今尊王，晋之资也。”三月甲辰，晋乃发兵至阳樊，围温，入襄王于周。四月，杀王弟带。周襄王赐晋河内阳樊之地。

四年，楚成王及诸侯围宋，宋公孙固如晋告急。先轸曰：“报施定霸，于今在矣。”狐偃曰：“楚新得曹而初婚于卫，若伐曹、卫，楚必救之，则宋免矣。”于是晋作三军。赵衰举郤縠将中军，郤臻佐之；使狐偃将上军，狐毛佐之，命赵衰为卿；栾枝将下军，先轸佐之；荀林父御戎，魏犨为右：往伐。冬十二月，晋兵先下山东，而以原封赵衰。

五年春，晋文公欲伐曹，假道于卫，卫人弗许。还自河南度，侵曹，伐卫。正月，取五鹿。二月，晋侯、齐侯盟于敛盂。卫侯请盟晋，晋人不许。卫侯欲与楚，国人不欲，故出其君以说晋。卫侯居襄牛，公子买守卫。楚救卫，不卒。晋侯围曹。三月丙午，晋师入曹，数之以其不用厘负羁言，而用美女乘轩者三百人也。令军毋入厘负羁宗家以报德。楚围宋，宋复告急晋。文公欲救则攻楚，为楚尝有德，不欲伐也；欲释宋，宋又尝有德于晋：患之。先轸曰："执曹伯，分曹、卫地以与宋，楚急曹、卫，其势宜释宋。"于是文公从之，而楚成王乃引兵归。

楚将子玉曰："王遇晋至厚，今知楚急曹、卫而故伐之，是轻王。"王曰："晋侯亡在外十九年，困日久矣，果得反国，险阨尽知之，能用其民，天之所开，不可当。"子玉请曰："非敢必有功，愿以间执谗慝之口也[7]。"楚王怒，少与之兵。于是子玉使宛春告晋："请复卫侯而封曹，臣亦释宋。"咎犯曰："子玉无礼矣，君取一，臣取二，勿许。"先轸曰："定人之谓礼。楚一言定三国，子一言而亡之，我则毋礼。不许楚，是弃宋也。不如私许曹、卫以诱之，执宛春以怒楚，既战而后图之。"晋侯乃囚宛春于卫，且私许复曹、卫。曹、卫告绝于楚。楚得臣怒，击晋师，晋师退。军吏曰："为何退？"文公曰："昔在楚，约退三舍，可倍乎！"楚师欲去，得臣不肯。四月戊辰，宋公、齐将、秦将与晋侯次城濮。己巳，与楚兵合战，楚兵败，得臣收馀兵去。甲午，晋师还至衡雍，作王宫于践土。

初，郑助楚，楚败，惧，使人请盟晋侯。晋侯与郑伯盟。

五月丁未，献楚俘于周，驷介百乘，徒兵千。天子使王子虎命晋侯为伯，赐大辂，彤弓矢百，兹弓矢千[8]，秬鬯一卣[9]，珪瓒，虎贲三百人。晋侯三辞，然后稽首受之。周作《晋文侯命》："王若曰：父义和，丕显文、武，能慎明德，昭登于上，布闻在下，维时上帝集厥命于文、武。恤朕身、继予一人永其在位。"于是晋文公称伯。癸亥，王子虎盟诸侯于王庭。

晋焚楚军，火数日不息，文公叹。左右曰："胜楚而君犹忧，何？"文公曰："吾闻能战胜安者唯圣人，是以惧。且子玉犹在，庸可喜乎！"子玉之败而归，楚成王怒其不用其言，贪与晋战，让责子玉，子玉自杀。晋文公曰："我击其外，楚诛其内，内外相应。"于是乃喜。

六月，晋人复入卫侯。壬午，晋侯度河北归国。行赏，狐偃为首。或曰：“城濮之事，先轸之谋。”文公曰：“城濮之事，偃说我毋失信。先轸曰‘军事胜为右’，吾用之以胜。然此一时之说，偃言万世之功，奈何以一时之利而加万世功乎？是以先之。”

冬，晋侯会诸侯于温，欲率之朝周。力未能，恐其有畔者，乃使人言周襄王狩于河阳。壬申，遂率诸侯朝王于践土。孔子读史记至文公，曰“诸侯无召王”、“王狩河阳”者，《春秋》讳之也。

丁丑，诸侯围许。曹伯臣或说晋侯曰：“齐桓公合诸侯而国异姓，今君为会而灭同姓。曹，叔振铎之后；晋，唐叔之后。合诸侯而灭兄弟，非礼。”晋侯说，复曹伯。

于是晋始作三行。荀林父将中行，先縠将右行，先蔑将左行。

七年，晋文公、秦穆公共围郑，以其无礼于文公亡过时，及城濮时郑助楚也。围郑，欲得叔瞻。叔瞻闻之，自杀。郑持叔瞻告晋。晋曰：“必得郑君而甘心焉。”郑恐，乃间令使谓秦穆公曰：“亡郑厚晋，于晋得矣，而秦未为利。君何不解郑，得为东道交？”秦伯说，罢兵。晋亦罢兵。

九年冬，晋文公卒，子襄公欢立。是岁郑伯亦卒。

太史公曰：晋文公，古所谓明君也，亡居外十九年，至困约⑩，及即位而行赏，尚忘介子推，况骄主乎？灵公既弑，其后成、景致严，至厉，大刻，大夫惧诛，祸作。悼公以后日衰，六卿专权。故君道之御其臣下。固不易哉！

【注释】

①趣（cù）：赶快。

②犁：比及。

③骈胁：一种生理畸形，肋骨紧密相连。

④适：职位官爵相同的人。

⑤要（yāo）市：求取。

⑥旌：表彰。

⑦谗慝（tè）：心术不正的人。

⑧旅（lú）：黑色。

⑨秬（jù）鬯（chàng）：祭祀用的一种酒，用以降妖除魔。

⑩约：贫困。

解读

晋文公在年轻的时候就好学不倦，十七岁时就懂得结交贤士，后在国外逃亡漂泊了十九年，经历过各种艰难险阻，积累了丰富的治国治民经验。之后，终于在六十二岁时返回晋国荣登帝王宝座。在执政期间，他修明政务、施惠百姓、奖惩分明，实行了一系列改革政策，成为世代公认的圣贤君王、春秋五霸之一。

晋文公在七十岁那年还想学点什么东西，可是他又怕太晚了，于是他对大臣师旷说："我想请教先生该怎么做。"师旷反问道："你为什么不点一支蜡烛来照明呢？"晋文公不解地埋怨师旷道："我在跟你讲正经事儿，而你怎么跟我开玩笑呢？"师旷赶忙回答道："臣怎么敢戏耍君王您呢？臣只听说过：少年时好学，好比早晨的太阳；壮年时好学，好比中午的太阳；而老年人好学，好比在晚上点起蜡烛照出的光明。用蜡烛照出的光明，尽管范围很小，可是它总比在黑暗中行走好得多吧！"晋文公听了以后，恍然大悟地说："一点也不错！"

除了好学不倦，晋文公重耳身上那种知恩图报的精神也是值得我们学习的。

重耳到了楚国，楚成王竟以诸侯的礼节对待他，让重耳不知所措。楚成王看重耳那副自卑的样子，就问："公子如果回到晋国，将怎样报答我呢？"重耳回答："将来万一晋楚发生战争，我一定把军队撤退三舍。"后来，他确实是这么做的。

流亡十九年后，在秦穆公的帮助下，重耳回国当上了晋国的国君，世称晋文公。当上国君后，晋文公开始封赏功臣以及那些与他一起流亡过的人。当时正好遇到周襄王弟弟的叛乱事件，封赏比较匆忙，竟没有封赏介子推（在从秦国回到晋国的途中，介子推归隐）。

介子推本人对此毫不介意，但一个跟随他的人却为此愤愤不平。这个跟从者写了一篇短文，贴在宫门上讽刺晋文公。短文如下："龙欲上天，五蛇为辅。龙已升云，四蛇各入其宇，一蛇独怨，终不见处所。"晋文公看了后，马上就派人去找介子推。谁知介子推却已经带着他的老母亲一起躲到绵山中去了。晋文公遍找不着，后悔不已，于是把整座山封给了介子推，并将山名改为介山以纪念他，还说："以记吾过，且旌善人。"

由此可见，重耳的确是一个知恩图报、懂得感恩的人！

自古以来，神州大地上知恩图报的感人事例不胜枚举，清明节祭奠先人，就是沿袭了几千年的在追思中感恩的一种传统形式。美国、加拿大也有个感恩节，1621 年北美的普利茅斯，居民们在获得丰收后自发举行庆祝活动，以感谢上帝的恩泽，1863 年林肯总统又正式宣布感恩节为全国节日。

知荣知耻、知恩知节方能成为一个大写的"人"，不知感恩，何以为人？

楚世家第十

【原典】

庄王即位三年，不出号令，日夜为乐，令国中曰："有敢谏者死无赦！"伍举入谏。庄王左抱郑姬，右抱越女，坐钟鼓之间。伍举曰："愿有进。"隐曰："有鸟在于阜[①]，三年不蜚不鸣，是何鸟也？"庄王曰："三年不蜚，蜚将冲天；三年不鸣，鸣将惊人。举退矣，吾知之矣。"居数月，淫益甚。大夫苏从乃入谏。王曰："若不闻令乎？"对曰："杀身以明君，臣之愿也。"于是乃罢淫乐，听政，所诛者数百人，所进者数百人，任伍举、苏从以政，国人大说。是岁灭庸。六年，伐宋，获五百乘。

八年，伐陆浑戎，遂至洛，观兵于周郊。周定王使王孙满劳楚王。楚王问鼎小大轻重，对曰："在德不在鼎。"庄王曰："子无阻九鼎[②]！楚国折钩之喙，足以为九鼎。"王孙满曰："呜呼！君王其忘之乎？昔虞夏之盛，远方皆至，贡金九牧，铸鼎象物，百物而为之备，使民知神奸[③]。桀有乱德，鼎迁于殷，载祀六百。殷纣暴虐，鼎迁于周。德之休明，虽小必重；其奸回昏乱，虽大必轻。昔成王定鼎于郏鄏（rǔ），卜世三十，卜年七百，天所命也。周德虽衰，天命未改。鼎之轻重，未可问也。"楚王乃归。

九年，相若敖氏。人或谗之王，恐诛，反攻王，王击灭若敖氏之族。十三年，灭舒。

十六年，伐陈，杀夏徵舒。徵舒弑其君，故诛之也。已破陈，即县之。群臣皆贺，申叔时使齐来，不贺。王问，对曰："鄙语曰，牵牛径人田，田主取其牛。径者则不直矣，取之牛不亦甚乎？且王以陈之乱而率诸侯伐之，以义伐之而贪其县，亦何以复令于天下！"庄王乃复国陈后。

十七年春，楚庄王围郑，三月，克之。入自皇门，郑伯肉袒牵羊以逆，曰："孤不天，不能事君，君用怀怒，以及敝邑，孤之罪也。敢不惟命是听！宾之南海，若以臣妾赐诸侯，亦惟命是听。若君不忘厉、宣、桓、武，不绝其社稷，使改事君，孤之愿也，非所敢望也。敢布腹心。"楚群臣曰："王勿许。"庄王曰："其君能下人，必能信用其民，庸可绝乎！"庄王自手旗，左右麾军[④]，引兵去三十里而舍，遂许之平。潘尪入盟，子良出质。夏六月，晋救郑，与楚战，大败晋师河上，遂至衡雍而归。

二十年，围宋，以杀楚使也。围宋五月，城中食尽，易子而食，析骨而炊[⑤]。宋华元出告以情。庄王曰："君子哉！"遂罢兵去。

二十三年，庄王卒，子共王审立。

共王十六年，晋伐郑。郑告急，共王救郑。与晋兵战鄢陵，晋败楚，射中共王目。共王召将军子反。子反嗜酒，从者竖阳谷进酒，醉。王怒，射杀子反，遂罢兵归。

三十一年，共王卒，子康王招立。康王立十五年卒，子员立，是为郏敖。康王宠弟公子围、子比、子皙、弃疾。郏敖三年，以其季父康王弟公子围为令尹，主兵事。四年，围使郑，道闻王疾而还。十二月己酉，围入问王疾，绞而弑之，遂杀其子莫及平夏。使使赴于郑[⑥]。伍举问曰："谁为后？"对曰："寡大夫围。"伍举更曰："共王之子围为长。"子比奔晋，而围立，是为灵王。

灵王三年六月，楚使使告晋，欲会诸侯。诸侯皆会楚于申。伍举曰："昔夏启有钧台之飨，商汤有景亳之命，周武王有盟津之誓，成王有岐阳之蒐[⑦]，康王有丰宫之朝，穆王有涂山之会，齐桓有召陵之师，晋文有践土之盟，君其何用？"灵王曰："用桓公。"时郑子产在焉。于是晋、宋、鲁、卫不往。灵王已盟，有骄色。伍举曰："桀为有仍之会，有缗叛之。纣为黎山之会，东夷叛之。幽王为太室之盟，戎、翟叛之。君其慎终！"

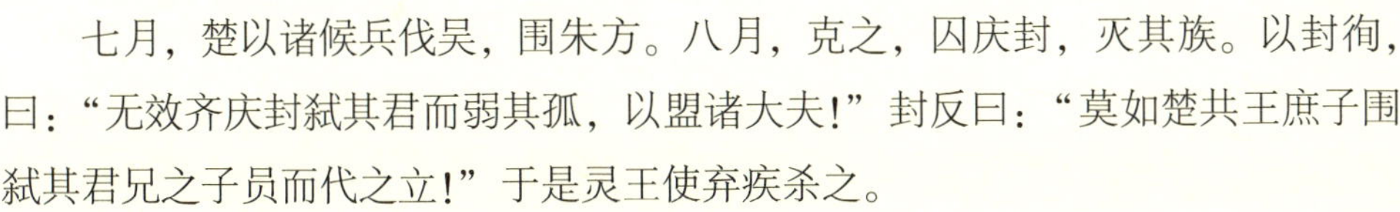

七月，楚以诸候兵伐吴，围朱方。八月，克之，囚庆封，灭其族。以封徇，曰：“无效齐庆封弑其君而弱其孤，以盟诸大夫！”封反曰：“莫如楚共王庶子围弑其君兄之子员而代之立！”于是灵王使弃疾杀之。

七年，就章华台，下令内亡人实之[8]。

八年，使公子弃疾将兵灭陈。十年，召蔡侯，醉而杀之。使弃疾定蔡，因为陈蔡公。

十一年，伐徐以恐吴。灵王次于干溪以待之。王曰：“齐、晋、鲁、卫，其封皆受宝器，我独不。今吾使使周求鼎以为分，其予我乎？”析父对曰：“其予君王哉！昔我先王熊绎辟在荆山，荜露蓝蒌[9]以处草莽，跋涉山林以事天子，唯是桃弧棘矢以共王事。齐，王舅也；晋及鲁、卫，王母弟也：楚是以无分而彼皆有。周今与四国服事君王，将惟命是从，岂敢爱鼎？”灵王曰：“昔我皇祖伯父昆吾旧许是宅，今郑人贪其田，不我予，今我求之，其予我乎？”对曰：“周不爱鼎，郑安敢爱田？”灵王曰：“昔诸侯远我而畏晋，今吾大城陈、蔡、不羹，赋皆千乘，诸侯畏我乎？”对曰：“畏哉！”灵王喜曰：“析父善言古事焉。”

十二年春，楚灵王乐乾谿，不能去也。国人苦役。初，灵王会兵于申，僇越大夫常寿过[10]，杀蔡大夫观起。起子从亡在吴，乃劝吴王伐楚，为间越大夫常寿过而作乱，为吴间。使矫公子弃疾命召公子比于晋，至蔡，与吴、越兵欲袭蔡。令公子比见弃疾，与盟于邓。遂入杀灵王太子禄，立子比为王，公子子皙为令尹，弃疾为司马。先除王宫，观从从师于乾谿，令楚众曰：“国有王矣。先归，复爵邑田室。后者迁之。”楚众皆溃，去灵王而归。

灵王闻太子禄之死也，自投车下，而曰：“人之爱子亦如是乎？”侍者曰：“甚是。”王曰：“余杀人之子多矣，能无及此乎？”右尹曰：“请待于郊以听国人。”王曰：“众怒不可犯。”曰：“且入大县而乞师于诸侯。”王曰：“皆叛矣。”又曰：“且奔诸侯以听大国之虑。”王曰：“大福不再，祇取辱耳。”于是王乘舟将欲入鄢。右尹度王不用其计，惧俱死，亦去王亡。

灵王于是独傍徨山中，野人莫敢入王。王行遇其故鋗人，谓曰：“为我求食，我已不食三日矣。”鋗人曰：“新王下法，有敢饷王从王者，罪及三族，且又无所得食。”王因枕其股而卧。鋗人又以土自代，逃去。王觉而弗见，遂饥弗能起。芋尹申无宇之子申亥曰：“吾父再犯王命，王弗诛，恩孰大焉！”乃求王，遇王饥于厘泽，奉之以归。夏五月癸丑，王死申亥家，申亥以二女从死，并葬之。

是时楚国虽已立比为王，畏灵王复来，又不闻灵王死，故观从谓初王比曰："不杀弃疾，虽得国犹受祸。"王曰："余不忍。"从曰："人将忍王。"王不听，乃去。弃疾归。国人每夜惊，曰："灵王入矣！"乙卯夜，弃疾使船人从江上走呼曰："灵王至矣！"国人愈惊。又使曼成然告初王比及令尹子皙曰："王至矣！国人将杀君，司马将至矣！君蚤自图，无取辱焉。众怒如水火，不可救也。"初王及子皙遂自杀。丙辰，弃疾即位为王，改名熊居，是为平王。

太史公曰：楚灵王方会诸侯于申，诛齐庆封，作章华台，求周九鼎之时，志小天下；及饿死于申亥之家，为天下笑。操行之不得，悲夫！势之于人也，可不慎与？弃疾以乱立，嬖淫秦女⑪，甚乎哉，几再亡国！

【注释】

①阜：土山丘。

②阻：倚仗，倚靠。

③神奸：鬼神怪异之物。

④麾：通"挥"，指挥。

⑤析：劈柴。

⑥赴：通"讣"。

⑦蒐（sōu）：打猎。

⑧内：通"纳"，收容。

⑨荜（bì）露：简陋的车子；蓝蒌：通"褴褛"，衣服破烂不堪。

⑩僇：侮辱。

⑪嬖：宠爱，宠幸。

解读

楚庄王于外洒脱果敢，形象英武；于内智谋深沉，心机缜密，是春秋五霸中最具有霸王姿态的人物。我们从楚庄王"三年不飞不鸣"的故事中，也可以领略到他的深沉与睿智。

"一鸣惊人、一飞冲天"实际上是一种养精蓄锐的谋略。养精蓄锐就是积蓄力量，从容应变。养精蓄锐者大都胸怀开创事业的大志，可是又缺乏展示宏图大

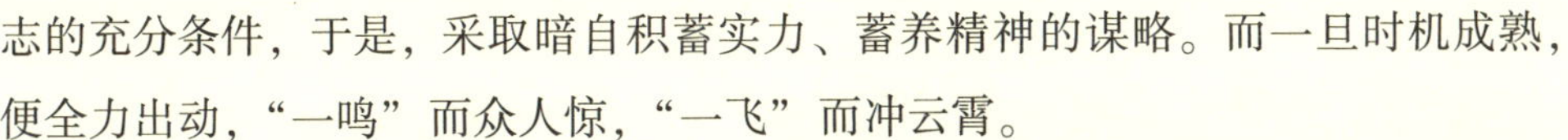

志的充分条件，于是，采取暗自积蓄实力、蓄养精神的谋略。而一旦时机成熟，便全力出动，“一鸣”而众人惊，“一飞”而冲云霄。

从卧龙先生久居南阳僻壤，未出隆中便提出三分天下，到明太祖的谋士朱升“高筑墙，广积粮，缓称王”的见解，无不证明“一鸣惊人”是一种重要的韬略。

“木秀于林，风必摧之。”锋芒毕露的人很容易遭到别人的非议和敌视。在形势不利于自己的情况下，要学会韬光养晦，夹着尾巴做人，以等待时机成熟而一显峥嵘；否则就会因实力不足而惹火上身，自取灭亡。

越王勾践世家第十一

【原典】

越王勾践，其先禹之苗裔，而夏后帝少康之庶子也。封于会稽，以奉守禹之祀。文身断发，披草莱而邑焉[1]。后二十馀世，至于允常。允常之时，与吴王阖闾战而相怨伐。允常卒，子勾践立，是为越王。

元年，吴王阖闾闻允常死，乃兴师伐越。越王勾践使死士挑战，三行，至吴陈[2]，呼而自刭。吴师观之，越因袭击吴师，吴师败于槜李，射伤吴王阖闾。阖闾且死，告其子夫差曰：“必毋忘越。”

三年，勾践闻吴王夫差日夜勒兵，且以报越，越欲先吴未发往伐之。范蠡谏曰：“不可。臣闻兵者凶器也，战者逆德也，争者事之末也。阴谋逆德，好用凶器，试身于所未，上帝禁之，行者不利。”越王曰：“吾已决之矣。”遂兴师。吴王闻之，悉发精兵击越，败之夫椒。越王乃以馀兵五千人保栖于会稽。吴王追而围之。

越王谓范蠡曰：“以不听子故至于此，为之奈何？”蠡对曰：“持满者与天，定倾者与人，节事者以地。卑辞厚礼以遗之，不许，而身与之市。”勾践曰：“诺。”乃令大夫种行成于吴[3]，膝行顿首曰：“君王亡臣勾践使陪臣种敢告下执

事：勾践请为臣，妻为妾。”吴王将许之。子胥言于吴王曰：“天以越赐吴，勿许也。”种还，以报勾践。勾践欲杀妻子，燔宝器，触战以死。种止勾践曰：“夫吴太宰嚭贪，可诱以利，请间行言之。”于是勾践以美女宝器令种间献吴太宰嚭。嚭受，乃见大夫种于吴王。种顿首言曰：“愿大王赦勾践之罪，尽入其宝器。不幸不赦，勾践将尽杀其妻子，燔其宝器，悉五千人触战，必有当也。”嚭因说吴王曰：“越以服为臣，若将赦之，此国之利也。”吴王将许之。子胥进谏曰：“今不灭越，后必悔之。勾践贤君，种、蠡良臣，若反国[④]，将为乱。”吴王弗听，卒赦越，罢兵而归。

勾践之困会稽也，喟然叹曰：“吾终于此乎？”种曰：“汤系夏台，文王囚羑（yǒu）里，晋重耳奔翟，齐小白奔莒，其卒王霸。由是观之，何遽不为福乎？”

吴既赦越，越王勾践反国，乃苦身焦思，置胆于坐，坐卧即仰胆，饮食亦尝胆也。曰：“女忘会稽之耻邪？”身自耕作，夫人自织，食不加肉，衣不重彩，折节下贤人，厚遇宾客，振贫吊死，与百姓同其劳。欲使范蠡治国政，蠡对曰：“兵甲之事，种不如蠡；填抚国家，亲附百姓，蠡不如种。”于是举国政属大夫种[⑤]，而使范蠡与大夫柘稽行成，为质于吴。二岁而吴归蠡。

勾践自会稽归七年，拊（fǔ）循其士民，欲用以报吴。大夫逢同谏曰：“国新流亡，今乃复殷给，缮饰备利，吴必惧，惧则难必至。且鸷鸟之击也，必匿其

形。今夫吴兵加齐、晋，怨深于楚、越，名高天下，实害周室，德少而功多，必淫自矜。为越计，莫若结齐，亲楚，附晋，以厚吴。吴之志广，必轻战。是我连其权，三国伐之，越承其弊[6]，可克也。”勾践曰：“善。”

居二年，吴王将伐齐。子胥谏曰：“未可。臣闻勾践食不重味，与百姓同苦乐。此人不死，必为国患。吴有越，腹心之疾，齐与吴，疥癣也[7]。愿王释齐先越。”吴王弗听，遂伐齐，败之艾陵，虏齐高、国以归。让子胥。子胥曰：“王毋喜！”王怒，子胥欲自杀，王闻而止之。越大夫种曰：“臣观吴王政骄矣，请试尝之贷粟，以卜其事。”请贷，吴王欲与，子胥谏勿与，王遂与之，越乃私喜。子胥言曰：“王不听谏，后三年吴其墟乎！”太宰嚭闻之，乃数与子胥争越议，因谗子胥曰：“伍员貌忠而实忍人，其父兄不顾，安能顾王？王前欲伐齐，员强谏，已而有功，用是反怨王。王不备伍员，员必为乱。”与逢同共谋，谗之王。王始不从，乃使子胥于齐，闻其讬子于鲍氏，王乃大怒，曰：“伍员果欺寡人！”役反，使人赐子胥属镂剑以自杀。子胥大笑曰：“我令而父霸，我又立若，若初欲分吴国半予我，我不受，已，今若反以谗诛我。嗟乎，嗟乎，一人固不能独立！”报使者曰：“必取吾眼置吴东门，以观越兵入也！”于是吴任嚭政。

居三年，勾践召范蠡曰：“吴已杀子胥，导谀者众[8]，可乎？”对曰：“未可。”

至明年春，吴王北会诸侯于黄池，吴国精兵从王，惟独老弱与太子留守。勾践复问范蠡，蠡曰“可矣”。乃发习流二千人，教士四万人，君子六千人，诸御千人，伐吴。吴师败，遂杀吴太子。吴告急于王，王方会诸侯于黄池，惧天下闻之，乃秘之。吴王已盟黄池，乃使人厚礼以请成越。越自度亦未能灭吴，乃与吴平。

其后四年，越复伐吴。吴士民罢弊[9]，轻锐尽死于齐、晋。而越大破吴，因而留围之三年，吴师败，越遂复栖吴王于姑苏之山。吴王使公孙雄肉袒膝行而前，请成越王曰：“孤臣夫差敢布腹心，异日尝得罪于会稽，夫差不敢逆命，得与君王成以归。今君王举玉趾而诛孤臣，孤臣惟命是听，意者亦欲如会稽之赦孤臣之罪乎？”勾践不忍，欲许之。范蠡曰：“会稽之事，天以越赐吴，吴不取。今天以吴赐越，越其可逆天乎？且夫君王蚤朝晏罢[10]，非为吴邪？谋之二十二年，一旦而弃之，可乎？且夫天与弗取，反受其咎。‘伐柯者其则不远’，君忘会稽之厄乎？”勾践曰：“吾欲听子言，吾不忍其使者。”范蠡乃鼓进兵，曰：“王已属政于执事，使者去，不者且得罪。”吴使者泣而去。勾践怜之，乃使人谓吴王曰：“吾置王甬东，君百家。”吴王谢曰：“吾老矣，不能事君王！”遂自杀。乃蔽其面，曰：“吾无面以见子胥也！”越王乃葬吴王而诛太宰嚭。

勾践已平吴，乃以兵北渡淮，与齐、晋诸侯会于徐州，致贡于周。周元王使人赐勾践胙⑪，命为伯。勾践已去，渡淮南，以淮上地与楚，归吴所侵宋地于宋，与鲁泗东方百里。当是时，越兵横行于江、淮东，诸侯毕贺，号称霸王。

范蠡遂去，自齐遗大夫种书曰：“蜚鸟尽，良弓藏；狡兔死，走狗烹。越王为人长颈鸟喙，可与共患难，不可与共乐。子何不去？”种见书，称病不朝。人或谗种且作乱，越王乃赐种剑曰：“子教寡人伐吴七术，寡人用其三而败吴，其四在子，子为我从先王试之。”种遂自杀。

太史公曰：禹之功大矣，渐九川，定九州，至于今诸夏艾安⑫。及苗裔勾践，苦身焦思，终灭强吴，北观兵中国，以尊周室，号称霸王。勾践可不谓贤哉！盖有禹之遗烈焉。范蠡三迁皆有荣名，名垂后世。臣主若此，欲毋显得乎！

【注释】

①披：开辟。莱：一种野草，可食用。

②陈：通“阵”。

③行成：求和。

④反：通“返”。

⑤属：通“嘱”，委托。

⑥承：通“乘”。

⑦疥（jiè）瘲（xiǎn）：瘲，通“癣”，一类皮肤病，此处喻指小隐患。

⑧导谀：谄谀之人。

⑨罢：通“疲”。

⑩蚤：通“早”。晏：晚。

⑪胙：祭祀用的肉。

⑫艾（yì）安：同“乂安”，天下太平无事。

解读

勾践是春秋末期越国的君主，越王允常之子。公元前 496 ~ 前 465 年在位。吴王阖闾曾于公元前 496 年被越军所败。阖闾受伤而死，其子夫差立志报仇。勾践于次年主动进攻吴。在夫椒山（今江苏吴县西南）与吴兵发生激战，越兵大败。为了保存力量，勾践退兵至会稽山（今浙江绍兴南），用范蠡的计策，向吴称臣乞和。勾践归国后，卧薪尝胆，时时不忘灭吴雪耻。他任用范蠡、文种等人，改革内政，休养生息。后来勾践利用夫差北上争霸、国内空虚之机，一举攻入吴国并杀死了吴太子。夫差返国后只得言和。后勾践不断举兵伐吴。勾践二十四年，吴都被围，三年后城破，夫差自杀，吴亡。随后，勾践又乘船进军北方，宋、郑、鲁、卫等国归附，并迁都琅琊（今山东胶南市），与齐、晋诸侯会盟，经周元王正式承认为霸主。

二十年的“卧薪尝胆”既造就了勾践，也彻底磨灭了他的人性。他几乎成了一个冷血的君王。精明的范蠡携西施适时地离开了他，而文种却“执迷不悟”，不到一年，即被勾践赐死！

尝粪问疾、卧薪尝胆二十年！勾践忍人所不能忍之辱，受人所不能受之苦！他苦心励志，发愤强国，创下了以小打大、以弱胜强的神话！

卧薪尝胆的典故被视为中国几千年文明史中经典中的经典，勾践的超人意志或许更有借鉴意义！

在勾践眼里，苦就是苦，乐就是乐。人必须吃苦，但目的则是成就一番伟业。

从一种广义的、贯穿人生始终的眼光看，从古到今，凡成事者，成大事者，莫不受尽磨难，在磨难中完成了自我教育，也水到渠成地成就了事业。荀子“木受绳则直，金就砺则利”这句话，千百年来不知鼓舞与造就了多少志士仁人。

郑世家第十二

【原典】

十二年，简公怒相子孔专国权，诛之，而以子产为卿。十九年，简公如晋请卫君还，而封子产以六邑。子产让，受其三邑。二十二年，吴使延陵季子于郑，见子产如旧交，谓子产曰："郑之执政者侈[①]，难将至，政将及子。子为政，必以礼；不然，郑将败。"子产厚遇季子。二十三年，诸公子争宠相杀，又欲杀子产。公子或谏曰："子产仁人，郑所以存者子产也，勿杀！"乃止。

二十五年，郑使子产于晋，问平公疾。平公曰："卜而曰实沈、台骀为祟，史官莫知，敢问？"对曰："高辛氏有二子，长曰阏伯，季曰实沈，居旷林，不相能也，日操干戈以相征伐。后帝弗臧，迁阏伯于商丘，主辰，商人是因，故辰为商星。迁实沈于大夏，主参，唐人是因，服事夏、商，其季世曰唐叔虞[②]。当武王邑姜方娠大叔，梦帝谓己：'余命而子曰虞，乃与之唐，属之参而蕃育其子孙。'及生有文在其掌曰'虞'，遂以命之。及成王灭唐而国大叔焉。故参为晋星。"由是观之，则实沈，参神也。昔金天氏有裔子曰昧，为玄冥师，生允格、台骀。台骀能业其官，宣汾、洮，障大泽，以处太原。帝用嘉之，国之汾川。沈、姒、蓐、黄实守其祀。今晋主汾川而灭之。由是观之，则台骀，汾、洮神也。然是二者不害君身。山川之神，则水旱之菑禜之[③]；日月星辰之神，则雪霜风雨不时禜之；若君疾，饮食哀乐女色所生也。平公及叔向曰："善，博物君子也！"厚为之礼于子产。

二十七年夏，郑简公朝晋。冬，畏楚灵王之强，又朝楚，子产从。二十八年，郑君病，使子产会诸侯，与楚灵王盟于申，诛齐庆封。

三十六年，简公卒，子定公宁立。秋，定公朝晋昭公。

定公元年，楚公子弃疾弑其君灵王而自立，为平王。欲行德诸侯。归灵王所侵郑地于郑。

四年，晋昭公卒，其六卿强，公室卑。子产谓韩宣子曰："为政必以德，毋忘所以立。"

六年，郑火，公欲禳之[4]。子产曰："不如修德。"

八年，楚太子建来奔。十年，太子建与晋谋袭郑。郑杀建，建子胜奔吴。

十一年，定公如晋。晋与郑谋，诛周乱臣，入敬王于周。

十三年，定公卒，子献公虿立。献公十三年卒，子声公胜立。当是时，晋六卿强，侵夺郑，郑遂弱。

声公五年，郑相子产卒，郑人皆哭泣，悲之如亡亲戚。子产者，郑成公少子也。为人仁爱人，事君忠厚。孔子尝过郑，与子产如兄弟云。及闻子产死，孔子为泣曰："古之遗爱也！"

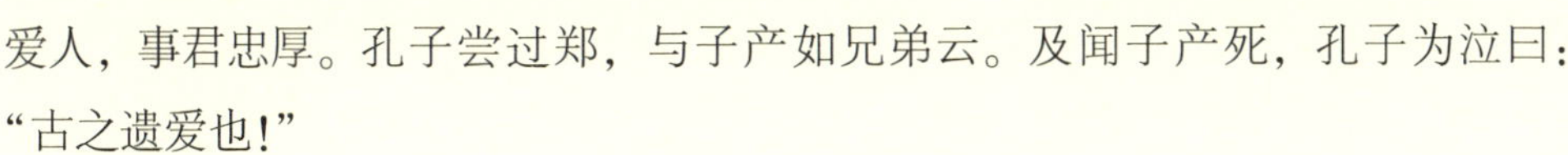

【注释】

①侈：不务正业，为非作歹。

②季世：末世。

③菑禜：一种祭祀仪式，用以消灾。

④禳：祭祷消灾。

解读

一代贤相子产对于郑国的生存和发展作出了巨大贡献。

子产知识渊博，以礼治政，大公无私，仁义爱人。子产曾谓韩宣子曰："为政必以德，毋忘所以立。"当郑国发生火灾，郑君"欲禳之"时，子产建议："不如修德"。因而当子产去世后，"郑人皆哭泣，悲之如亡亲戚"。子产的言行赢得了百姓由衷的崇敬。

自私自利虽然是人的本能，而子产却能做到以道德为处世的底线，时时警醒自己，不敢越雷池一步。当今有些人则私心过重，又没有一定的道德基础，有时为了一己之私简直是不择手段。这些人大多都自以为聪明，总以为坏事做得滴水不漏，却不知人民的眼睛是雪亮的。“多行不义必自毙”，这样的人也只能躲得过一时而已，迟早会有身败名裂的那一天。

世间万物都有一种标准，上升到理论层面上就是道义、礼节等，这其实也是事物发展规律的一种表现。一旦严重偏离这种规律，就会遭到规律的惩罚。比如见利忘义，唯利是图，争名于朝，争利于市，首鼠两端，殚精竭虑，而自以为得计，即使于蝇营狗苟、纷纷扰扰之际得蝇头微末之利，却丧失了长远根本之利。更有以邪恶手段攫取财富的，到头来难免“机关算尽太聪明，反误了卿卿性命”。贪利损身、求荣反辱的事，古往今来，还见得少吗？

赵世家第十三

【原典】

武灵王少，未能听政，博闻师三人，左右司过三人。及听政，先问先王贵臣肥义，加其秩①；国三老年八十，月致其礼。

三年，城鄗。四年，与韩会于区鼠。五年，娶韩女为夫人。

八年，韩击秦，不胜而去。五国相王，赵独否，曰：“无其实，敢处其名乎！”令国人谓己曰“君”。

九年，与韩、魏共击秦，秦败我，斩首八万级。齐败我观泽。十年，秦取我中都及西阳。齐破燕。燕相子之为君，君反为臣。十一年，王召公子职于韩，立以为燕王，使乐池送之。十三年，秦拔我蔺，虏将军赵庄。楚、魏王来，过邯郸。十四年，赵何攻魏。

十六年，秦惠王卒。王游大陵。他日，王梦见处女鼓琴而歌诗曰：“美人荧荧兮，颜若苕之荣②。命乎命乎，曾无我嬴！”异日，王饮酒乐，数言所梦，想见其状。吴广闻之，因夫人而内其女娃嬴。孟姚也。孟姚甚有宠于王，是为惠后。

十七年，王出九门，为野台，以望齐、中山之境。

十八年，秦武王与孟说举龙文赤鼎，绝膑而死。赵王使代相赵固迎公子稷于燕，送归，立为秦王，是为昭王。

十九年春正月，大朝信宫。召肥义与议天下，五日而毕。王北略中山之地，至于房子，遂之代，北至无穷，西至河，登黄华之上。召楼缓谋曰："我先王因世之变，以长南藩之地，属阻漳、滏之险，立长城，又取蔺、郭狼，败林人于荏，而功未遂。今中山在我腹心，北有燕，东有胡，西有林胡、楼烦、秦、韩之边，而无强兵之救，是亡社稷，奈何？夫有高世之名，必有遗俗之累[③]。吾欲胡服。"楼缓曰："善。"群臣皆不欲。

于是肥义侍，王曰："简、襄主之烈，计胡、翟之利。为人臣者，宠有孝悌长幼顺明之节，通有补民益主之业，此两者臣之分也。今吾欲继襄主之迹，开于胡、翟之乡，而卒世不见也[④]。为敌弱，用力少而功多，可以毋尽百姓之劳，而序往古之勋。夫有高世之功者，负遗俗之累；有独智之虑者，任骜民之怨。今吾将胡服骑射以教百姓，而世必议寡人，奈何？"肥义曰："臣闻疑事无功，疑行无名。王既定负遗俗之虑，殆无顾天下之议矣。夫论至德者不和于俗，成大功者不谋于众。昔者舜舞有苗，禹袒裸国，非以养欲而乐志也，务以论德而约功也。愚者闇成事，智者睹未形，则王何疑焉。"王曰："吾不疑胡服也，吾恐天下笑我也。狂夫之乐，智者哀焉；愚者所笑，贤者察焉。世有顺我者，胡服之功未可知也。虽驱世以笑我，胡地中山吾必有之。"于是遂胡服矣。

使王緤告公子成曰："寡人胡服，将以朝也，亦欲叔服之。家听于亲而国听于君，古今之公行也。子不反亲，臣不逆君，兄弟之通义也。今寡人作教易服而叔不服，吾恐天下议之也。制国有常，利民为本；从政有经，令行为上。明德先论于贱，而行政先信于贵。今胡服之意，非以养欲而乐志也；事有所止而功有所出，事成功立，然后善也。今寡人恐叔之逆从政之经，以辅叔之议。且寡人闻之，事利国者行无邪，因贵戚者名不累，故愿慕公叔之义，以成胡服之功。使緤谒之叔，请服焉。"公子成再拜稽首曰："臣固闻王之胡服也。臣不佞，寝疾，未能趋走以滋进也。王命之，臣敢对，因竭其愚忠。曰：臣闻中国者，盖聪明徇智之所居也，万物财用之所聚也，贤圣之所教也，仁义之所施也，《诗》《书》礼乐之所用也，异敏技能之所试也，远方之所观赴也，蛮夷之所义行也。今王舍此而袭远方之服，变古之教，易古人道，逆人之心，而佛学者[5]，离中国，故臣愿王图之也。”使者以报。王曰：“吾固闻叔之疾也，我将自往请之。”

王遂往之公子成家，因自请之，曰：“夫服者，所以便用也；礼者，所以便事也。圣人观乡而顺宜，因事而制礼，所以利其民而厚其国也。夫翦发文身[6]，错臂左衽，瓯越之民也。黑齿雕题，却冠秫绌，大吴之国也。故礼服莫同，其便一也。乡异而用变，事异而礼易。是以圣人果可以利其国，不一其用；果可以便其事，不同其礼。儒者一师而俗异，中国同礼而教离，况于山谷之便乎？故去就之变，智者不能一；远近之服，贤圣不能同。穷乡多异，曲学多辩。不知而不疑，异于己而不非者，公焉而众求尽善也。今叔之所言者俗也，吾所言者所以制俗也。吾国东有河、薄洛之水，与齐、中山同之，无舟楫之用。自常山以至代、上党，东有燕、东胡之境，而西有楼烦、秦、韩之边，今无骑射之备。故寡人无舟楫之用，夹水居之民，将何以守河、薄洛之水；变服骑射，以备燕、三胡、秦、韩之边。且昔者简主不塞晋阳以及上党，而襄主并戎取代以攘诸胡，此愚智所明也。先时中山负齐之强兵，侵暴吾地，系累吾民[7]，引水围鄗，微社稷之神灵，则鄗几于不守也。先王丑之，而怨未能报也。今骑射之备，近可以便上党之形，而远可以报中山之怨。而叔顺中国之俗以逆简、襄之意，恶变服之名以忘鄗事之丑，非寡人之所望也。”公子成再拜稽首，曰：“臣愚，不达于王之义，敢道世俗之闻，臣之罪也。今王将继简、襄之意以顺先王之志，臣敢不听命乎！”再拜稽首。乃赐胡服。明日，服而朝。于是始出胡服令也。

赵文、赵造、周袑、赵俊皆谏止王毋胡服，如故法便。王曰：“先王不同俗，何古之法？帝王不相袭，何礼之循？虙戏[8]、神农教而不诛，黄帝、尧、舜诛而不怒。及至三王，随时制法，因事制礼。法度制令各顺其宜，衣服器械各便其用。故礼也不必一道，而便国不必古。圣人之兴也不相袭而王，夏、殷之衰也不易礼而灭。然则反古未可非，而循礼未足多也。且服奇者志淫，则是邹、鲁无奇行也；俗辟者民易，则是吴、越无秀士也。且圣人利身谓之服，便事谓之礼。夫进退之节，衣服之制者，所以齐常民也，非所以论贤者也。故齐民与俗流，贤者与变俱。故谚曰‘以书御者不尽马之情，以古制今者不达事之

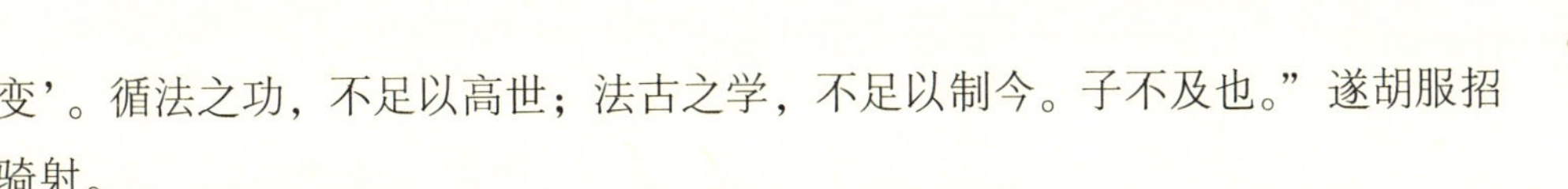

变’。循法之功，不足以高世；法古之学，不足以制今。子不及也。”遂胡服招骑射。

二十年，王略中山地，至宁葭；西略胡地，至榆中。林胡王献马。归，使楼缓之秦，仇液之韩，王贲之楚，富丁之魏，赵爵之齐。代相赵固主胡，致其兵。

二十一年，攻中山。赵袑为右军，许钧为左军，公子章为中军，王并将之。牛翦将车骑，赵希并将胡、代。赵与之陉，合军曲阳，攻取丹丘、华阳、鸱之塞。王军取鄗、石邑、封龙、东垣。中山献四邑和，王许之，罢兵。二十三年，攻中山。二十五年，惠后卒。使周袑胡服傅王子何[9]。二十六年，复攻中山，攘地北至燕、代，西至云中、九原。

二十七年五月戊申，大朝于东宫，传国，立王子何以为王。王庙见礼毕，出临朝。大夫悉为臣，肥义为相国，并傅王。是为惠文王。惠文王，惠后吴娃子也。武灵王自号为主父。

主父欲令子主治国，而身胡服将士大夫西北略胡地，而欲从云中、九原直南袭秦，于是诈自为使者入秦。秦昭王不知，已而怪其状甚伟，非人臣之度，使人逐之，而主父驰已脱关矣。审问之，乃主父也。秦人大惊。主父所以入秦者，欲自略地形，因观秦王之为人也。

惠文王二年，主父行新地，遂出代，西遇楼烦王于西河而致其兵。

三年，灭中山，迁其王于肤施。起灵寿，北地方从，代道大通。还归，行赏，大赦，置酒酺五日[10]，封长子章为代安阳君。章素侈，心不服其弟所立。主父又使田不礼相章也。

李兑谓肥义曰：“公子章强壮而志骄，党众而欲大，殆有私乎？田不礼之为人也，忍杀而骄。二人相得，必有谋阴贼起，一出身徼幸。夫小人有欲，轻虑浅谋，徒见其利而不顾其害，同类相推，俱入祸门。以吾观之，必不久矣。子任重而势大，乱之所始，祸之所集也，子必先患。仁者爱万物而智者备祸于未形，不仁不智，何以为国？子奚不称疾毋出，传政于公子成？毋为怨府，毋为祸梯。”肥义曰：“不可，昔者主父以王属义也，曰：‘毋变而度，毋异而虑，坚守一心，以殁而世。’义再拜受命而籍之。今畏不礼之难而忘吾籍，变孰大焉。进受严命，退而不全，负孰甚焉。变负之臣，不容于刑。谚曰‘死者复生，生者不愧’。吾言已在前矣，吾欲全吾言，安得全吾身！且夫贞臣也难至而节见，忠臣也累至而行明。子则有赐而忠我矣，虽然，吾有语在前者也，终不敢失。”李兑曰：“诺，子勉之矣！吾见子已今年耳。”涕泣而出。李兑数见公子成，以备田不礼之事。

异日，肥义谓信期曰：“公子与田不礼甚可忧也。其于义也声善而实恶，此为人也不子不臣。吾闻之也，奸臣在朝，国之残也；谗臣在中，主之蠹也。此人贪而欲大，内得主而外为暴。矫令为慢，以擅一旦之命，不难为也，祸且逮国。今吾忧之，夜而忘寐，饥而忘食。盗贼出入不可不备。自今以来，若有召王者必见吾面，我将先以身当之，无故而王乃入。”信期曰：“善哉，吾得闻此也！”

四年，朝群臣，安阳君亦来朝。主父令王听朝，而自从旁观窥群臣宗室之礼。见其长子章傫然也[11]，反北面为臣，诎于其弟，心怜之，于是乃欲分赵而王章于代，计未决而辍。

主父及王游沙丘，异宫，公子章即以其徒与田不礼作乱，诈以主父令召王。肥义先入，杀之。高信即与王战。公子成与李兑自国至，乃起四邑之兵入距难[12]，杀公子章及田不礼，灭其党贼而定王室。公子成为相，号安平君，李兑为司寇。公子章之败，往走主父，主父开之，成、兑因围主父宫。公子章死，公子成、李兑谋曰：“以章故围主父，即解兵，吾属夷矣。”乃遂围主父。令宫中人“后出者夷”，宫中人悉出。主父欲出不得，又不得食，探爵鷇而食之[13]，三月馀而饿死沙丘宫。主父定死，乃发丧赴诸侯。

【注释】

①秩：俸禄、品级。

②苕：一种藤类植物，花色橙红。

③遗俗：违背习俗的行为。

④卒世：遍天下，全世界。

⑤怫（bèi）：通“悖”。

⑥翦：同“剪”。

⑦系累：拘捕。

⑧虙戏：即伏羲。

⑨傅：教导、辅佐。

⑩酺（pú）：聚会饮酒。

⑪儽（lěi）然：颓丧的样子。

⑫距难：抵御平定变乱。距：通“拒”。

⑬爵：同“雀”。鷇（kòu）：待哺的幼雀。

解读

在《史记》三十世家中，《赵世家》是颇具特色的一篇。赵武灵王是战国时期一位精明能干的君主，是古代屈指可数的军事改革家，为赵国的强盛作出了许多功绩。他目光高远，思想敏锐，勇于学习。他认为别人的东西，只要是好的，完全可以学习，取其精华，去其糟粕。他所进行的军事改革——改穿胡服，学习骑射，就是向他的敌人学习的结果。

“师夷长技以制夷”。向“敌人”学习是学习的最高境界，是一种最具智慧的表现。

对手是一面镜子，能照出我们自己的不足，使自己更加完善。正是敌人在背后追赶，才激发了我们身上潜在的力量，使我们变得强大起来。因为对手，我们一路不会感到寂寞；因为对手，我们能创造奇迹；因为对手，我们不断地走向完美。在人生长途中，最好的老师是对手，最好的朋友也是对手。

魏世家第十四

【原典】

魏文侯元年，秦灵公之元年也。与韩武子、赵桓子、周威王同时。

六年，城少梁。十三年，使子击围繁、庞，出其民。十六年，伐秦，筑临晋元里。

十七年，伐中山，使子击守之，赵仓唐傅之。子击逢文侯之师田子方于朝歌，引车避，下谒。田子方不为礼。子击因问曰："富贵者骄人乎？且贫贱者骄人乎？"子方曰："亦贫贱者骄人耳。夫诸侯而骄人则失其国，大夫而骄人则失其家。贫贱者，行不合，言不用，则去之楚、越，若脱躧然[①]，奈何其同之哉！"子击不怿而去。西攻秦，至郑而还，筑雒阴、合阳。

二十二年，魏、赵、韩列为诸侯。

二十四年，秦伐我，至阳狐。

二十五年，子击生子罃。

文侯受子夏经艺，客段干木，过其闾，未尝不轼也[②]。秦尝欲伐魏，或曰："魏君贤人是礼，国人称仁，上下和合，未可图也。"文侯由此得誉于诸侯。

任西门豹守邺，而河内称治。

魏文侯谓李克曰："先生尝教寡人曰'家贫则思良妻，国乱则思良相'。今所置非成则璜，二子何如？"李克对曰："臣闻之，卑不谋尊，疏不谋戚。臣在阙门之外，不敢当命。"文侯曰："先生临事勿让。"李克曰："君不察故也。居视其所亲，富视其所与，达视其所举，穷视其所不为，贫视其所不取，五者足以定之矣，何待克哉！"文侯曰："先生就舍，寡人之相定矣。"李克趋而出，过翟璜之家。翟璜曰："今者闻君召先生而卜相[③]，果谁为之？"李克曰："魏成子为相矣。"翟璜忿然作色曰："以耳目之所睹记，臣何负于魏成子？西河之守，臣

之所进也。君内以邺为忧，臣进西门豹。君谋欲伐中山，臣进乐羊。中山已拔，无使守之，臣进先生。君之子无傅，臣进屈侯鲋。臣何以负于魏成子！”李克曰：“且子之言克于子之君者，岂将比周以求大官哉？君问而置相‘非成则璜，二子何如’？克对曰：‘君不察故也。居视其所亲，富视其所与，达视其所举，穷视其所不为，贫视其所不取，五者足以定之矣，何待克哉！’是以知魏成子之为相也。且子安得与魏成子比乎？魏成子以食禄千钟，什九在外，什一在内，是以东得卜子夏、田子方、段干木。此三人者，君皆师之。子之所进五人者，君皆臣之。子恶得与魏成子比也？”翟璜逡巡再拜曰④：“璜，鄙人也，失对，愿卒为弟子。”

二十六年，虢山崩，壅河⑤。

三十二年，伐郑。城酸枣。败秦于注。三十五年，齐伐取我襄陵。三十六年，秦侵我阴晋。

三十八年，伐秦，败我武下，得其将识。是岁，文侯卒，子击立，是为武侯。

【注释】

①躧（xǐ）：同“屣”，鞋。

②轼：车前的横木。

③卜：选择。

④逡巡：犹豫徘徊。

⑤壅：堵塞。

解读

魏文侯是战国初期颇有声望的国君。他礼敬贤人，重用贤士，实行政治改革，使魏国成为战国初期最强的国家。在文中，司马迁没有具体记述魏文侯的政绩，但引述了秦国人对魏文侯的看法：“魏君贤人是礼，国人称仁，上下和合，未可图也。”借敌国的看法来评价人物，这种评价更有客观性，远远胜过了作者的主观评价。

特别是在用人方面，魏文侯的做法非常值得后世的领导者学习。

乐羊凯旋回朝，魏文侯出城远迎，并设宴于宫内为其庆功洗尘。宴毕，魏文侯命人取来两个密封的匣子送给乐羊。乐羊以为是因立功所赏的金银财宝，殊不知回家一看，全是一些告他围城不攻企图谋反的书信状纸。乐羊大为吃惊和感慨，心想：朝中有如此之多的人造谣诽谤我，要不是君主信任我，不为谗言所动，我恐怕早变成刀下鬼了。从此，乐羊对魏文侯更加感激涕零，忠心效劳。

试想，魏文侯如果自己没有主见，相信群臣的诬告和传言，临阵撤换乐羊，甚至问罪于乐羊，能够很快取得战争的胜利吗？当然，对于众人的意见、社会的传言，信还是不信，都不能盲目，既不要盲目相信，也不要盲目不信。正确的态度、重要的途径是必须“察”之。察传言所讲事物的原委、内情，察自己对传言所指对象了解的深度、广度和正确度，尤其要察散布传言者的动机、目的，有了这几“察”，才能尽量不做出错误的举动。

韩世家第十五

【原典】

韩之先与周同姓，姓姬氏。其后苗裔事晋，得封于韩原，曰韩武子。武子后三世有韩厥，从封姓为韩氏。

韩厥，晋景公之三年，晋司寇屠岸贾将作乱，诛灵公之贼赵盾。赵盾已死矣，欲诛其子赵朔。韩厥止贾，贾不听。厥告赵朔令亡。朔曰：“子必能不绝赵祀[①]，死不恨矣。”韩厥许之。及贾诛赵氏，厥称疾不出。程婴、公孙杵臼之藏赵孤赵武也，厥知之。

景公十一年，厥与郤克将兵八百乘伐齐，败齐顷公于鞍，获逄丑父。于是晋作六卿，而韩厥在一卿之位，号为献子。

晋景公十七年，病，卜大业之不遂者为祟[②]。韩厥称赵成季之功，今后无祀，以感景公。景公问曰：“尚有世乎？”厥于是言赵武，而复与故赵氏田邑，续赵氏祀。

晋悼公之七年，韩献子老。献子卒，子宣子代。宣子徙居州。

晋平公十四年，吴季札使晋，曰："晋国之政卒归于韩、魏、赵矣。"晋顷公十二年，韩宣子与赵、魏共分祁氏、羊舌氏十县[3]。晋定公十五年，宣子与赵简子侵伐范、中行氏。宣子卒，子贞子代立。贞子徙居平阳。

贞子卒，子简子代。简子卒，子庄子代。庄子卒，子康子代。康子与赵襄子、魏桓子共败知伯[4]，分其地，地益大，大于诸侯。

康子卒，子武子代。武子二年，伐郑，杀其君幽公。十六年，武子卒，子景侯虔立。

景侯虔元年，伐郑，取雍丘。二年，郑败我负黍。

六年，与赵、魏俱得列为诸侯。

九年，郑围我阳翟。景侯卒，子列侯取立。

列侯三年，聂政杀韩相侠累。九年，秦伐我宜阳，取六邑。十三年，列侯卒，子文侯立。是岁魏文侯卒。

文侯二年，伐郑，取阳城。伐宋，到彭城，执宋君。七年，伐齐，至桑丘。郑反晋。九年，伐齐，至灵丘。十年，文侯卒，子哀侯立。

哀侯元年，与赵、魏分晋国。二年，灭郑，因徙都郑。

六年，韩严弑其君哀侯。而子懿侯立。

懿侯二年，魏败我马陵。五年，与魏惠王会宅阳。九年，魏败我浍。十二年，懿侯卒，子昭侯立。

昭侯元年，秦败我西山。二年，宋取我黄池。魏取朱。六年，伐东周[5]，取陵观、邢丘。

八年，申不害相韩，修术行道，国内以治，诸侯不来侵伐。

十年，韩姬弑其君悼公。十一年，昭侯如秦。二十二年，申不害死。二十四年，秦来拔我宜阳。

【注释】

①绝赵祀：断绝赵氏祖先的祭祀，也就是断绝后代。

②大业：赵人和秦人的远祖。

③祁氏、羊舌氏：都是晋君的宗族。

④知伯：晋国六卿之一。

⑤东周：战国时的一个小诸侯国。

解读

韩国是战国时期力量最弱的国家，它东邻魏国，西邻秦国，这两国都比它强大。在那个乱世中，为了争夺地盘，韩国两面受敌，经常受到侵略。再加上人口较少，经济发展滞后，这些客观条件使韩国的国力始终难以强盛。同时主观因素也是不容忽视的，其中最重要的就是人的因素。从三家分晋直到韩国灭亡，将近二百年间，韩国基本上没有出现一位较有作为的国君。贤良的臣子更是少之又少，最为杰出的人物是韩非，本篇中仅有几句话的记载。在后面的《老子韩非列传》中可以看到，这位韩国公子曾向当权者提出不少改革建议，但都未被采纳。韩国如果能重用韩非，历史也可能要重写了！

田敬仲完世家第十六

【原典】

齐威王元年，三晋因齐丧来伐我灵丘。三年，三晋灭晋后而分其地。六年，鲁伐我，入阳关。晋伐我，至博陵。七年，卫伐我，取薛陵。九年，赵伐我，取甄。

威王初即位以来，不治，委政卿大夫，九年之间，诸侯并伐，国人不治。于是威王召即墨大夫而语之曰："自子之居即墨也，毁言日至。然吾使人视即墨，田野辟[①]，民人给，官无留事，东方以宁。是子不事吾左右以求誉也。"封之万家。召阿大夫语曰："自子之守阿，誉言日闻。然使使视阿，田野不辟，民贫苦。昔日赵攻甄，子弗能救。卫取薛陵，子弗知。是子以币厚吾左右以求誉也。"是日，烹阿大夫[②]，及左右尝誉者皆并烹之。遂起兵西击赵、卫，败魏于浊泽而围

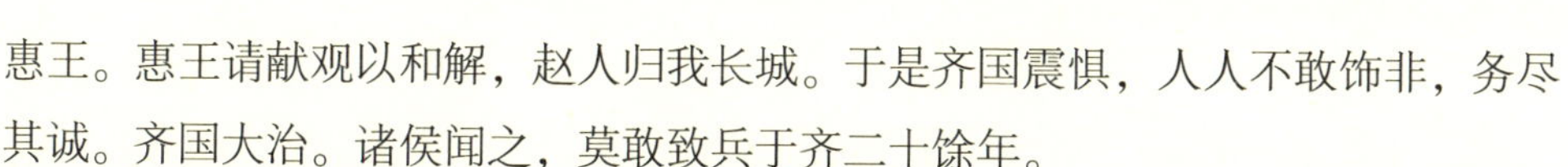

惠王。惠王请献观以和解，赵人归我长城。于是齐国震惧，人人不敢饰非，务尽其诚。齐国大治。诸侯闻之，莫敢致兵于齐二十馀年。

驺忌子以鼓琴见威王，威王说而舍之右室。须臾，王鼓琴，驺忌子推户入曰：“善哉鼓琴！”王勃然不说，去琴按剑曰：“夫子见容未察，何以知其善也？”驺忌子曰：“夫大弦浊以春温者，君也；小弦廉折以清者，相也；攫之深，醳之愉者，政令也；钧谐以鸣，大小相益，回邪而不相害者，四时也：吾是以知其善也。”王曰：“善语音。”驺忌子曰：“何独语音，夫治国家而弭人民皆在其中[3]。”王又勃然不说曰：“若夫语五音之纪，信未有如夫子者也。若夫治国家而弭人民，又何为乎丝桐之间？”驺忌子曰：“夫大弦浊以春温者，君也；小弦廉折以清者，相也；攫之深而舍之愉者，政令也；钧谐以鸣，大小相益，回邪而不相害者，四时也。夫复而不乱者，所以治昌也；连而径者，所以存亡也：故曰琴音调而天下治。夫治国家而弭人民者，无若乎五音者。”王曰：“善。”

驺忌子见三月而受相印。淳于髡见之曰：“善说哉！髡有愚志，原陈诸前。”驺忌子曰：“谨受教。”淳于髡曰：“得全全昌，失全全亡。”驺忌子曰：“谨受令，请谨毋离前。”淳于髡曰：“豨膏棘轴[4]，所以为滑也，然而不能运方穿。”驺忌子曰：“谨受令，请谨事左右。”淳于髡曰：“弓胶昔幹，所以为合也，然而不能傅合疏罅[5]。”驺忌子曰：“谨受令，请谨自附于万民。”淳于髡曰：“狐裘虽敝，不可补以黄狗之皮。”驺忌子曰：“谨受令，请谨择君子，毋杂小人其间。”淳于髡曰：“大车不较，不能载其常任；琴瑟不较，不能成其五音。”驺忌子曰：“谨受令，请谨修法律而督奸吏。”淳于髡说毕，趋出，至门，而面其仆曰：“是人者，吾语之微言五，其应我若响之应声，是人必封不久矣。”居期年，封以下邳，号曰成侯。

威王二十三年，与赵王会平陆。二十四年，与魏王会田于郊。魏王问曰："王亦有宝乎？"威王曰："无有。"梁王曰："若寡人国小也，尚有径寸之珠照车前后各十二乘者十枚，奈何以万乘之国而无宝乎？"威王曰："寡人之所以为宝与王异。吾臣有檀子者，使守南城，则楚人不敢为寇东取，泗上十二诸侯皆来朝。吾臣有肦子者，使守高唐，则赵人不敢东渔于河。吾吏有黔夫者，使守徐州，则燕人祭北门，赵人祭西门，徙而从者七千馀家。吾臣有种首者，使备盗贼，则道不拾遗。将以照千里，岂特十二乘哉！"梁惠王惭，不怿而去⑥。

二十六年，魏惠王围邯郸，赵求救于齐。齐威王召大臣而谋曰："救赵孰与勿救？"驺忌子曰："不如勿救。"段干朋曰："不救则不义，且不利。"威王曰："何也？"对曰："夫魏氏并邯郸，其于齐何利哉？且夫救赵而军其郊，是赵不伐而魏全也。故不如南攻襄陵以弊魏，邯郸拔而乘魏之弊⑦。"威王从其计。

其后成侯驺忌与田忌不善，公孙阅谓成侯忌曰："公何不谋伐魏，田忌必将。战胜有功，则公之谋中也；战不胜，非前死则后北，而命在公矣。"于是成侯言威王，使田忌南攻襄陵。十月，邯郸拔，齐因起兵击魏，大败之桂陵。于是齐最强于诸侯，自称为王，以令天下。

三十三年，杀其大夫牟辛。

三十五年，公孙阅又谓成侯忌曰："公何不令人操十金卜于市，曰'我田忌之人也。吾三战而三胜，声威天下。欲为大事，亦吉乎不吉乎'？"卜者出，因令人捕为之卜者，验其辞于王之所。田忌闻之，因率其徒袭攻临淄，求成侯，不胜而奔。

三十六年，威王卒，子宣王辟强立。

【注释】

①辟：开辟，开垦荒地。

②烹：煮杀。古代的一种酷刑。

③弭：顺服，安定。

④豨（xī）膏：猪油。

⑤罅（xià）：裂缝。

⑥怿：喜欢，高兴。

⑦弊：疲困。

解读

齐国曾是春秋五霸之一，也是战国七雄之一，甚至和秦国对峙到了最后。田氏在齐国的得宠，也有其深长的历史渊源。早在春秋初年，陈国发生内乱，陈国的公子完逃奔到齐国，此为陈氏（陈即田，古音陈、田不分）在齐国最早出现的记载。齐桓公很赏识他，要他做卿官，他只接受了做管理工匠的职务。后来在反对权臣庆封的斗争中，田桓子积极地站在国君这边，在反对齐惠公的后代——栾氏、高氏的斗争中，田氏也站在国君这一边。这些斗争逐渐使田氏在齐国站稳了脚跟，而且政治、经济势力也越来越强大。

首先，田桓子用大斗出、小斗进的手段广为笼络人心。齐国原有的量具分两种进制，田桓子自己改用了进制量具，比公家的量制明显增大。在往外借粮时，田桓子使用自己的家量，往里收回粮食时使用公量，虽然自己吃了亏，却赢得了广大百姓的好评。据说当时的民众大量逃往田氏门下，“归之如流水”，而田氏则把这些人藏起来，并不上报户数，称之为“隐民”。

凭借争取民心奠定的政治基础，又经过两次较大的斗争并取得胜利，公元前386年，周安王仿照当初“三晋”的例子，正式封田恒子为齐侯，即田太公。田氏在齐国的发迹，据《左传》记载，曾有“五世其昌”，“八世之后莫之与京”的卦辞。从公子完逃到齐国，到田桓子娶齐侯之女为妻，奠定田氏在齐的地位，恰好五代；至田襄子成为实际上的国君，恰好是八代。其实，这卦辞的“应验”，很可能是后人根据历史事实造出来的。

纵观春秋战国时代的三次以臣代君的重大历史事件，极感意味深长。三次卿大夫夺权虽各有不同，但其共同之处却还是存在的，那就是“得人心者得天下”这句老话。鲁国的季孙氏致力于笼络人心，晋国的赵氏倡行“仁政”，齐国的田氏煞费苦心地在百姓中树立威望，就更不待言了。尤其是田氏，其八代奋斗的历史值得后人好好地研究。

以臣代君，说是阴谋也好，说是篡权也罢，若能符合民意、顺乎民心，也就有了成功的可能。至于如何评价它，则见仁见智。

有了人心的支持，便没有做不成的事。帝王也好，百姓也好，如果你是一个察人所想、急人所需的人，那你做起事来一定处处有贵人相助，顺风顺水。

孔子世家第十七

【原典】

孔子之去鲁凡十四岁而反乎鲁。

鲁哀公问政，对曰："政在选臣。"季康子问政，曰："举直错诸枉[①]，则枉者直。"康子患盗，孔子曰："苟子之不欲，虽赏之不窃。"然鲁终不能用孔子，孔子亦不求仕。

孔子之时，周室微而礼乐废，《诗》《书》缺。追迹三代之礼，序《书传》，上纪唐虞之际，下至秦穆，编次其事。曰："夏礼吾能言之，杞不足征也。殷礼吾能言之，宋不足征也。足，则吾能征之矣。"观殷夏所损益，曰："后虽百世可知也，以一文一质。周监二代，郁郁乎文哉。吾从周。"故《书》《传》《礼记》自孔氏。

孔子语鲁大师："乐其可知也。始作翕如，纵之纯如，皦如[②]，绎如也，以成。""吾自卫反鲁，然后乐正，雅颂各得其所。"

古者《诗》三千馀篇，及至孔子，去其重，取可施于礼义，上采契、后稷，中述殷周之盛，至幽厉之缺，始于衽席[③]，故曰"关雎之乱以为风始，鹿鸣为小雅始，文王为大雅始，《清庙》为《颂始》"。三百五篇孔子皆弦歌之，以求合韶武雅颂之音。礼乐自此可得而述，以备王道，成六艺。

孔子晚而喜《易》[④]序《彖》《系》《象》《说卦》《文言》。读《易》，韦编三绝。曰："假我数年，若是，我于《易》则彬彬矣。"

孔子以《诗》《书》礼乐教，弟子盖三千焉，身通六艺者七十有二人。如颜浊邹之徒，颇受业者甚众。

孔子以四教：文，行，忠，信。绝四：毋意，毋必，毋固，毋我。所慎：齐，战，疾。子罕言利与命与仁。不愤不启，举一隅不以三隅反，则弗复也[⑤]。

其于乡党，恂恂似不能言者[⑥]。其于宗庙朝廷，辩辩言，唯谨尔。朝，与上大夫言，訚訚如也；与下大夫言，侃侃如也。入公门，鞠躬如也；趋进，翼如

也。君召使傧[7]，色勃如也。君命召，不俟驾行矣。

鱼馁，肉败，割不正，不食。席不正，不坐。食于有丧者之侧，未尝饱也。

是日哭，则不歌。见齐衰、瞽者，虽童子必变。

“三人行，必得我师。”“德之不修，学之不讲，闻义不能徙，不善不能改，是吾忧也。”使人歌，善，则使复之，然后和之。

子不语：怪，力，乱，神。

子贡曰：“夫子之文章，可得闻也。夫子言天道与性命，弗可得闻也已。”颜渊喟然叹曰：“仰之弥高，钻之弥坚。瞻之在前，忽焉在后。夫子循循然善诱人，博我以文，约我以礼，欲罢不能。既竭我才，如有所立，卓尔。虽欲从之，蔑由也已。”达巷党人曰：“大哉孔子，博学而无所成名。”子闻之曰：“我何执？执御乎？执射乎？我执御矣。”牢曰：“子云‘不试，故艺’。”

鲁哀公十四年春，狩大野。叔孙氏车子钼商获兽，以为不祥。仲尼视之，曰：“麟也。”取之。曰：“河不出图，雒不出书，吾已矣夫！”颜渊死，孔子曰：“天丧予！”及西狩见麟，曰：“吾道穷矣！”喟然叹曰：“莫知我夫！”子贡曰：“何为莫知子？”子曰：“不怨天，不尤人，下学而上达，知我者其天乎！”

“不降其志，不辱其身，伯夷、叔齐乎！”谓“柳下惠、少连降志辱身矣”。谓“虞仲、夷逸隐居放言，行中清，废中权”。“我则异于是，无可无不可。”

子曰：“弗乎弗乎，君子病没世而名不称焉。吾道不行矣，吾何以自见于后世哉？”乃因《史记》作《春秋》，上至隐公，下讫哀公十四年，十二公。据鲁[8]，亲周，故殷，运之三代。约其文辞而指博。故吴楚之君自称王，而《春秋》贬之曰“子”；践土之会实召周天子，而《春秋》讳之曰“天王狩于河阳”：推此类，以绳当世。贬损之义，后有王者举而开之。《春秋》之义行，则天下乱臣贼子惧焉。

孔子在位听讼[9]，文辞有可与人共者，弗独有也。至于为《春秋》，笔则笔，削则削，子夏之徒不能赞一辞。弟子受《春秋》，孔子曰：“后世知丘者以《春秋》，而罪丘者亦以《春秋》。”

明岁，子路死于卫。孔子病，子贡请见。孔子方负杖逍遥于门，曰：“赐，汝来何其晚也？”孔子因叹，歌曰：“太山坏乎！梁柱摧乎！哲人萎乎！”因以涕下。谓子贡曰：“天下无道久矣，莫能宗予[10]。夏人殡于东阶，周人于西阶，殷人两柱间。昨暮予梦坐奠两柱之间，予始殷人也。”后七日卒。

孔子年七十三，以鲁哀公十六年四月己丑卒。

【注释】

①举直错诸枉：起用正直廉明的人，废除心怀不轨的人。

②皦（jiǎo）如：清晰。

③衽席：本是床席，这里指男女间的情爱。

④易：就是《易经》，又称《周易》，我国古代用于占卜的书。

⑤弗复：不再重复。

⑥恂（xún）：谦恭的样子。

⑦傧：迎接宾客。

⑧据鲁：以鲁国为中心记述。

⑨听讼：审理诉讼案件。

⑩宗予：奉行我的主张。

解读

孔子是儒家学派的创始人，我国古代著名的思想家和伟大的教育家。

孔子一生都有着极高的政治热情，把普天之下的人民放在心上，胸怀天下，志存高远，即使在他遭到打击、排斥、嘲讽甚至围困的时候也仍然不减。为了宣传自己的政治主张，他不辞劳苦，在各国奔波，常常寄人篱下，连个落脚的地方都没有，处境非常困难。他到齐国以后，齐景公打算赐给他廪丘作为食邑，他却坚决推辞没有接受。他对学生说："我劝景公听从我的主张，可是他还没有听从，却要赏赐给我廪丘，他太不了解我了。"孔子把救世为民视为最高的理想追求，不为荣华富贵所动摇，离开齐国到其他国家去了。

孔子周游列国十四年以后，看见自己的主张不能为诸侯所用，就回到鲁国，开始专门从事教育。他打破以前只有贵族子弟才能读书的传统，在平民中招收学生，培养了很多有才学、有品德的学生，其中的一些人被诸侯所任用，这些学生继承老师之志，为挽救衰世而不停地奋斗。

孔子为救世奋斗一生，他虽然没有实现自己的志向，但是他忧国忧民，为理想执着奋斗，其威武不能屈，富贵不能淫的崇高精神，为后人树立了光辉的榜样。

做人可以平凡，但绝对不可以平庸。既然来到了这个世界上，就要对得起堂堂七尺之身。坚守一种精神，做出一种榜样，用一身浩然正气彰显自我、改变世界。

陈涉世家第十八

【原典】

陈胜者，阳城人也，字涉。吴广者，阳夏人也，字叔。陈涉少时，尝与人佣耕，辍耕之垄上[①]，怅恨久之，曰："苟富贵，无相忘。"庸者笑而应曰："若为庸耕，何富贵也?"陈涉太息曰："嗟乎，燕雀安知鸿鹄之志哉!"

二世元年七月[②]，发闾左适戍渔阳[③]，九百人屯大泽乡。陈胜、吴广皆次当行，为屯长。会天大雨，道不通，度已失期。失期，法皆斩。陈胜、吴广乃谋曰："今亡亦死，举大计亦死，等死，死国可乎?"陈胜曰："天下苦秦久矣。吾闻二世少子也，不当立，当立者乃公子扶苏。扶苏以数谏故，上使外将兵。今或闻无罪，二世杀之。百姓多闻其贤，未知其死也。项燕为楚将，数有功，爱士卒，楚人怜之。或以为死，或以为亡。今诚以吾众诈自称公子扶苏、项燕，为天下唱，宜多应者。"吴广以为然。乃行卜。卜者知其指意，曰："足下事皆成，有功。然足下卜之鬼乎!"陈胜、吴广喜，念鬼，曰："此教我先威众耳。"乃丹书帛曰"陈胜王"，置人所罾鱼腹中[④]。卒买鱼烹食，得鱼腹中书，固以怪之矣。又间令吴广之次所旁丛祠中，夜篝火，狐鸣呼曰"大楚兴，陈胜王"。卒皆夜惊恐。旦日，卒中往往语，皆指目陈胜。

吴广素爱人，士卒多为用者。将尉醉，广故数言欲亡，忿恚尉[⑤]，令辱之，以激怒其众。尉果笞广。尉剑挺，广起，夺而杀尉。陈胜佐之，并杀两尉。召令徒属曰："公等遇雨，皆已失期，失期当斩。藉弟令毋斩，而戍死者固十六七。且壮士不死即已，死即举大名耳，王侯将相宁有种乎!"徒属皆曰："敬受命。"乃诈称公子扶苏、项燕，从民欲也。袒右，称大楚。为坛而盟，祭以尉首。陈胜自立为将军，吴广为都尉。攻大泽乡，收而攻蕲。蕲下，乃令符离人葛婴将兵徇蕲以东。攻铚、酇（cuó）、苦、柘、谯皆下之。行收兵。比至陈，车六七百乘，骑千馀，卒数万人。攻陈，陈守令皆不在，独守丞与战谯门中。弗胜，守丞死，乃入据陈。数日，号令召三老、豪杰与皆来会计事。三老、豪杰皆曰："将军身被坚执锐，伐无道，诛暴秦，复立楚国之社稷，功宜为王。"陈涉乃立为王，号为张楚。

【注释】

①辍：停止。

②二世元年：即公元前209年。

③发闾左：征调平民百姓。

④罾（zēng）：渔网。这里是动词，用鱼网捕到的意思。

⑤忿恚（huì）：恼怒。

解读

《陈涉世家》是秦末农民起义的领袖陈涉、吴广的传记。文中真实、具体、完整地记述了爆发这次农民大起义的原因、经过和结局，从中反映了农民阶级的智慧、勇敢和大无畏的斗争精神。

陈胜从谋划起义，到称王立国，再到兵败被害，前后不过半年时间，但他点燃的反秦烈火烧红了大半个中国。"陈胜虽死，其所置遣侯王将相竟亡秦，由涉首事也。"

世家是记载诸侯国之事的。司马迁把陈涉列入"世家"，显然是"别有用心"的。因为首先他是起义亡秦的领导者，且是三代以来以平民起兵而反残暴统治的第一人，而亡秦的侯王又多是他建置的。司马迁将之列入"世家"，把他的功业和汤伐桀、武王伐纣、孔子作的《春秋》相比，将他写成为震撼暴秦帝国统治、叱咤风云的伟大历史英雄，反映了作者进步的历史观。

外戚世家第十九

【原典】

自古受命帝王及继体守文之君，非独内德茂也，盖亦有外戚之助焉[①]。夏之兴也以涂山，而桀之放也以末喜。殷之兴也以有娀[②]，纣之杀也嬖妲己。周之兴也以姜原及大任，而幽王之禽也淫于褒姒。故《易》基《乾》《坤》，《诗》始《关雎》，《书》美《厘降》，《春秋》讥不亲迎。夫妇之际，人道之大伦也。礼之用，唯婚姻为兢兢。夫乐调而四时和，阴阳之变，万物之统也。可不慎与？人能弘道，无如命何。甚哉，妃匹之爱[③]，君不能得之于臣，父不能得之于子，况卑下乎！既欢合矣，或不能成子姓；能成子姓矣，或不能要其终：岂非命也哉？孔子罕称命，盖难言之也。非通幽明之变，恶能识乎性命哉？

太史公曰：秦以前尚略矣，其详靡得而记焉。汉兴，吕娥姁为高祖正后[④]，男为太子。及晚节色衰爱弛，而戚夫人有宠，其子如意几代太子者数矣。及高祖崩，吕后夷戚氏，诛赵王，而高祖后宫唯独无宠疏远者得无恙。

吕后长女为宣平侯张敖妻，敖女为孝惠皇后。吕太后以重亲故，欲其生子万方，终无子，诈取后宫人子为子。及孝惠帝崩，天下初定未久，继嗣不明。于是贵外家，王诸吕以为辅，而以吕禄女为少帝后，欲连固根本牢甚，然无益也。

高后崩，合葬长陵。禄、产等惧诛，谋作乱。大臣征之，天诱其统，卒灭吕氏。唯独置孝惠皇后居北宫。迎立代王，是为孝文帝，奉汉宗庙。此岂非天邪？非天命孰能当之？

薄太后，父吴人，姓薄氏，秦时与故魏王宗家女魏媪通，生薄姬，而薄父死山阴，因葬焉。

及诸侯畔秦，魏豹立为魏王，而魏媪内其女于魏宫。媪之许负所相，相薄姬，云当生天子。是时项羽方与汉王相距荥阳，天下未有所定。豹初与汉击楚，及闻许负言，心独喜，因背汉而畔，中立，更与楚连和。汉使曹参等击虏魏王豹，以其国为郡，而薄姬输织室。豹已死，汉王入织室，见薄姬有色，诏内后宫，岁馀不得幸。始姬少时，与管夫人、赵子儿相爱，约曰："先贵无相忘。"已而管夫人、赵子儿先幸汉王。汉王坐河南宫成皋台，此两美人相与笑薄姬初时约。汉王闻之，问其故，两人具以实告汉王。汉王心惨然，怜薄姬，是日召而幸之。薄姬曰："昨暮夜妾梦苍龙据吾腹。"高帝曰："此贵征也，吾为女遂成之。"一幸生男，是为代王。其后薄姬希见高祖⑤。

高祖崩，诸御幸姬戚夫人之属，吕太后怒，皆幽之，不得出宫。而薄姬以希见故，得出，从子之代，为代王太后。太后弟薄昭从如代。

代王立十七年，高后崩。大臣议立后，疾外家吕氏强，皆称薄氏仁善，故迎代王，立为孝文皇帝，而太后改号曰皇太后，弟薄昭封为轵侯。

薄太后母亦前死，葬栎阳北。于是乃追尊薄父为灵文侯，会稽郡置园邑三百家⑥，长丞已下吏奉守冢，寝庙上食祠如法。而栎阳北亦置灵文侯夫人园，如灵文侯园仪。薄太后以为母家魏王后，早失父母，其奉薄太后诸魏有力者，于是召复魏氏，赏赐各以亲疏受之。薄氏侯者凡一人。

薄太后后文帝二年，以孝景帝前二年崩，葬南陵。以吕后会葬长陵，故特自起陵，近孝文皇帝霸陵。

【注释】

①外戚：指皇帝的母亲及后妃娘家的亲族。

②娀（sōng）：远古时期一个氏族的名称。这里指有娀氏之女的简狄。

③妃（pèi）匹：配偶。妃，通"配"。

④娥姁（xū）：吕后的字。

⑤希：同"稀"。

⑥园邑：汉代为守护陵园设置的县邑。

解读

本篇记述汉高祖至汉武帝五代汉皇的后妃，其中以正后为主，兼顾妃嫔，并涉及后妃的亲族，所以称为《外戚世家》。

后妃之间为争宠、争权势而进行的明争暗斗，构成了统治集团内部矛盾斗争

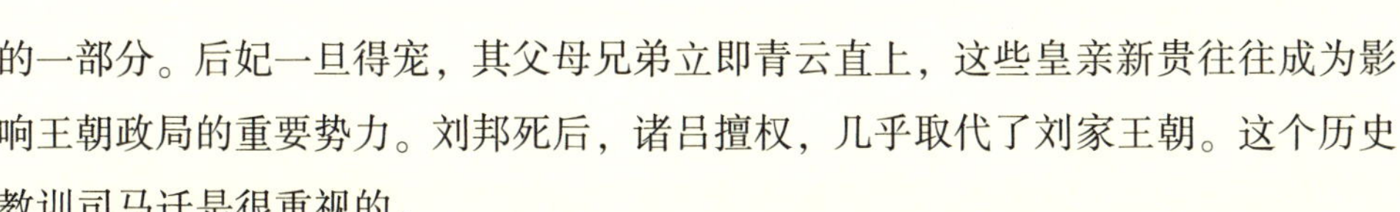

的一部分。后妃一旦得宠，其父母兄弟立即青云直上，这些皇亲新贵往往成为影响王朝政局的重要势力。刘邦死后，诸吕擅权，几乎取代了刘家王朝。这个历史教训司马迁是很重视的。

但归根到底，后宫中的事多半还是皇帝的家事。中国有句俗话：家和万事兴。只有家庭和睦，“后院”安宁，才有可能专心做别的事，才有可能成就一番伟业。但话又说回来，家家都有一本难念的经，对于那些帝王们来说，齐家也并不容易。

诚如《大学》所言：“欲治其国者，先齐其家”，家庭的和睦确实是个人事业的基础，如若后院不得安宁，时不时地起火，那所谓的“事业有成”就只能是个不可能实现的梦想。天天惦记着“灭火”，哪还有时间和精力做事？所以说，无论做什么事，请记住“必先齐家”。

楚元王世家第二十

【原典】

楚元王刘交者，高祖之同母少弟也，字游。

高祖兄弟四人，长兄伯，伯早卒。始高祖微时，尝辟事，时时与宾客过巨嫂食。嫂厌叔，叔与客来，嫂详为羹尽，栎釜[①]，宾客以故去。已而视釜中尚有羹，高祖由此怨其嫂。及高祖为帝，封昆弟，而伯子独不得封。太上皇以为言，高祖曰：“某非忘封之也[②]，为其母不长者耳。”于是乃封其子信为羹颉侯。而王次兄仲于代。

高祖六年，已禽楚王韩信于陈，乃以弟交为楚王，都彭城。即位二十三年卒，子夷王郢立。夷王四年卒，子王戊立。

王戊立二十年，冬，坐为薄太后服私奸，削东海郡。春，戊与吴王合谋反，其相张尚、太傅赵夷吾谏，不听。戊则杀尚、夷吾，起兵与吴西攻梁，破棘壁[③]。至昌邑南，与汉将周亚夫战。汉绝吴楚粮道，士卒饥，吴王走，楚王戊自杀，军遂降汉。

汉已平吴楚，孝景帝欲以德侯子续吴，以元王子礼续楚。窦太后曰："吴王，老人也，宜为宗室顺善[④]。今乃首率七国，纷乱天下，奈何续其后！"不许吴，许立楚后。是时礼为汉宗正。乃拜礼为楚王，奉元王宗庙，是为楚文王。

文王立三年卒，子安王道立。安王二十二年卒，子襄王注立。襄王立十四年卒，子王纯代立。王纯立，地节二年，中人上书告楚王谋反，王自杀，国除，入汉为彭城郡。

赵王刘遂者，其父高祖中子，名友，谥曰"幽"。幽王以忧死，故为"幽"。高后王吕禄于赵，一岁而高后崩。大臣诛诸吕吕禄等[⑤]，乃立幽王子遂为赵王。

孝文帝即位二年，立遂弟辟疆，取赵之河间郡为河间王，是为文王。立十三年卒，子哀王福立。一年卒，无子，绝后，国除，入于汉。

遂既王赵二十六年，孝景帝时坐晁错以适削赵王常山之郡。吴楚反，赵王遂与合谋起兵。其相建德、内史王悍谏，不听。遂烧杀建德、王悍，发兵屯其西界，欲待吴与俱西。北使匈奴，与连和攻汉。汉使曲周侯郦寄击之[⑥]。赵王遂还，城守邯郸，相距七月。吴楚败于梁，不能西。匈奴闻之，亦止，不肯入汉边。栾布自破齐还，乃并兵引水灌赵城。赵城坏，赵王自杀，邯郸遂降。赵幽王绝后。

太史公曰：国之将兴，必有祯祥，君子用而小人退。国之将亡，贤人隐，乱臣贵。使楚王戊毋刑申公，遵其言，赵任防与先生，岂有篡杀之谋，为天下僇哉[⑦]？贤人乎，贤人乎！非质有其内，恶能用之哉？甚矣，"安危在出令，存亡在所任"，诚哉是言也！

【注释】

①栎釜：刮锅边时发出声音。

②某：谦称。

③棘壁：地名。今河南永城县西北。

④顺善：遵守法度的表率。

⑤诸吕：吕后家族子弟的总称。

⑥曲周：县名。今河北省曲周县东北。

⑦僇（lù）：通"戮"。杀戮，侮辱。

解读

本文主要写了西汉王朝吴、楚、赵三个诸侯国的兴衰更替历程。

当初，楚王戊和吴王合谋反叛，楚王的相国张尚、太傅赵夷吾谏阻，楚王不听从，结果张尚、赵夷吾被杀。楚王和吴王向西攻打梁国，攻占了棘壁。行至昌邑南边，和汉将周亚夫接战。汉军截断了吴、楚军的粮道，士兵饥饿，吴王败走，楚王戊自杀，吴、楚军就投降了汉军。楚、吴反叛的同时，赵王也和他们合谋起兵，同样，他的相国建德、内史王悍谏阻，赵王同样不听从，同样把进谏的建德、王悍处死了。文章的最后，司马迁道出了全篇的主旨：无视贤人君子的劝谏，必然导致灭亡。国家将要兴起的时候，一定有吉祥的预兆，君子被重用，小人被斥退。国家将要灭亡的时候，贤人隐退，乱臣显贵。如果楚王戊不刑罚申公，听了他的话，赵王任用防与先生，哪会有篡杀的阴谋，遭天下人杀戮呢？所谓贤人，不是本质贤能的君王，怎能任用你们呢？司马迁忍不住发出感叹：国家的安危在于发出的政令，国家的存亡在于任用的大臣，这话实在太对了。

荆燕世家第二十一

【原典】

荆王刘贾者，诸刘，不知其何属初起时。汉王元年，还定三秦，刘贾为将军，定塞地，从东击项籍。

汉四年，汉王之败成皋，北渡河，得张耳、韩信军，军修武，深沟高垒，使刘贾将二万人，骑数百，渡白马津入楚地，烧其积聚，以破其业，无以给项王军食。已而楚兵击刘贾，贾辄壁不肯与战①，而与彭越相保。

汉五年，汉王追项籍至固陵，使刘贾南渡淮围寿春。还至②，使人间招楚大司马周殷。周殷反楚，佐刘贾举九江，迎武王黥布兵，皆会垓下，共击项籍。汉王因使刘贾将九江兵，与太尉卢绾西南击临江王共尉。共尉已死，以临江为南郡。

汉六年春，会诸侯于陈，废楚王信，囚之，分其地为二国。当是时也，高祖子幼，昆弟少，又不贤，欲王同姓以镇天下，乃诏曰："将军刘贾有功，及择子弟可以为王者。"群臣皆曰："立刘贾为荆王，王淮东五十二城；高祖弟交为楚王，王淮西三十六城。"因立子肥为齐王。始王昆弟刘氏也。

高祖十一年秋，淮南王黥布反，东击荆。荆王贾与战，不胜，走富陵，为布军所杀。高祖自击破布。十二年，立沛侯刘濞为吴王，王故荆地。

燕王刘泽者，诸刘远属也。高帝三年，泽为郎中。高帝十一年，泽以将军击陈豨，得王黄，为营陵侯。

高后时，齐人田生游乏资，以画干营陵侯泽。泽大说之，用金二百斤为田生寿。田生已得金，即归齐。二年，泽使人谓田生曰："弗与矣。"田生如长安，不见泽，而假大宅，令其子求事吕后所幸大谒者张子卿。居数月，田生子请张卿临，亲修具。张卿许往。田生盛帷帐共具，譬如列侯。张卿惊。酒酣，乃屏人说张卿曰："臣观诸侯王邸弟百馀，皆高祖一切功臣。今吕氏雅故本推毂高帝就天下[③]，功至大，又亲戚太后之重。太后春秋长，诸吕弱，太后欲立吕产为王，王代。太后又重发之，恐大臣不听。今卿最幸，大臣所敬，何不风大臣以闻太后，太后必喜。诸吕已王，万户侯亦卿之有。太后心欲之，而卿为内臣，不急发，恐祸及身矣。"张卿大然之，乃风大臣语太后。太后朝，因问大臣。大臣请立吕产为吕王。太后赐张卿千斤金，张卿以其半与田生。田生弗受，因说之曰："吕产王也，诸大臣未大服。今营陵侯泽，诸刘，为大将军，独此尚觖望[④]。今卿言太后，列十馀县王之，彼得王，喜去，诸吕王益固矣。"张卿入言，太后然之。乃以营陵侯刘泽为琅邪王。琅邪王乃与田生之国。田生劝泽急行，毋留。出关，太后果使人追止之，已出，即还。

及太后崩，琅邪王泽乃曰："帝少，诸吕用事，刘氏孤弱。"乃引兵与齐王合谋西，欲诛诸吕。至梁，闻汉遣灌将军屯荥阳，泽还兵备西界，遂跳驱至长安。代王亦从代至。诸将相与琅邪王共立代王为天子。天子乃徙泽为燕王，乃复以琅邪予齐，复故地。

泽王燕二年，薨[⑤]，谥为敬王。传子嘉，为康王。

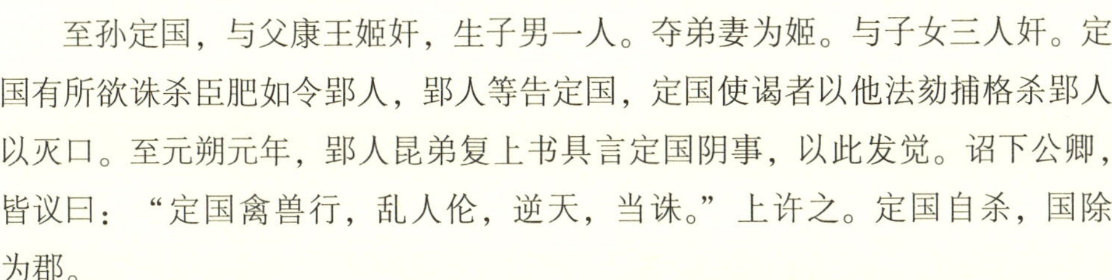

至孙定国，与父康王姬奸，生子男一人。夺弟妻为姬。与子女三人奸。定国有所欲诛杀臣肥如令郢人，郢人等告定国，定国使谒者以他法劾捕格杀郢人以灭口。至元朔元年，郢人昆弟复上书具言定国阴事，以此发觉。诏下公卿，皆议曰："定国禽兽行，乱人伦，逆天，当诛。"上许之。定国自杀，国除为郡。

太史公曰：荆王王也，由汉初定，天下未集，故刘贾虽属疏，然以策为王，填江淮之间。刘泽之王，权激吕氏[6]，然刘泽卒南面称孤者三世。事发相重，岂不为伟乎！

【注释】

①辄（zhé）：总是。壁：营垒。

②还（xuán）：迅速。

③雅故：平时、平素。

④觖（jué）望：因不满而怨恨。

⑤薨：古代称诸侯之死为薨。

⑥权激：用权谋激发。

解读

荆王刘贾、燕王刘泽，同是刘邦的远房兄弟，并且都因在大汉王朝的建立中有战功而被封为王侯。

相比而言，刘泽的功劳远没有刘贾的功劳大。后来，吕后专政时，刘泽又施用权谋而被吕后封为琅琊王。付出的代价则是恬不知耻地鼓动大臣们建议封诸吕为王，以迎合吕后的野心。这种只顾私利而不惜害国的政治权术，司马迁向来是反感的，所以在论赞中他讽刺道："刘泽之王，权激吕氏，然刘泽卒南面称孤者三世。"刘泽还是一个善于投机的人。吕后一死，他立即要起兵诛吕，而一听说汉军屯兵荥阳，他又退兵自保，之后又赶到长安拥立代王为天子。其投机面目暴露无遗。

齐悼惠王世家第二十二

【原典】

齐悼惠王刘肥者，高祖长庶男也。其母外妇也[1]，曰曹氏。高祖六年，立肥为齐王，食七十城，诸民能齐言者皆予齐王。

齐王，孝惠帝兄也。孝惠帝二年，齐王入朝。惠帝与齐王燕饮[2]，亢礼如家人。吕太后怒，且诛齐王。齐王惧不得脱，乃用其内史勋计，献城阳郡，以为鲁元公主汤沐邑。吕太后喜，乃得辞就国。

悼惠王即位十三年，以惠帝六年卒。子襄立，是为哀王。

哀王元年，孝惠帝崩，吕太后称制，天下事皆决于高后。二年，高后立其兄子郦侯吕台为吕王，割齐之济南郡为吕王奉邑。

哀王三年，其弟章入宿卫于汉，吕太后封为朱虚侯，以吕禄女妻之。后四年，封章弟兴居为东牟侯，皆宿卫长安中。

哀王八年，高后割齐琅邪郡立营陵侯刘泽为琅邪王。

其明年，赵王友入朝，幽死于邸。三赵王皆废。高后立诸吕为三王，擅权用事。

朱虚侯年二十，有气力，忿刘氏不得职。尝入侍高后燕饮，高后令朱虚侯刘章为酒吏。章自请曰："臣，将种也，请得以军法行酒。"高后曰："可。"酒酣，章进饮歌舞。已而曰："请为太后言耕田歌。"高后儿子畜之，笑曰："顾而父知

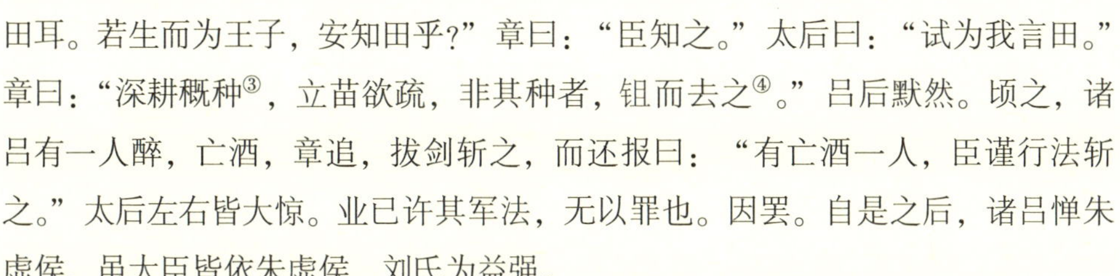

田耳。若生而为王子，安知田乎？”章曰：“臣知之。”太后曰：“试为我言田。”章曰：“深耕穊种[3]，立苗欲疏，非其种者，鉏而去之[4]。”吕后默然。顷之，诸吕有一人醉，亡酒，章追，拔剑斩之，而还报曰：“有亡酒一人，臣谨行法斩之。”太后左右皆大惊。业已许其军法，无以罪也。因罢。自是之后，诸吕惮朱虚侯，虽大臣皆依朱虚侯，刘氏为益强。

【注释】

①外妇：私通之妇。

②燕：通“宴”。

③穊（jì）：稠密。

④鉏：同“锄”。

解读

刘邦分封的同姓诸王中，齐国是封地最大的一个。齐国的兴衰与汉初百年的历史息息相关。本篇表面上看内容较为繁杂，但司马迁抓了两个重点。一个是吕后专权及诸吕被诛，另一个是朱虚侯刘章以军法行酒令一段，这还是一段颇为流传的历史故事。

吕后封吕氏子弟为燕王、赵王、梁王，独揽大权，专断朝政。当时的朱虚侯刘章二十岁，血气方刚，因吕氏的猖狂而愤愤不平。他曾侍奉吕后宴，吕后令刘章当酒吏。刘章亲自请求说：“臣是武将的后代，请允许我按军法行酒令。”吕后说：“可以。”过了一会儿，吕氏族人中有一人喝醉了，逃离了酒席，刘章追过去，拔剑把他斩杀了，然后回来禀报说：“有一个人逃离酒席，臣谨按军法把他斩了。”太后和左右都大为吃惊，但既然已经准许他按军法行事，也就无法治他的罪。饮宴也因而结束。从此以后，吕氏家族的人都惧怕刘章，即使是大臣也都依从刘章。刘氏的声势又渐渐强盛起来。

刘邦打下的江山，吕氏家族却要占为己有，无论从哪方面讲，都是说不通的。只不过大家都忌惮阴险毒辣的吕后，而无人敢言。此时，刘章凭一身正气挺身而出，更显其英雄本色。自古邪不压正，吕氏家族虽然大权在握，但终归“做贼心虚”，也只好吃哑巴亏了。

萧相国世家第二十三

【原典】

汉五年，既杀项羽，定天下，论功行封。群臣争功，岁馀功不决。高祖以萧何功最盛，封为酂侯，所食邑多。功臣皆曰："臣等身被坚执锐[①]，多者百馀战，少者数十合，攻城略地，大小各有差。今萧何未尝有汗马之劳，徒持文墨议论，不战，顾反居臣等上，何也？"高帝曰："诸君知猎乎？"曰："知之。""知猎狗乎？"曰："知之。"高帝曰："夫猎，追杀兽兔者狗也，而发踪指示兽处者人也。今诸君徒能得走兽耳，功狗也。至如萧何，发踪指示，功人也。且诸君独以身随我，多者两三人。今萧何举宗数十人皆随我，功不可忘也。"群臣皆莫敢言。

列侯毕已受封，及奏位次，皆曰："平阳侯曹参身被七十创，攻城略地，功最多，宜第一。"上已桡功臣[②]，多封萧何，至位次未有以复难之，然心欲何第一。关内侯鄂君进曰："群臣议皆误。夫曹参虽有野战略地之功，此特一时之事。夫上与楚相距五岁，常失军亡众，逃身遁者数矣。然萧何常从关中遣军补其处，非上所诏令召，而数万众会上之乏绝者数矣。夫汉与楚相守荥阳数年，军无见粮，萧何转漕关中，给食不乏。陛下虽数亡山东，萧何常全关中以待陛下，此万世之功也。今虽亡曹参等百数，何缺于汉？汉得之不必待以全。奈何欲以一旦之功而加万世之功哉！萧何第一，曹参次之。"高祖曰："善。"于是乃令萧何第一，赐带剑履上殿，入朝不趋。

上曰："吾闻进贤受上赏。萧何功虽高，得鄂君乃益明。"于是因鄂君故所食关内侯邑封为安平侯。是日，悉封何父子兄弟十馀人，皆有食邑。乃益封何二千户，以帝尝繇咸阳时何送我独赢奉钱二也。

汉十一年，陈豨反，高祖自将，至邯郸。未罢，淮阴侯谋反关中，吕后用萧何计，诛淮阴侯，语在淮阴事中。上已闻淮阴侯诛，使使拜丞相何为相国，益封

五千户，令卒五百人一都尉为相国卫。诸君皆贺，召平独吊。召平者，故秦东陵侯。秦破，为布衣，贫，种瓜于长安城东，瓜美，故世俗谓之“东陵瓜”，从召平以为名也。召平谓相国曰：“祸自此始矣。上暴露于外而君守于中，非被矢石之事而益君封置卫者，以今者淮阴侯新反于中，疑君心矣。夫置卫卫君，非以宠君也。愿君让封勿受，悉以家私财佐军，则上心说。”相国从其计，高帝乃大喜。

汉十二年秋，黥布反，上自将击之，数使使问相国何为。相国为上在军，乃拊循勉力百姓[3]，悉以所有佐军，如陈豨时。客有说相国曰：“君灭族不久矣。夫君位为相国，功第一，可复加哉？然君初入关中，得百姓心，十馀年矣，皆附君，常复孳孳得民和[4]。上所为数问君者，畏君倾动关中。今君胡不多买田地，贱贳贷以自污[5]？上心乃安。”于是相国从其计，上乃大说。

【注释】

①被：同“披”。

②桡：弯曲，此处含有委屈的意思。

③拊（fǔ）循勉力：安抚勉励。

④孳（zī）：勤勉，努力不懈的样子。

⑤贳（shì）贷：赊借。

解读

萧何作为刘邦的重要谋臣，为西汉王朝的建立和政权的巩固，作出了重大的贡献。

萧何一生谨慎，谦恭自守，不居功自傲，对汉高祖忠心耿耿，却也不免遭到皇帝的猜忌，竟然以自污免其祸，臣下侍奉君主的险恶由此可见一斑。

纵观历史，由于居功自傲而最终招来杀身之祸的将领有很多。事实上，他们并没有战死在战场上，反而断魂于自己人的刀下，令人惋惜，更使人深思。

因此，从相当程度上来讲，如何正确对待自己所获取的“功”，不单单是一个性格修养的问题，并且也是一个事关生存发展的大问题，在特定的历史条件和特殊情况下，甚至还是一个有关生死的重大问题。常言道：“该夹着尾巴做人，就夹着尾巴做人。”很多时候是不无道理的。

曹相国世家第二十四

【原典】

参始微时，与萧何善；及为将相，有郤。至何且死，所推贤唯参。参代何为汉相国，举事无所变更，一遵萧何约束。

择郡国吏木诎于文辞[①]，重厚长者，即召除为丞相史。吏之言文刻深，欲务声名者，辄斥去之。日夜饮醇酒。卿大夫已下吏及宾客见参不事事，来者皆欲有言。至者，参辄饮以醇酒，间之，欲有所言，复饮之，醉而后去，终莫得开说，以为常。

相舍后园近吏舍，吏舍日饮歌呼。从吏恶之，无如之何，乃请参游园中，闻吏醉歌呼，从吏幸相国召按之。乃反取酒张坐饮[②]，亦歌呼与相应和。

参见人之有细过，专掩匿覆盖之，府中无事。

参子窋（zhú）为中大夫。惠帝怪相国不治事，以为"岂少朕与"？乃谓窋曰："若归，试私从容问而父曰：'高帝新弃群臣，帝富于春秋，君为相，日饮，无所请事，何以忧天下乎？'然无言吾告若也。"窋既洗沐归，间侍，自从其所谏参。参怒，而笞窋二百，曰："趣入侍，天下事非若所当言也。"至朝时，惠帝让参曰："与窋胡治乎？乃者我使谏君也。"参免冠谢曰："陛下自察圣武孰与高帝？"上曰："朕乃安敢望先帝乎！"曰："陛下观臣能孰与萧何贤？"上曰："君似不及也。"参曰："陛下言之是也。且高帝与萧何定天下，法令既明，今陛下垂拱[③]，参等守职，遵而勿失，不亦可乎？"惠帝曰："善。君休矣！"

参为汉相国，出入三年。卒，谥懿侯。子窋代侯。百姓歌之曰："萧何为法，顜若画一[④]；曹参代之，守而勿失。载其清净，民以宁一。"

【注释】

①木诎（qū）：性淳朴，但不善言辞。

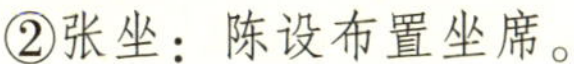
②张坐：陈设布置坐席。

③垂拱：垂衣拱手，形容无所事事。

④颡（jiǎng）：明确。

解读

这是一篇关于曹参的传记。文中主要记述了曹参攻城野战之功和他的“清静无为”的治国思想及举动。

曹参是西汉王朝开国功臣，沛（今江苏沛县）人。秦二世元年（公元前209年）随刘邦起兵反秦，为中涓。后在推翻秦王朝、楚汉战争以及汉初平定异姓王侯的战役中屡建战功。刘邦即皇帝位后，迁齐相国；次年赐爵列侯，号曰平阳侯。惠帝即位后，为齐丞相。相齐九年，齐国政治安定，大受百姓称赞。惠帝二年（公元前193年），继萧何为相国后，举事无所变更，按照萧何制订的成法行事。他委任属官，总是选择郡国官吏中不善辞令的忠厚长者，还经常宴请卿大夫和部下、宾客。他任相国仅三年，就收到了很大的成效，汉初的安定局面得到了巩固和发展。经曹参的提倡，道家的“无为之说”遂成为汉初封建统治者的指导思想。其后出现的文景之治，与此不无关系。

曹参的成功之处，其一，在于识时务。西汉初年，经过长期的战乱，老百姓颠沛流离，很需要休养生息。曹参知道，在当时的情况下，不扰民，不穷折腾，给老百姓一个安居乐业的环境才是最好的。其二，在于曹参有自知之明。长期的共事，他知道自己的才干远不如萧何，萧何在相国的位置上已制定了一系列符合国计民生的政策，自己既然没有什么高招，拿不出更好的办法来，那就只有老老实实执行了。

联想到时下的一些官员，每每新到一个地方或单位非要放几把火，好像不如此就不能显示自己的水平一样。他们或者否认前任，标新立异，朝令夕改，使地方百姓、属下无所适从；或者不顾实际，摆花架子，搞形象工程，做表面文章，不按客观规律办事，害人害己，贻害无穷。

留侯世家第二十五

【原典】

汉六年正月[①]，封功臣。良未尝有战斗功，高帝曰："运筹策帷帐中，决胜千里外，子房功也。自择齐三万户。"良曰："始臣起下邳，与上会留，此天以臣授陛下。陛下用臣计，幸而时中，臣愿封留足矣，不敢当三万户。"乃封张良为留侯，与萧何等俱封。

上已封大功臣二十馀人，其馀日夜争功不决，未得行封。上在雒阳南宫，从复道望见诸将往往相与坐沙中语。上曰："此何语？"留侯曰："陛下不知乎？此谋反耳。"上曰："天下属安定[②]，何故反乎？"留侯曰："陛下起布衣，以此属取天下，今陛下为天子，而所封皆萧、曹故人所亲爱，而所诛者皆生平所仇怨。今军吏计功，以天下不足遍封，此属畏陛下不能尽封，恐又见疑平生过失及诛，故即相聚谋反耳。"上乃忧曰："为之奈何？"留侯曰："上平生所憎，群臣所共知，谁最甚者？"上曰："雍齿与我故，数尝窘辱我。我欲杀之，为其功多，故不忍。"留侯曰："今急先封雍齿以示群臣，群臣见雍齿封，则人人自坚矣。"于是上乃置酒，封雍齿为什方侯，而急趣丞相、御史定功行封。群臣罢酒，皆喜曰："雍齿尚为侯，我属无患矣。"

刘敬说高帝曰："都关中。"上疑之。左右大臣皆山东人，多劝上都雒阳："雒阳东有成皋，西有殽黾，倍河，向伊雒，其固亦足恃。"留侯曰："雒阳虽有此固，其中小，不过数百里，田地薄，四面受敌，此非用武之国也。夫关中左殽函，右陇蜀，沃野千里，南有巴蜀之饶，北有胡苑之利，阻三面而守，独以一面东制诸侯。诸侯安定，河渭漕挽天下[③]，西给京师；诸侯有变，顺流而下，足以委输。此所谓金城千里，天府之国也，刘敬说是也。"于是高帝即日驾，西都关中。

留侯从入关。留侯性多病，即道引不食谷，杜门不出岁馀。

上欲废太子，立戚夫人子赵王如意。大臣多谏争④，未能得坚决者也。吕后恐，不知所为。人或谓吕后曰："留侯善画计策，上信用之。"吕后乃使建成侯吕泽劫留侯，曰："君常为上谋臣，今上欲易太子，君安得高枕而卧乎？"留侯曰："始上数在困急之中，幸用臣策。今天下安定，以爱欲易太子，骨肉之间，虽臣等百馀人何益。"吕泽强要曰："为我画计。"留侯曰："此难以口舌争也。顾上有不能致者，天下有四人。四人者年老矣，皆以为上慢侮人，故逃匿山中，义不为汉臣。然上高此四人。今公诚能无爱金玉璧帛，令太子为书，卑辞安车，因使辩士固请，宜来。来，以为客，时时从入朝，令上见之，则必异而问之。问之，上知此四人贤，则一助也。"于是吕后令吕泽使人奉太子书，卑辞厚礼，迎此四人。四人至，客建成侯所。

汉十一年，黥布反，上病，欲使太子将，往击之。四人相谓曰："凡来者，将以存太子。太子将兵，事危矣。"乃说建成侯曰："太子将兵，有功则位不益太子；无功还，则从此受祸矣。且太子所与俱诸将，皆尝与上定天下枭将也，今使太子将之，此无异使羊将狼也，皆不肯为尽力，其无功必矣。臣闻'母爱者子抱'，今戚夫人日夜侍御，赵王如意常抱居前，上曰'终不使不肖子居爱子之上'，明乎其代太子位必矣。君何不急请吕后承间为上泣言：'黥布，天下猛将也，善用兵，今诸将皆陛下故等夷⑤，乃令太子将此属，无异使羊将狼，莫肯为用，且使布闻之，则鼓行而西耳。上虽病，强载辎车，卧而护之，诸将不敢不尽力。上虽苦，为妻子自强。'"于是吕泽立夜见吕后，吕后承间为上泣涕而言，如四人意。上曰："吾惟竖子固不足遣，而公自行耳。"于是上自将兵而东，群臣居守，皆送至灞上。留侯病，自强起，至曲邮，见上曰："臣宜从，病甚。楚人剽疾，愿上无与楚人争锋。"因说上曰："令太子为将军，监关中兵。"上曰："子房虽病，强卧而傅太子。"是时叔孙通为太傅，留侯行少傅事。

汉十二年，上从击破布军归，疾益甚，愈欲易太子。留侯谏，不听，因疾不视事。叔孙太傅称说引古今，以死争太子。上详许之，犹欲易之。及燕，置酒，太子侍。四人从太子，年皆八十有馀，须眉皓白，衣冠甚伟。上怪之，问曰："彼何为者？"四人前对，各言名姓，曰东园公，角里先生，绮里季，夏黄公。上乃大惊，曰："吾求公数岁，公辟逃我⑥，今公何自从吾儿游乎？"四人皆曰："陛下轻士善骂，臣等义不受辱，故恐而亡匿。窃闻太子为人仁孝，恭敬爱士，天下莫不延颈欲为太子死者，故臣等来耳。"上曰："烦公幸卒调护太子。"

四人为寿已毕，趋去。上目送之，召戚夫人指示四人者曰："我欲易之，彼四人辅之，羽翼已成，难动矣。吕后真而主矣。"戚夫人泣，上曰："为我楚舞，吾为若楚歌。"歌曰："鸿鹄高飞，一举千里。羽翮⑦已就，横绝四海。横绝四海，当可奈何！虽有矰缴，尚安所施！"歌数阕，戚夫人嘘唏流涕，上起去，罢酒。竟不易太子者，留侯本招此四人之力也。

留侯从上击代，出奇计马邑下，及立萧何相国，所与上从容言天下事甚众，非天下所以存亡，故不著。留侯乃称曰："家世相韩，及韩灭，不爱万金之资，为韩报仇强秦，天下振动。今以三寸舌为帝者师，封万户，位列侯，此布衣之极，于良足矣。愿弃人间事，欲从赤松子游耳。"乃学辟谷⑧，道引轻身。会高帝崩，吕后德留侯，乃强食之，曰："人生一世间，如白驹过隙，何至自苦如此乎！"留侯不得已，强听而食。

后八年卒，谥为文成侯。子不疑代侯。

【注释】

①汉六年：汉高祖六年，公元前201年。

②属：即将。

③漕挽：水运为"漕"，陆运为"挽"。泛指运输粮饷。

④争：同"诤"，规劝。

⑤等夷：同辈。

⑥辟：同"避"，躲避。

⑦翮（hé）：鸟类的翅膀。

⑧辟谷：方士道家当作修炼成仙的一种方法，不食五谷，以求长生。

解读

这是一篇关于张良的传记。功成身退、明哲保身是张良后半生处世风格的重要组成部分。张良深知"狡兔死，走狗烹；飞鸟尽，良弓藏；敌国破，谋臣亡"的道理，在群臣争功的情况下，他"不敢当三万户"；刘邦对他的封赏，他极为

知足；他称病闭门不出，行“道引”“辟谷”之术；他扬言“愿弃人间事，欲从赤松子游耳”，处处表现出功成勇退的胸怀。因此，在汉初“三杰”中，韩信被杀，萧何被囚，张良却始终未伤毫毛。

对于名利权势，不同的人态度不同。有的人很明智，知道权势不一定能够给人带来幸福，所以不去争权夺势，而是忍耐住自己对权力的渴望，在事业成功时全身而退。

做事业需要意志，退下来同样需要意志。任何事都存在物极必反的道理，随着事业环境的变化，以及人自身能力的限制，自身作用的发挥必须随之而变。江山代有才人出，并不是官越大就能力越强，权越大则功绩越丰。不论大人物、小人物，作用发挥到一定程度就要知进退。退不表明失败，主动退正是人能自控、善于调整自己的明智之举。

陈丞相世家第二十六

【原典】

汉六年，人有上书告楚王韩信反。高帝问诸将，诸将曰：“亟发兵坑竖子耳。”高帝默然。问陈平，平固辞谢，曰：“诸将云何？”上具告之。陈平曰：“人之上书言信反，有知之者乎？”曰：“未有。”曰：“信知之乎？”曰：“不知。”陈平曰：“陛下精兵孰与楚？”上曰：“不能过。”平曰：“陛下将用兵有能过韩信者乎？”上曰：“莫及也。”平曰：“今兵不如楚精，而将不能及，而举兵攻之，是趣之战也[①]，窃为陛下危之。”上曰：“为之奈何？”平曰：“古者天子巡狩，会诸侯。南方有云梦，陛下弟出伪游云梦[②]，会诸侯于陈。陈，楚之西界，信闻天子以好出游，其势必无事而郊迎谒。谒，而陛下因禽之[③]，此特一力士之事耳。”高帝以为然，乃发使告诸侯会陈，“吾将南游云梦”。上因随以行。行未至陈，楚王信果郊迎道中。高帝豫具武士，见信至，即执缚之，载后车。信呼曰：“天下已定，我固当烹！”高帝顾谓信曰：“若毋声！而反，明矣！”武士反接之。遂会诸侯于陈，尽定楚地。还至雒阳，赦信以为淮阴侯，而与功臣剖符定封。

于是与平剖符，世世勿绝，为户牖侯。平辞曰：“此非臣之功也。”上曰：“吾用先生谋计，战胜克敌，非功而何？”平曰：“非魏无知臣安得进？”上曰；“若子可谓不背本矣。”乃复赏魏无知。其明年，以护军中尉从攻反者韩王信于代。卒至平城[4]，为匈奴所围，七日不得食。高帝用陈平奇计，使单于阏氏，围以得开。高帝既出，其计秘，世莫得闻。

高帝南过曲逆，上其城，望见其屋室甚大，曰：“壮哉县！吾行天下，独见洛阳与是耳[5]。”顾问御史曰：“曲逆户口几何？”对曰：“始秦时三万馀户，间者兵数起，多亡匿，今见五千户。”于是乃诏御史，更以陈平为曲逆侯。尽食之，除前所食户牖。

其后常以护军中尉从攻陈豨及黥布。凡六出奇计，辄益邑，凡六益封。奇计或颇秘，世莫能闻也。

【注释】

①趣：通“促”，仓促。

②弟：通“第”，但，只。

③禽：同“擒”。

④卒：通“猝”，仓猝。

⑤见：同“现”。

解读

陈平曾经凭借自己的谋略帮助刘邦建立了西汉政权，因此被刘邦封为曲逆侯。汉惠帝刘盈死后，吕太后上台，并开始专权。这时陈平已经是丞相，内心对吕后专权十分不满。但他知道吕后这个人嫉恨有才能的大臣，而自己的才华又远在其他大臣之上，为保住自己的丞相之位，只有先躲避吕后的锋芒，伺机削弱吕后的权力。因此他圆滑处世，应变令权，以权谋处君臣关系。

为了消除吕后对他的怀疑，陈平故意不理朝政，整天在家喝酒，与舞女嬉戏。吕后的妹妹因樊哙被囚之事而对陈平怀恨在心，常在吕后面前说陈平的坏话。陈平听说后，反而变本加厉，迷恋于酒色之中。吕后看到这种情况非常高兴，于是放松了对陈平的警惕。

陈平通过韬晦之术不仅保全了自己，而且也为后来平定吕氏之乱积蓄了力量。

吕后死后，陈平看到时机已经成熟，便联合周勃、刘章等反吕势力，诛杀诸吕，拥立文帝，帮助刘氏实现了安定天下的愿望，从而维护了汉初的统一局面。

陈平六出奇谋，多次救驾，劳苦功高。可他并没有居功自傲，而是深藏不露，在刘邦坐稳天下而大肆杀戮功臣的时候保全了自己。当吕后独揽大权大杀异己时，也没有连累自己。后来，陈平又协助周勃平定了吕氏之乱，成为左右大局的重臣。在那样的乱世，陈平凭着超群的智慧，游刃于刀光剑影之中，真是令人佩服。

在日常工作和生活之中，我们肯定会遇到以下问题：有些事，人人都已想到，认识到了，却无一人当众讲出来，正所谓人所共欲而不言。俗话说："枪打出头鸟。"如果这时你争着去说，必定犯忌，或说中别人的痛处，这样你就会倒霉了。

尽情发挥自己的才能本身并没有错，但如果过分强调个人而忽略了别人的存在，则早晚要吃亏的。

绛侯周勃世家第二十七

【原典】

孝文且崩时，诫太子曰："即有缓急，周亚夫真可任将兵。"文帝崩，拜亚夫为车骑将军。

孝景三年，吴、楚反。亚夫以中尉为太尉，东击吴楚。因自请上曰："楚兵剽轻，难与争锋。愿以梁委之，绝其粮道，乃可制。"上许之。

太尉既会兵荥阳，吴方攻梁，梁急，请救。太尉引兵东北走昌邑，深壁而守。梁日使使请太尉，太尉守便宜，不肯往。梁上书言景帝，景帝使使诏救梁。

太尉不奉诏，坚壁不出，而使轻骑兵弓高侯等绝吴楚兵后食道[①]。吴兵乏粮，饥，数欲挑战，终不出。夜，军中惊，内相攻击扰乱，至于太尉帐下。太尉终卧不起。顷之，复定。后吴奔壁东南陬[②]，太尉使备西北。已而其精兵果奔西北，不得入。吴兵既饿，乃引而去。太尉出精兵追击，大破之。吴王濞弃其军，而与壮士数千人亡走，保于江南丹徒。汉兵因乘胜，遂尽虏之，降其兵，购吴王千金。月馀，越人斩吴王头以告。凡相攻守三月，而吴楚破平。于是诸将乃以太尉计谋为是。由此梁孝王与太尉有郤。

归，复置太尉官。五岁，迁为丞相，景帝甚重之。景帝废栗太子，丞相固争之，不得。景帝由此疏之。而梁孝王每朝，常与太后言条侯之短。

窦太后曰："皇后兄王信可侯也。"景帝让曰："始南皮、章武侯先帝不侯，及臣即位乃侯之。信未得封也。"窦太后曰："人主各以时行耳。自窦长君在时，竟不得侯，死后乃其子彭祖顾得侯。吾甚恨之。帝趣侯信也！"景帝曰："请与丞相议之。"丞相议之，亚夫曰："高皇帝约'非刘氏不得王，非有功不得侯。不如约，天下共击之'。今信虽皇后兄，无功，侯之，非约也。"景帝默然而止。

其后匈奴王唯徐卢等五人降[③]，景帝欲侯之以劝后。丞相亚夫曰："彼背其主降陛下，陛下侯之，则何以责人臣不守节者乎？"景帝曰："丞相议不可用。"乃悉封唯徐卢等为列侯。亚夫因谢病。景帝中三年，以病免相。

顷之，景帝居禁中，召条侯，赐食。独置大胾[4]，无切肉，又不置櫡(zhù)。条侯心不平，顾谓尚席取櫡。景帝视而笑曰："此不足君所乎？"条侯免冠谢。上起，条侯因趋出。景帝以目送之，曰："此怏怏者非少主臣也！"

居无何，条侯子为父买工官尚方甲楯五百被可以葬者。取庸苦之，不予钱。庸知其盗买县官器[5]，怒而上变告子，事连污条侯。书既闻上，上下吏。吏簿责条侯，条侯不对。景帝骂之曰："吾不用也。"召诣廷尉。廷尉责曰："君侯欲反邪？"亚夫曰："臣所买器，乃葬器也，何谓反邪？"吏曰："君侯纵不反地上，即欲反地下耳。"吏侵之益急。初，吏捕条侯，条侯欲自杀，夫人止之，以故不得死，遂入廷尉。因不食五日，呕血而死。国除。

绝一岁，景帝乃更封绛侯勃他子坚为平曲侯，续绛侯后。十九年卒，谥为共侯。子建德代侯，十三年，为太子太傅。坐酎金不善[6]，元鼎五年，有罪，国除。

条侯果饿死。死后，景帝乃封王信为盖侯。

太史公曰：绛侯周勃始为布衣时，鄙朴人也，才能不过凡庸。及从高祖定天下，在将相位，诸吕欲作乱，勃匡国家难，复之乎正。虽伊尹、周公，何以加哉！亚夫之用兵，持威重，执坚刃，穰苴曷有加焉[7]！足己而不学，守节不逊，终以穷困。悲夫！

【注释】

①食道：即粮道。

②陬（zōu）：角落。

③唯徐卢：人名。

④胾（zì）：大块的肉。

⑤县官：指天子。

⑥酎（zhòu）金：诸侯每年向朝廷进献的助祭黄金。

⑦曷：何，岂。

解读

本篇是汉初名将周勃和周亚夫父子二人的合传。周勃父子都是汉朝初期的有功之臣。周勃是平定吕氏篡权的主要决策者和组织者，为挽救刘氏政权立了大功。但好人却得不到好报，父子二人的命运极其相似，他们都只做了两三年的丞相就被免职了。尤其令人不平的是，父子二人晚年都因被诬告谋反而被捕入狱。周勃在狱中受尽了凌辱。周亚夫则是入狱后五日不食，呕血而死。

汉朝从开国皇帝刘邦到武帝刘彻，对待许多有功之臣都心怀猜忌、卸磨杀驴。萧何入过狱，韩信最终被杀，樊哙也曾被捕，周勃父子的遭遇更具有典型性。并且司马迁本人也是有亲身感受过的，所以在这篇传记中一股愤愤不平之情不断流注于笔端。

梁孝王世家第二十八

【原典】

孝王，窦太后少子也，爱之，赏赐不可胜道[①]。于是孝王筑东苑，方三百馀里。广睢阳城七十里。大治宫室，为复道，自宫连属于平台三十馀里。得赐天子旌旗，出从千乘万骑。东西驰猎，拟于天子。出言跸[②]，入言警。招延四方豪桀，自山以东游说之士莫不毕至。齐人羊胜、公孙诡、邹阳之属。公孙诡多奇邪计，初见王，赐千金，官至中尉，梁号之曰公孙将军，梁多作兵器弩弓矛数十万，而府库金钱且百巨万，珠玉宝器多于京师。

二十九年十月，梁孝王入朝。景帝使使持节乘舆驷马[③]，迎梁王于关下。既朝，上疏因留，以太后亲故。王入则侍景帝同辇，出则同车游猎，射禽兽上林中。梁之侍中、郎、谒者著籍引出入天子殿门，与汉宦官无异。

十一月，上废栗太子，窦太后心欲以孝王为后嗣。大臣及袁盎等有所关说于景帝，窦太后义格，亦遂不复言以梁王为嗣事由此。以事秘，世莫知。乃辞归国。

其夏四月，上立胶东王为太子。梁王怨袁盎及议臣，乃与羊胜、公孙诡之属

阴使人刺杀袁盎及他议臣十馀人。逐其贼，未得也。于是天子意梁王，逐贼，果梁使之。乃遣使冠盖相望于道，覆按梁[4]，捕公孙诡、羊胜。公孙诡、羊胜匿王后宫。使者责二千石急，梁相轩丘豹及内史韩安国进谏王，王乃令胜、诡皆自杀，出之。上由此怨望于梁王。梁王恐，乃使韩安国因长公主谢罪太后，然后得释。

上怒稍解，因上书请朝。既至关，茅兰说王，使乘布车，从两骑入，匿于长公主园。汉使使迎王，王已入关，车骑尽居外，不知王处。太后泣曰："帝杀吾子！"景帝忧恐。于是梁王伏斧质于阙下[5]，谢罪，然后太后、景帝大喜，相泣，复如故。悉召王从官入关。然景帝益疏王，不同车辇矣。

三十五年冬，复朝。上疏欲留，上弗许。归国，意忽忽不乐。北猎良山，有献牛，足出背上，孝王恶之。六月中，病热，六日卒，谥曰孝王。

孝王慈孝，每闻太后病，口不能食，居不安寝，常欲留长安侍太后。太后亦爱之。及闻梁王薨，窦太后哭极哀，不食，曰："帝果杀吾子！"景帝哀惧，不知所为。与长公主计之，乃分梁为五国，尽立孝王男五人为王，女五人皆食汤沐邑[6]。于是奏之太后，太后乃说，为帝加壹餐。

梁孝王长子买为梁王，是为共王；子明为济川王；子彭离为济东王；子定为山阳王；子不识为济阴王。

孝王未死时，财以巨万计，不可胜数。及死，藏府馀黄金尚四十馀万斤[7]，他财物称是。

【注释】

①胜道：楼阁间架空的通道。

②跸：古代帝王出行时清道戒严。

③舆：皇帝和诸侯乘坐的车子。

④覆按：反复检验审查。

⑤斧质：古代的一种杀人刑具。

⑥汤沐邑：汉代皇帝、皇后、公主等收取赋税的私邑。

⑦藏府：府库。

解读

孝王刘武家族衰败的命运，一方面是由于汉王朝统治地位得以稳定之后，必然要逐步削减同姓王的权势，另一方面也是源于他们自身的骄横。刘武依仗其母窦太后对他的溺爱、孝景帝对他的放纵，骄横恣睢。其出行的仪式和礼仪都参照皇帝的规格，因为未能继承帝位，就采用龌龊的手段暗杀朝中大臣十余人，以致险遭杀身之祸，最终忧郁而死。其子孙同样恣行忘礼，滥杀无辜。五人中四人的封国被废除，甚至有的被贬为庶人。

如果他们懂得低调，做事适可而止，想必结局就不会这么凄凉了。

安身立命就应该讲究恰当的分寸，过犹不及，凡事要适可而止，留有余地，避免走向极端，特别是在权衡得失进退的时候，不能心浮气躁，一条道走到黑。

但是君子好名，小人好利，人们往往为各种欲望所驱使，身不由己，只知进不知退，得意处张扬跋扈，全然不会未雨绸缪。

事物是在不断变化的，今天的繁盛可能就是明天的衰败，谁也不能保证自己永胜不败。所以说，在身处繁盛时期尤其要懂得收敛，懂得“知止”，这样才能看清形势，做出更为正确的决策。

五宗世家第二十九

【原典】

鲁共王馀[①]，以孝景前二年用皇子为淮阳王。二年，吴、楚反破后，以孝景前三年徙为鲁王。好治宫室苑囿狗马。季年好音[②]，不喜辞辩。为人吃。二十六年卒，子光代为王。初好音舆马；晚节啬，惟恐不足于财。

江都易王非，以孝景前二年用皇子为汝南王。吴楚反时，非年十五，有材力，上书愿击吴。景帝赐非将军印，击吴。吴已破，二岁，徙为江都王，治吴故国，以军功赐天子旌旗。元光五年[③]，匈奴大入汉为贼，非上书愿击匈奴，上不许。非好气力，治宫观，招四方豪桀[④]，骄奢甚。

立二十六年卒，子建立为王。七年自杀。淮南、衡山谋反时，建颇闻其

谋。自以为国近淮南，恐一日发，为所并，即阴作兵器，而时佩其父所赐将军印，载天子旗以出。易王死未葬，建有所说易王宠美人淖姬，夜使人迎与奸服舍中。及淮南事发，治党与，颇及江都王建。建恐，因使人多持金钱，事绝其狱。而又信巫祝[⑤]，使人祷祠妄言。建又尽与其姊弟奸。事既闻，汉公卿请捕治建。天子不忍，使大臣即讯王。王服所犯，遂自杀。国除，地入于汉，为广陵郡。

胶西于王端，以孝景前三年吴楚七国反破后，端用皇子为胶西王。端为人贼戾，又阴痿，一近妇人，病之数月。而有爱幸少年为郎。为郎者顷之与后宫乱，端禽灭之，及杀其子母。数犯上法，汉公卿数请诛端，天子为兄弟之故，不忍，而端所为滋甚。有司再请削其国，去太半。端心愠，遂为无訾省[⑥]。府库坏漏尽，腐财物以巨万计，终不得收徙。令吏毋得收租赋。端皆去卫，封其宫门，从一门出游。数变名姓，为布衣，之他郡国。

相、二千石往者，奉汉法以治，端辄求其罪告之，无罪者诈药杀之。所以设诈究变，强足以距谏[⑦]，智足以饰非。相、二千石从王治，则汉绳以法。故胶西小国，而所杀伤二千石甚众。

立四十七年，卒，竟无男代后，国除，地入于汉，为胶西郡。

右三国本王皆程姬之子也。

【注释】

①鲁共王馀：鲁恭王刘余。共：通“恭”。

②季年：晚年。

③元光五年：公元前130年。元光，汉武帝的第二个年号。

④桀：通“杰”。

⑤巫祝：从事迷信活动的人。

⑥訾（zī）：通“赀”，计算，估量。

⑦距：通“拒”。

解读

本文记述了孝景帝十三个儿子的衰败过程。他们淫乱无度，无视伦理；残害忠良，滥杀无辜；目无纲纪，阴谋反叛。他们把道德，把忠义良心抛在脑后，干尽了人间坏事，最终把千古骂名背在了身上。对这些丧尽天良的人，司马迁是极其鄙视和愤慨的。同时，这些文字也是对产生出这些人渣的封建制度的无声控诉和批判。

三王世家第三十

【原典】

三月丙子，奏未央宫。丞相臣青翟、御史大夫臣汤昧死言：臣谨与列侯臣婴齐、中二千石二千石臣贺、谏大夫博士臣安等议曰：伏闻周封八百[①]，姬姓并列，奉承天子。康叔以祖考显，而伯禽以周公立，咸为建国诸侯，以相傅为辅。百官奉宪，各遵其职，而国统备矣。窃以为并建诸侯所以重社稷者，四海诸侯各以其职奉贡祭。支子不得奉祭宗祖，礼也。封建使守藩国，帝王所以扶德施化。陛下奉承天统，明开圣绪，尊贤显功，兴灭继绝。续萧文终之后于酂[②]，褒厉群臣平津侯等。昭六亲之序，明天施之属，使诸侯王封君得推私恩分子弟户邑，锡号尊建百有馀国[③]。而家皇子为列侯，则尊卑相逾，列位失序，不可以垂统于万世。臣请立臣闳、臣旦、臣胥为诸侯王。”三月丙子，奏未央宫。

制曰：“康叔亲属有十而独尊者，褒有德也。周公祭天命郊，故鲁有白牡、骍刚之牲[④]。群公不毛，贤不肖差也。‘高山仰之，景行向之’，朕甚慕焉。所以抑未成，家以列侯可。”

四月戊寅，奏未央宫。丞相臣青翟、御史大夫臣汤昧死言：臣青翟等与列侯、吏二千石、谏大夫、博士臣庆等议：昧死奏请立皇子为诸侯王。制曰：“康叔亲属有十而独尊者，褒有德也。周公祭天命郊，故鲁有白牡、骍刚之牲。群公不毛，贤不肖差也。‘高山仰之，景行向之’，朕甚慕焉。所以抑未成，家以列侯可。”臣青翟、臣汤、博士臣将行等伏闻康叔亲属有十，武王继体，周公辅成王，其八人皆以祖考之尊建为大国。康叔之年幼，周公在三公之位，而伯禽据国于鲁，盖爵命之时，未至成人。康叔后扞禄父之难[⑤]，伯禽殄淮夷之乱。昔五帝

异制，周爵五等，春秋三等，皆因时而序尊卑。高皇帝拨乱世反诸正，昭至德，定海内，封建诸侯，爵位二等。皇子或在襁褓而立为诸侯王，奉承天子，为万世法则，不可易。陛下躬亲仁义，体行圣德，表里文武。显慈孝之行，广贤能之路。内褒有德，外讨强暴。极临北海，西溱月氏[⑥]，匈奴、西域，举国奉师。舆械之费，不赋于民。虚御府之藏以赏元戎，开禁仓以振贫穷，减戍卒之半。百蛮之君，靡不乡风，承流称意。远方殊俗，重译而朝，泽及方外。故珍兽至，嘉谷兴，天应甚彰。今诸侯支子封至诸侯王，而家皇子为列侯，臣青翟、臣汤等窃伏孰计之，皆以为尊卑失序，使天下失望，不可。臣请立臣闳、臣旦、臣胥为诸侯王。”四月癸未，奏未央宫，留中不下[⑦]。

“丞相臣青翟、太仆臣贺、行御史大夫事太常臣充、太子少傅臣安行宗正事昧死言：臣青翟等前奏大司马臣去病上疏言，皇子未有号位，臣谨与御史大夫臣汤、中二千石、二千石、谏大夫、博士臣庆等昧死请立皇子臣闳等为诸侯王。陛下让文武，躬自切，及皇子未教。群臣之议，儒者称其术，或悖其心。陛下固辞弗许，家皇子为列侯。臣青翟等窃与列侯臣寿成等二十七人议，皆曰以为尊卑失序。高皇帝建天下，为汉太祖，王子孙，广支辅。先帝法则弗改，所以宣至尊也。臣请令史官择吉日，具礼仪上，御史奏舆地图，他皆如前故事[⑧]。”制曰：“可。”

四月丙申，奏未央宫。“太仆臣贺行御史大夫事昧死言：太常臣充言卜入四月二十八日乙巳，可立诸侯王。臣昧死奏舆地图，请所立国名。礼仪别奏。臣昧死请。”

制曰：“立皇子闳为齐王，旦为燕王，胥为广陵王。”

四月丁酉，奏未央宫。六年四月戊寅朔[⑨]，癸卯，御史大夫汤下丞相，丞相下中二千石，二千石下郡太守、诸侯相，丞书从事下当用者。如律令。

“维六年四月乙巳，皇帝使御史大夫汤庙立子闳为齐王。曰：于戏，小子闳，受兹青社！朕承祖考，维稽古建尔国家，封于东土，世为汉藩辅。于戏念哉[⑩]！恭朕之诏，惟命不于常。人之好德，克明显光。义之不图，俾君子怠。悉尔心，允执其中，天禄永终。厥有愆不臧[⑪]，乃凶于而国，害于尔躬。于戏，保国艾民，可不敬与！王其戒之。”

右齐王策。

“维六年四月乙巳，皇帝使御史大夫汤庙立子旦为燕王。曰：于戏，小子旦，受兹玄社！朕承祖考，维稽古建尔国家，封于北土，世为汉藩辅。于戏！荤粥氏虐老兽心，侵犯寇盗，加以奸巧边萌。于戏！朕命将率，徂征厥罪[12]，万夫长，千夫长，三十有二君皆来，降期奔师。荤粥徙域，北州以绥。悉尔心，毋作怨，毋俷德[13]，毋乃废备。非教士不得从征。于戏，保国艾民，可不敬与！王其戒之。”

右燕王策。

“维六年四月乙巳，皇帝使御史大夫汤庙立子胥为广陵王。曰：于戏，小子胥，受兹赤社！朕承祖考，维稽古建尔国家，封于南土，世为汉藩辅。古人有言曰：‘大江之南，五湖之间，其人轻心。杨州保疆，三代要服，不及以政。’于戏！悉尔心，战战兢兢，乃惠乃顺，毋侗好轶[14]，毋迩宵人，维法维则。《书》云‘臣不作威，不作福’，靡有后羞。于戏，保国艾民，可不敬与！王其戒之。”

右广陵王策。

太史公曰：古人有言曰“爱之欲其富，亲之欲其贵”。故王者壃土建国，封立子弟，所以褒亲亲，序骨肉，尊先祖，贵支体，广同姓于天下也。是以形势强而王室安。自古至今，所由来久矣。非有异也，故弗论箸也[15]。燕齐之事，无足采者。然封立三王，天子恭让，群臣守义，文辞烂然，甚可观也，是以附之世家。

【注释】

①伏闻：听说。

②萧文终：即萧何。死后追谥文终侯。

③锡：通“赐”。

④白牡：白色公畜。骍刚：古代祭祀用的赤色牛。

⑤扞（hàn）：抵御。

⑥溱（zhēn）：通“臻”，至，到。

⑦留中不下：留在宫中没有批示向下传达。

⑧故事：先前旧有的典章制度。

⑨六年：元狩六年，即公元前 117 年。

⑩于戏：语气助词，同“呜呼”。

⑪諐（qiān）：过失，罪过。

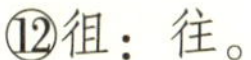

⑫徂：往。

⑬倛（fèi）：废毁，败坏。

⑭侗：童蒙无知。

⑮箸：同“著”。

解读

在世袭的封建社会，太子继承帝位，其他皇子分封为王是法定的常规。但汉景帝要封子为列侯，是在群臣多次力谏的情况下，才同意封子为王。他这种“卑让自贬”的做法，在封建帝王中确属罕见。在这样的推让中，充分体现了汉景帝的仁厚本质和道德修养。

比起那些只知道争抢的人，这其实是一种高超的做人智慧。

念头少，伪装少，争得就少，心情舒畅，平日就少有忧虑烦恼。有些人聪明过了头，用尽心机，烦恼接踵。而那些污秽贪婪的小人，心地狡诈行为奸伪，凡事只讲利害不顾道义，只图成功不思后果，这种人的行为更不足取。仁人待人之所以宽厚，在于诚善，在于忘我，所以私欲少而烦恼少。我们在生活中待人确应有些肚量，少为私心杂念打主意，不强求硬取不属于自己的东西，烦恼何来？

伯夷列传第一

【原典】

夫学者载籍极博，犹考信于《六艺》[①]。《诗》《书》虽缺，然虞夏之文可知也。尧将逊位，让于虞舜，舜禹之间，岳牧咸荐，乃试之于位，典职数十年，功用既兴，然后授政。示天下重器[②]，王者大统，传天下若斯之难也。而说者曰尧让天下于许由，许由不受，耻之逃隐。及夏之时，有卞随、务光者。此何以称焉？太史公曰：余登箕山，其上盖有许由冢云。孔子序列古之仁圣贤人，如吴太伯、伯夷之伦详矣。余以所闻由、光义至高，其文辞不少概见，何哉？

孔子曰："伯夷、叔齐，不念旧恶，怨是用希[③]。""求仁得仁，又何怨乎？"余悲伯夷之意，睹轶诗可异焉。其传曰：

伯夷、叔齐，孤竹君之二子也。父欲立叔齐，及父卒，叔齐让伯夷。伯夷曰："父命也。"遂逃去。叔齐亦不肯立而逃之。国人立其中子[④]。于是伯夷、叔齐闻西伯昌善养老，盍往归焉。及至，西伯卒，武王载木主，号为文王，东伐纣。伯夷、叔齐叩马而谏曰："父死不葬，爰及干戈[⑤]，可谓孝乎？以臣弑君，可谓仁乎？"左右欲兵之。太公曰："此义人也。"扶而去之。武王已平殷乱，天下宗周，而伯夷、叔齐耻之，义不食周粟，隐于首阳山，采薇而食之。及饿且死，作歌。其辞曰："登彼西山兮，采其薇矣。以暴易暴兮，不知其非矣。神农、虞、夏忽焉没兮，我安适归矣？于嗟徂兮[⑥]，命之衰矣！"遂饿死于首阳山。由此观之，怨邪非邪？

或曰[⑦]："天道无亲，常与善人。"若伯夷、叔齐，可谓善人者非邪？积仁絜行如此而饿死！且七十子之徒，仲尼独荐颜渊为好学。然回也屡空，糟糠不厌，而卒蚤夭[⑧]。天之报施善人，其何如哉？盗跖日杀不辜，肝人之肉，暴戾恣睢[⑨]，聚党数千人横行天下，竟以寿终。是遵何德哉？此其尤大彰明较著者也。若至近世，操行不轨，专犯忌讳，而终身逸乐，富厚累世不绝。或择地而蹈之，时然后出言，行不由径，非公正不发愤，而遇祸灾者，不可胜数也。余甚惑焉，傥所谓天

道，是邪非邪？

子曰“道不同不相为谋”，亦各从其志也。故曰“富贵如可求，虽执鞭之士，吾亦为之。如不可求，从吾所好”。“岁寒，然后知松柏之后凋”。举世混浊，清士乃见。岂以其重若彼，其轻若此哉？

“君子疾没世而名不称焉。”贾子曰：“贪夫徇财[10]，烈士殉名，夸者死权，众庶冯生。”“同明相照，同类相求。”“云从龙，风从虎，圣人作而万物睹。”伯夷、叔齐虽贤，得夫子而名益彰。颜渊虽笃学，附骥尾而行益显。岩穴之士，趣舍有时若此，类名堙灭而不称，悲夫！闾巷之人，欲砥行立名者，非附青云之士，恶能施于后世哉[11]？

【注释】

①六艺：即《六经》。指《诗》《书》《礼》《乐》《易》《春秋》。

②重器：宝器，象征国家政权。

③怨是用希：怨恨因此就少了。希，同“稀”，稀少。

④中子：次子。

⑤爰：于是就。

⑥徂（cú）：通“殂”，死亡。

⑦或：有人，某些人。

⑧卒蚤夭：终于早死。

⑨恣（zì）睢（suī）：恣意妄为。

⑩徇财：为了达到获得财物的目的而牺牲性命。

⑪施（yì）：延续、留传。

解读

武王灭商，建立了周王朝，天下诸侯和百姓也都承认周武王的天子地位，但伯夷和叔齐却认为武王的做法可耻。他们认为自己没能阻止周武王这样的行为，非常惭愧，于是决定隐居首阳山，不再当周朝的百姓，而要做殷商的遗民。

同时，为了和周朝彻底划清界限，伯夷和叔齐还决定今后不再吃周朝的粮食。那么，他们用什么来充饥呢？二人只好采集薇菜当饭。薇是山上一种难以下咽的野菜。寒风四起的时候，薇菜越来越少，兄弟二人渐渐瘦成了皮包骨。山下的一个妇女知道这件事后，故意刺激他们说："你们现在吃的还不是周朝的薇菜吗？"

二人听了，决定连薇菜也不吃了，每天就躺在那里等死。没过几天，他们便一命呜呼了。孔子听说了这件事，夸他们两个人有骨气。

人活在世上，就要有脸面，有骨气，否则即使你人活着，却与行尸走肉无别。

何谓有骨气？孟子说过："富贵不能淫，贫贱不能移，威武不能屈，此之谓大丈夫。"意思是说，高官厚禄收买不了，贫穷困苦折磨不了，强暴武力征服不了，这样的人就是有骨气的大丈夫。

有骨气是中华民族的传统美德和宝贵的精神财富。千百年来，中华民族涌现了许多有骨气、重名节的仁人志士和英雄豪杰。李白"安能摧眉折腰事权贵，使我不得开心颜"的铿锵之言，文天祥"人生自古谁无死，留取丹心照汗青"的高风亮节，鲁迅"横眉冷对千夫指""我以我血荐轩辕"的铮铮铁骨，都足以彪炳史册，千秋传诵。

管晏列传第二

【原典】

管仲夷吾者，颍上人也。少时常与鲍叔牙游，鲍叔知其贤。管仲贫困，常欺鲍叔，鲍叔终善遇之，不以为言。已而鲍叔事齐公子小白，管仲事公子纠。及小白立，为桓公，公子纠死，管仲囚焉。鲍叔遂进管仲[①]。管仲既用，任政于齐，齐桓公以霸，九合诸侯，一匡天下[②]，管仲之谋也。

管仲曰："吾始困时，尝与鲍叔贾，分财利多自与，鲍叔不以我为贪，知我贫也。吾尝为鲍叔谋事而更穷困，鲍叔不以我为愚，知时有利不利也。吾尝三仕三见逐于君，鲍叔不以我为不肖，知我不遭时也。吾尝三战三走，鲍叔不以我怯，知我有老母也。公子纠败，召忽死之，吾幽囚受辱，鲍叔不以我为无耻，知

我不羞小节而耻功名不显于天下也。生我者父母，知我者鲍子也。”

鲍叔既进管仲，以身下之。子孙世禄于齐，有封邑者十馀世，常为名大夫。天下不多管仲之贤而多鲍叔能知人也③。

管仲既任政相齐，以区区之齐在海滨，通货积财，富国强兵，与俗同好恶。故其称曰：“仓廪实而知礼节，衣食足而知荣辱，上服度则六亲固。四维不张，国乃灭亡。下令如流水之原④，令顺民心。”故论卑而易行。俗之所欲，因而予之；俗之所否，因而去之。

其为政也，善因祸而为福，转败而为功。贵轻重，慎权衡。桓公实怒少姬，南袭蔡，管仲因而伐楚，责包茅不入贡于周室。桓公实北征山戎，而管仲因而令燕修召公之政。于柯之会，桓公欲背曹沫之约，管仲因而信之，诸侯由是归齐。故曰：“知与之为取，政之宝也。”

管仲富拟于公室，有三归、反坫，齐人不以为侈⑤。管仲卒，齐国遵其政，常强于诸侯。后百馀年而有晏子焉。

晏平仲婴者，莱之夷维人也。事齐灵公、庄公、景公，以节俭力行重于齐。既相齐，食不重肉，妾不衣帛。其在朝，君语及之，即危言；语不及之，即危行。国有道，即顺命；无道，即衡命⑥。以此三世显名于诸侯。

越石父贤，在缧绁中⑦。晏子出，遭之涂，解左骖赎之，载归。弗谢，入闺。久之，越石父请绝。晏子戄然⑧，摄衣冠谢曰：“婴虽不仁，免子于厄，何子求绝之速也？”石父曰：“不然。吾闻君子诎于不知己而信于知己者。方吾在缧绁中，彼不知我也。夫子既已感寤而赎我，是知己；知己而无礼，固不如在缧绁之中。”晏子于是延入为上客。

晏子为齐相，出，其御之妻从门间而窥其夫。其夫为相御，拥大盖，策驷马，意气扬扬，甚自得也。既而归，其妻请去。夫问其故。妻曰：“晏子长不满六尺，身相齐国，名显诸侯。今者妾观其出，志念深矣，常有以自下者。今子长八尺，乃为人仆御，然子之意自以为足，妾是以求去也。”其后夫自抑损。晏子怪而问之，御以实对。晏子荐以为大夫。

太史公曰：吾读管氏《牧民》《山高》《乘马》《轻重》《九府》，及《晏子春秋》，详哉其言之也。既见其著书，欲观其行事，故次其传。至其书，世多有之，是以不论，论其轶事。

管仲，世所谓贤臣，然孔子小之[9]。岂以为周道衰微，桓公既贤，而不勉之至王，乃称霸哉？语曰："将顺其美，匡救其恶，故上下能相亲也。"岂管仲之谓乎？

方晏子伏庄公尸哭之，成礼然后去，岂所谓"见义不为无勇"者邪？至其谏说，犯君之颜，此所谓"进思尽忠，退思补过"者哉！假令晏子而在，余虽为之执鞭，所忻慕焉。

【注释】

①进：保举，推荐。

②匡：匡正，纠正。

③多：推崇，赞美。

④原：通"源"，水的源头。

⑤侈：放纵，放肆，过分。

⑥衡命：斟酌命令的情况去做。

⑦缧（léi）绁（xiè）：拘系犯人的绳子。喻指囚禁。

⑧懼（jué）然：惶恐的样子。

⑨小之：小看他。

解读

这是管仲、晏婴两位大政治家的合传。在这篇列传中，司马迁通过鲍叔牙和晏子知贤、荐贤和让贤的故事，歌颂了他们高尚的道德情操。

在鲍叔牙身上最被人们称道的就是"管鲍之交"的故事。

有一次，管仲和大臣们交谈，对大臣们说："我当初贫穷时，曾和鲍叔牙一起做生意，分钱财，自己多拿，鲍叔牙不认为我贪财，他知道我贫穷啊！我曾经替鲍叔牙办事，结果使他处境更难了，鲍叔牙不认为我愚蠢，他知道时运有利有不利。我曾经三次做官，三次被国君辞退，鲍叔牙不认为我没有才能，他知道我没有遇到时机。我曾经三次作战，三次逃跑，鲍叔牙不认为我胆怯，他知道我家里有老母亲。公子纠失败了，召忽为之而死，我却被囚受辱，鲍叔牙不认为我不懂得羞耻，他知道我不以小节为羞，而是以功名没有显露于天下为耻。生我的是父母，了解我的是鲍叔牙啊！"

后来，人们用"管鲍之交"来表示知心朋友。唐代杜甫的《贫交行》里就

有这个典故："君不见管鲍贫时交，只道今人弃如土。"

对于一代贤相晏婴，司马迁更是极尽赞美和崇敬之情。

晏婴是我国历史上杰出的政治家，同时也是备受后人推崇的清官。晏婴清明的主要表现之一，就是在相齐期间做出了许多恤民厚民的政治决策，而从这些决策出炉、实施的过程中，我们也可以清晰地看到作为一个清官政治决策的为难之处。

许多史料都详细记载着晏婴"以民为本"的思想。他多次强调："以民为本""先民而后身"。鉴于此，他数十年如一日，一直以恤贫厚民、敢谏尽职而名显诸侯。

在官场上，为官清廉，时时处处要和不正之风斗争。但要创造清正廉明的政治环境，做到理直气壮制止歪风邪气，揭露他人的越轨行为，首先自己得树立一个良好的形象。晏婴在这方面做得非常到位。晏婴知道，创建清正廉明的政治环境，不是说说就可以，也不是制度建立和颁布了就万事大吉，决策者的以身作则起着十分关键的作用。晏婴一系列拒赏守贫的决策表面看来似乎有些不近人情，实际上其深意在于在全国的官吏和百姓面前做出一种姿态：官，就是要这么当。所以，晏婴的从我做起、清廉俭约的做法，既是保持操守的个人行为，更是关系到国家大政方针和政治风气的重大政治决策。

晏婴的做法对于一个身居高位的政治家来说是很难做到的，而无疑也是最有效的。

在包括《史记》在内的众多史书中，多处提及晏婴“食不足”“食肉不足”“衣食弊薄”“乘弊车驽马”“布衣栈车而朝”。还说他每日的正餐吃的是糙米饭，只有一荤一素两个菜。一天，齐景公的使者到他家正赶上他吃饭，他就把饭分了一份给使者吃，结果两个人都没吃饱。他穿的是粗布衣，即使祭祀祖先，也不过将衣服和帽子洗干净穿上而已；一件狐皮大衣，也只是在出使他国或参加盛典时穿，并且一直穿了三十多年。平时上朝，总是乘坐一辆劣马拉的破旧车子，有时甚至走着去。至于住的，照景公的话说，是“宅近市，湫隘嚣尘，不可以居”。

晏婴到了晚年，不仅不再接受任何新的赏赐，还向齐景公提出将原来赐他的封地退回去。景公认为：在齐国历史上从未有臣老辞邑的先例，坚决不同意。但二人推来让去，最终还是晏婴说服了景公，将封地全部退还，自己仅留下了一辆劣马驾着的破车。

晏婴临终之前，还谆谆告诫家人：丧事要从俭，绝不许厚葬。

正是由于这样清廉正直的作风，使晏婴在多少年之后，仍然受到世人的敬仰。

老子韩非列传第三

【原典】

老子者，楚苦县厉乡曲仁里人也，姓李氏，名耳，字聃，周守藏室之史也[①]。

孔子适周，将问礼于老子。老子曰：“子所言者，其人与骨皆已朽矣，独其言在耳。且君子得其时则驾，不得其时则蓬累而行[②]。吾闻之，良贾深藏若虚，君子盛德，容貌若愚。去子之骄气与多欲，态色与淫志，是皆无益于子之身。吾所以告子，若是而已。”孔子去，谓弟子曰：“鸟，吾知其能飞；鱼，吾知其能游；兽，吾知其能走。走者可以为罔[③]，游者可以为纶，飞者可以为矰[④]。至于龙吾不能知，其乘风云而上天。吾今日见老子，其犹龙邪！”

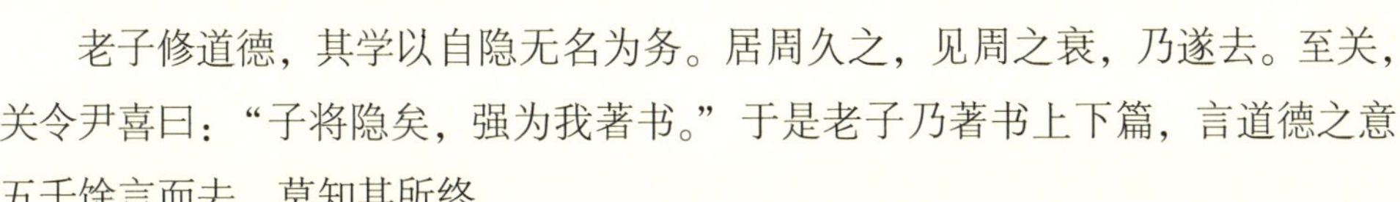

老子修道德，其学以自隐无名为务。居周久之，见周之衰，乃遂去。至关，关令尹喜曰："子将隐矣，强为我著书。"于是老子乃著书上下篇，言道德之意五千馀言而去，莫知其所终。

或曰：老莱子亦楚人也，著书十五篇，言道家之用，与孔子同时云。

盖老子百有六十馀岁，或言二百馀岁，以其修道而养寿也。

自孔子死之后百二十九年，而史记周太史儋见秦献公曰："始秦与周合，合五百岁而离，离七十岁而霸王者出焉。"或曰儋即老子，或曰非也，世莫知其然否。老子，隐君子也。

韩非者，韩之诸公子也。喜刑名法术之学，而其归本于黄老。非为人口吃，不能道说，而善著书。与李斯俱事荀卿，斯自以为不如非。

非见韩之削弱，数以书谏韩王，韩王不能用。于是韩非疾治国不务修明其法制，执势以御其臣下，富国强兵而以求人任贤，反举浮淫之蠹[⑤]而加之于功实之上。以为儒者用文乱法，而侠者以武犯禁。宽则宠名誉之人，急则用介胄之士[⑥]。今者所养非所用，所用非所养。悲廉直不容于邪枉之臣，观往者得失之变，故作《孤愤》《五蠹》《内外储》《说林》《说难》十馀万言[⑦]。

然韩非知说之难，为《说难》书甚具，终死于秦，不能自脱。

【注释】

①藏室：国家的藏书机构，类似于现今的图书馆。

②蓬：一种小草，质地细嫩，易随风飘转。累：转转停停的样子。

③罔：同"网"。

④矰（zēng）：射鸟的短箭。

⑤浮淫之蠹：指文学游说之士。

⑥介胄之士：指顶盔穿甲的武士。

⑦《孤愤》《五蠹》《内外储》《说林》《说难》：均为《韩非子》书中的篇名。

解读

这是一篇关于先秦道家和法家代表人物的重要传记。太史公将老庄韩合为一传，代表了汉人对道家与法家关系的重要看法。

老子最经典的智慧就是“为无为，则无不治”，老子在这里讲的“无为”并不是无所作为之意，更不是什么都不做。这里的“无为”是指不妄为，不随意而为，不违道而为。相反，对于那种符合道的事情，就必须以“有为”为之。

老子所指的“无为”智慧，只是让人在处世之时顺应大势、顺应自然。所以老子这种“无为”不仅不会破坏事物的自然进程和自然秩序，而且还有助于事物的成长和发展。

不该做的事情不要勉强，要克制自己的情绪，是无为的核心内容。不把个人的意志强加在人与事之上，并不是怯懦的表现，而是一种大智慧。它能使人在潜移默化中走向自觉，收到良好的成效。

“无为而治”又是一种管理之道。在老子看来，理想的社会应该奉行无为而治，管理者应当不断减少对人的管制和束缚，制定政策不能政出频繁，更不能朝令夕改。

韩非是法家的代表人物，他博学多能，才学超人，思维敏捷，虽然不善言谈，但善于著述。韩非注意研究历史，认为历史是不断发展进步的，要根据今天的实际来制定政策。他的历史观，为当时地主阶级的改革提供了理论根据。

对于民众，他吸收了其老师荀子的“性本恶”理论，认为民众的本性是“恶劳而好逸”，要以法来约束民众，施刑于民，才可“禁奸于未萌”。因此他

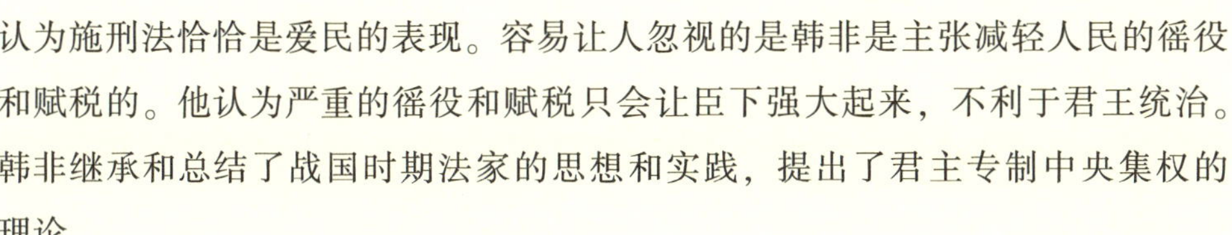

认为施刑法恰恰是爱民的表现。容易让人忽视的是韩非是主张减轻人民的徭役和赋税的。他认为严重的徭役和赋税只会让臣下强大起来，不利于君王统治。韩非继承和总结了战国时期法家的思想和实践，提出了君主专制中央集权的理论。

韩非的这些主张，反映了新兴封建地主阶级的利益和要求，为结束诸侯割据、建立统一的中央集权的封建国家提供了理论依据。秦始皇统一中国后采取的许多政治措施，就是韩非理论的应用和发展。

司马穰苴列传第四

【原典】

司马穰苴者，田完之苗裔也[①]。齐景公时，晋伐阿、甄，而燕侵河上，齐师败绩。景公患之。晏婴乃荐田穰苴曰："穰苴虽田氏庶孽，然其人文能附众，武能威敌，愿君试之。"景公召穰苴，与语兵事，大说之，以为将军，将兵扞燕晋之师[②]。穰苴曰："臣素卑贱，君擢之闾伍之中，加之大夫之上，士卒未附，百姓不信，人微权轻，愿得君之宠臣，国之所尊，以监军，乃可。"于是景公许之，使庄贾往。穰苴既辞，与庄贾约曰："旦日日中会于军门。"穰苴先驰至军，立表下漏待贾[③]。贾素骄贵，以为将己之军而己为监，不甚急；亲戚左右送之，留饮。日中而贾不至。穰苴则仆表决漏，入，行军勒兵，申明约束。约束既定，夕时，庄贾乃至。穰苴曰："何后期为？"贾谢曰："不佞大夫亲戚送之，故留。"穰苴曰："将受命之日则忘其家，临军约束则忘其亲，援枹鼓之急则忘其身。今敌国深侵，邦内骚动，士卒暴露于境，君寝不安席，食不甘味，百姓之命皆悬于君，何谓相送乎！"召军正问曰："军法期而后至者云何？"对曰："当斩。"庄贾惧，使人驰报景公，请救。既往，未及反，于是遂斩庄贾以徇三军。三军之士皆振栗[④]。

久之，景公遣使者持节赦贾，驰入军中。穰苴曰："将在军，君令有所不受。”问军正曰：“军中不驰，今使者驰，云何？”正曰：“当斩。”使者大惧。穰苴曰：“君之使不可杀之。”乃斩其仆，车之左驸，马之左骖，以徇三军。遣使者还报，然后行。士卒次舍，井灶饮食，问疾医药，身自拊循之⑤。悉取将军之资粮享士卒，身与士卒平分粮食。最比其羸弱者，三日而后勒兵。病者皆求行，争奋出为之赴战。晋师闻之，为罢去。燕师闻之，度水而解⑥。于是追击之，遂取所亡封内故境而引兵归。未至国，释兵旅，解约束，誓盟而后入邑。景公与诸大夫郊迎，劳师成礼，然后反归寝。既见穰苴，尊为大司马。田氏日以益尊于齐。

已而大夫鲍氏、高、国之属害之，谮于景公⑦。景公退穰苴，苴发疾而死。田乞、田豹之徒由此怨高、国等。其后及田常杀简公，尽灭高子、国子之族。至常曾孙和，因自立为齐威王，用兵行威，大放穰苴之法，而诸侯朝齐。

齐威王使大夫追论古者《司马兵法》而附穰苴于其中，因号曰《司马穰苴兵法》。

太史公曰：余读《司马兵法》，闳廓深远⑧，虽三代征伐，未能竟其义，如其文也，亦少褒矣。若夫穰苴，区区为小国行师，何暇及《司马兵法》之揖让乎？世既多《司马兵法》，以故不论，着穰苴之列传焉。

【注释】

①苗裔：后代。

②扞（hàn）：抵御，保卫。

③立表：在阳光下竖起木杆，根据阳光照射的影子的移动，来计算时间。下漏：把铜壶下穿一小孔，壶中立箭，箭杆上刻有度数，然后铜壶蓄水，使之徐徐下漏，以箭杆显露出来的刻度计算时间。

④振栗：因恐惧而发抖。

⑤拊循：慰问，安抚。

⑥解（xiè）：同“懈”。

⑦谮：中伤，诬陷。

⑧闳廓：恢弘博大。

解读

在本篇传记中，司马迁重点刻画了司马穰苴这位一代名将的风采。

景公下诏赦免庄贾，使者来到军前，只因时间迫在眉睫才不顾军规擅自闯入军中，司马穰苴不留一点私人情面，照样给予严肃的处理。司马穰苴用实际行动告诫三军：在军队中将领的权力是至高无上的，必须服从，不容一丝懈怠。而他本人也是身体力行，对战士关心备至。他亲自过问士兵的饮食，探问疾病，安排医疗，把自己专用的军需品拿出来给予士兵，并和士兵平分粮食，这在当时官兵等级森严的情况下，必然受到士兵的爱戴，以致带病、体弱的战士也都要求一同奔赴战场。

司马穰苴用自己的真心换取了将士们的诚心，是一种高超的用人管人方略。

人非草木，孰能无情。只要有爱兵如子的统帅，就会有尽心竭力的士兵效命疆场。“生当陨首，死当结草”，“女为悦己者容，士为知己者死”，无一不是“感情效应”的结果。作为领导者，要想调动起部属的积极性，就要在管理中融入情感。

投之以桃，报之以李，中国自古以来讲究礼尚往来。所谓滴水之恩，当涌泉相报正是这个道理。所以，凡是卓越的领导者，都善于用自己的真心去换取部属的忠诚。只有用真心关心下属，才能使下属感到自己受到了领导的重视与关爱，感受到心灵的温暖，从而愿意踏实工作、尽己所能，充分发挥自己的潜能。

孙子吴起列传第五

【原典】

孙子武者，齐人也。以兵法见于吴王阖闾。阖闾曰：“子之十三篇，吾尽观之矣，可以小试勒兵乎[①]？”对曰：“可。”阖闾曰：“可试以妇人乎？”曰：“可。”于是许之，出宫中美女，得百八十人。孙子分为二队，以王之宠姬二人各为队长，皆令持戟。令之曰："汝知而心与左右手背乎[②]？"妇人曰："知之。"孙子曰："前，则视心；左，视左手；右，视右手；后，即视背。"妇人曰："诺。"约束既布，乃设铁钺，即三令五申之。于是鼓之右，妇人大笑。孙子曰："约束不明，申令不熟，将之罪也。"复三令五申而鼓之左，妇人复大笑。孙子曰："约束不明，申令不熟，将之罪也；既已明而不如法者，吏士之罪也。"乃欲斩左右队长。吴王从台上观，见且斩爱姬，大骇。趣使使下令曰："寡人已知将军能用兵矣。寡人非此二姬，食不甘味，愿勿斩也。"孙子曰："臣既已受命为将，将在军，君命有所不受。"遂斩队长二人以徇[③]。用其次为队长，于是复鼓之。妇人左右前后跪起皆中规矩绳墨，无敢出声。于是孙子使使报王曰："兵既整齐，王可试下观之，唯王所欲用之，虽赴水火犹可也。"吴王曰："将军罢休就舍[④]，寡人不愿下观。"孙子曰："王徒好其言，不能用其实。"于是阖闾知孙子能用兵，卒以为将。西破强楚，入郢，北威齐晋，显名诸侯，孙子与有力焉。

孙武既死，后百馀岁有孙膑。膑生阿鄄之间，膑亦孙武之后世子孙也。孙膑尝与庞涓俱学兵法。庞涓既事魏，得为惠王将军，而自以为能不及孙膑，乃阴使召孙膑。膑至，庞涓恐其贤于己，疾之，则以法刑断其两足而黥之，欲隐勿见。

齐使者如梁，孙膑以刑徒阴见，说齐使。齐使以为奇，窃载与之齐。齐将田忌善而客待之。忌数与齐诸公子驰逐重射[⑤]。孙子见其马足不甚相远，马有上、中、下、辈。于是孙子谓田忌曰："君弟重射，臣能令君胜。"田忌信然之，与王及诸公子逐射千金。及临质，孙子曰："今以君之下驷与彼上驷，取君上驷与彼中驷，取君中驷与彼下驷。"既驰三辈毕，而田忌一不胜而再胜，卒得王千金。于是忌进孙子于威王。威王问兵法，遂以为师。

其后魏伐赵，赵急，请救于齐。齐威王欲将孙膑，膑辞谢曰："刑馀之人不可。"于是乃以田忌为将，而孙子为师，居辎车中，坐为计谋。田忌欲引兵之赵，孙子曰："夫解杂乱纷纠者不控卷[⑥]，救斗者不搏撠[⑦]，批亢捣虚，形格势禁，则自为解耳。今梁、赵相攻，轻兵锐卒必竭于外，老弱罢于内。君不若引兵疾走大梁，据其街路，冲其方虚，彼必释赵而自救。是我一举解赵之围而收獘于魏也。"田忌从之，魏果去邯郸，与齐战于桂陵，大破梁军。

后十三岁，魏与赵攻韩，韩告急于齐。齐使田忌将而往，直走大梁。魏将庞

涓闻之，去韩而归，齐军既已过而西矣。孙子谓田忌曰："彼三晋之兵素悍勇而轻齐，齐号为怯，善战者因其势而利导之。兵法，百里而趣利者蹶上将，五十里而趣利者军半至。使齐军入魏地为十万灶，明日为五万灶，又明日为三万灶。"庞涓行三日，大喜，曰："我固知齐军怯，入吾地三日，士卒亡者过半矣。"乃弃其步军，与其轻锐倍日并行逐之[8]。孙子度其行，暮当至马陵。马陵道狭，而旁多阻隘，可伏兵，乃斫大树白而书之曰"庞涓死于此树之下"。于是令齐军善射者万弩，夹道而伏，期曰"暮见火举而俱发"。庞涓果夜至斫木下，见白书，乃钻火烛之。读其书未毕，齐军万弩俱发，魏军大乱相失。庞涓自知智穷兵败，乃自刭，曰："遂成竖子之名！"齐因乘胜尽破其军，虏魏太子申以归。孙膑以此名显天下，世传其兵法。

【注释】

①勒：约束、统率。

②而：你的，你们的。

③徇：示众。

④就舍：回到住处。

⑤驰逐：赛马。重射：押重金赌输赢。

⑥控卷（quán）：紧握拳头。卷：通"拳"。

⑦撠（jǐ）：刺。

⑧倍日并行：两天的路程一天走到。

解 读

在这篇传记中，司马迁着重写了孙武"吴宫教战"的事迹，通过这次演练，孙武显示了他的治军才能。吴王阖闾尽管心疼他的两个宠姬，但更庆幸发现了一位很有气魄和胆识的将才。于是，他正式任命孙武为大将军。

在"吴宫教战"中，孙武把规矩的重要性诠释到了极致。

俗话说，"不以规矩，不能成方圆。"这个规矩，实质就是做事的规范，就是规章制度。既然立了规矩，就必须严格执行，也就是要"有法必依，执法必严，违法必究"。如果立了规矩又不去认真执行，那么这些规矩就只能是"一纸空文"，没有什么信用可言，而这样也根本不可能做成什么大事。孙武说话算数，执法如山，树立了军法的信用，这是他重要的治军之道。

墨子曰："执其规矩，以度天下之方圆。"一个守纪律的民族绝对是高效率的民族。职工按时上下班，严格按照计划完成任务，必能提高工作效率，促进发展。遵守道德纪律是国民素质的体现。

伍子胥列传第六

【原典】

吴太宰嚭既与子胥有隙[①]，因谗曰："子胥为人刚暴，少恩，猜贼，其怨望恐为深祸也。前日王欲伐齐，子胥以为不可，王卒伐之而有大功。子胥耻其计谋不用，乃反怨望。而今王又复伐齐，子胥专愎强谏[②]，沮毁用事，徒幸吴之败以自胜其计谋耳。今王自行，悉国中武力以伐齐，而子胥谏不用，因辍谢，详病不行。王不可不备，此起祸不难。且嚭使人微伺之，其使于齐也，乃属其子于齐之鲍氏。夫为人臣，内不得意，外倚诸侯，自以为先王之谋臣，今不见用，常鞅鞅怨望[③]。愿王早图之。"吴王曰："微子之言，吾亦疑之。"乃使使赐伍子胥属镂之剑，曰："子以此死。"伍子胥仰天叹曰："嗟乎！谗臣嚭为乱矣，王乃反诛我。我令若父霸。自若未立时，诸公子争立，我以死争之于先王，几不得立。若既得立，欲分吴国予我，我顾不敢望也。然今若听谀臣言以杀长者。"乃告其舍人曰："必树吾墓上以梓，令可以为器；而抉吾眼县吴东门之上[④]，以观越寇之入灭吴也。"乃自刭死。吴王闻之大怒，乃取子胥尸盛以鸱夷革，浮之江中。吴人怜之，为立祠于江上，因命曰胥山。

吴王既诛伍子胥，遂伐齐。齐鲍氏杀其君悼公而立阳生。吴王欲讨其贼，不胜而去。其后二年，吴王召鲁、卫之君会之橐皋。其明年，因北大会诸侯于黄池，以令周室。越王勾践袭杀吴太子，破吴兵。吴王闻之，乃归，使使厚币与越平。后九年，越王勾践遂灭吴，杀王夫差；而诛太宰嚭，以不忠于其君，而外受重赂，与己比周也。

伍子胥初所与俱亡故楚太子建之子胜者，在于吴。吴王夫差之时，楚惠王欲召胜归楚。叶公谏曰："胜好勇而阴求死士⑤，殆有私乎！"惠王不听。遂召胜，使居楚之边邑鄢，号为白公。白公归楚三年而吴诛子胥。

白公胜既归楚，怨郑之杀其父，乃阴养死士求报郑。归楚五年，请伐郑，楚令尹子西许之。兵未发而晋伐郑，郑请救于楚。楚使子西往救，与盟而还。白公胜怒曰："非郑之仇，乃子西也。"胜自砺剑，人问曰："何以为？"胜曰："欲以杀子西。"子西闻之，笑曰："胜如卵耳，何能为也。"

【注释】

①隙：有矛盾，不和。

②专愎：独断专横，刚愎自用。

③鞅鞅：通"怏怏"。郁闷不开心的样子。

④县（xuán）：通"悬"。悬挂。

⑤阴求：暗中寻访。

解读

伍子胥是春秋末期吴国大夫，军事家、谋略家。名员，字子胥，楚国人。在楚国时，伍子胥的父亲伍奢被谗臣费无忌所害，被囚禁，楚王与无忌以伍奢为人质，要挟伍子胥与其兄伍尚相救，否则将杀死伍奢，其实是楚王与无忌欲杀伍子胥兄弟以除后患。伍子胥已料到楚王与无忌的诡计，劝兄长伍尚勿往，要留有用之身为父报仇，可惜伍尚不忍心眼睁睁看着父亲被害，最终因救父而被擒。伍子胥逃出楚国后得悉父兄被杀，一路求乞，历尽千辛万苦逃到楚的仇敌吴国。在吴国，公子光以专诸杀吴王僚后，自立为王，是为吴王阖闾，其后伍子胥受到吴王阖闾重用。由于伍子胥很有将才，因此屡次大破楚军，而在最后终于攻破楚的都城时，本来是他复仇对象的楚平王——也就是那个杀了其父兄的人物——却早已埋身于坟墓之中。气愤的伍子胥就把他的尸体从墓中掘出来并用鞭子抽打。

两个人相斗，弱小者要想斗过强势的人，单打独斗无疑是以卵击石——自不量力。因此，这时就需要借助他人的力量，达到自己的目的。伍子胥正是知道自己根本不可能斗过楚平王，才去找更强大的吴王，借助他的力量除掉劲敌。

好风凭借力，送你上青云。天下最重要的“借”不是借钱和借物，而是借力。

古人讲：“智者，当借力而行。”意思是说聪明的人，应当借助外力寻求发展。在当今这个竞争日益激烈的快节奏社会，要想拥有属于自己的一席之地，要想在复杂的商战中永远潇洒自如，仅靠单枪匹马、赤手空拳地搏斗是行不通的。俗话说：“就算浑身是铁，又能打几颗钉？”所以，我们应该学会“借力”，并要善于“借力”！

仲尼弟子列传第七

【原典】

子贡利口巧辞，孔子常黜其辩。问曰：“汝与回也孰愈？”对曰：“赐也何敢望回！回也闻一以知十，赐也闻一以知二。”

子贡既已受业，问曰：“赐何人也？”孔子曰：“汝器也。”曰：“何器也？”曰：“瑚琏也①。”

陈子禽问子贡曰：“仲尼焉学？”子贡曰：“文武之道未坠于地，在人，贤者识其大者，不贤者识其小者，莫不有文武之道。夫子焉不学，而亦何常师之有！”

又问曰："孔子适是国必闻其政。求之与？抑与之与？"子贡曰："夫子温良恭俭让以得之。夫子之求之也，其诸异乎人之求之也[②]。"

子贡问曰："富而无骄，贫而无谄，何如？"孔子曰："可也；不如贫而乐道，富而好礼。"

田常欲作乱于齐，惮高、国、鲍、晏，故移其兵欲以伐鲁。孔子闻之，谓门弟子曰："夫鲁，坟墓所处，父母之国，国危如此，二三子何为莫出[③]？"子路请出，孔子止之。子张、子石请行，孔子弗许。子贡请行，孔子许之。

遂行，至齐，说田常曰："君之伐鲁过矣。夫鲁，难伐之国，其城薄以卑，其地狭以泄，其君愚而不仁，大臣伪而无用，其士民又恶甲兵之事，此不可与战。君不如伐吴。夫吴，城高以厚，地广以深，甲坚以新，士选以饱，重器精兵尽在其中[④]，又使明大夫守之，此易伐也。"田常忿然作色曰："子之所难，人之所易；子之所易，人之所难：而以教常，何也？"子贡曰："臣闻之，忧在内者攻强，忧在外者攻弱。今君忧在内。吾闻君三封而三不成者，大臣有不听者也。今君破鲁以广齐，战胜以骄主，破国以尊臣，而君之功不与焉，则交日疏于主。是君上骄主心，下恣群臣，求以成大事，难矣。夫上骄则恣，臣骄则争，是君上与主有郤[⑤]，下与大臣交争也。如此，则君之立于齐危矣。故曰不如伐吴。伐吴不胜，民人外死，大臣内空，是君上无强臣之敌，下无民人之过，孤主制齐者唯君也。"田常曰："善。虽然，吾兵业已加鲁矣，去而之吴，大臣疑我，奈何？"子贡曰："君按兵无伐，臣请往使吴王，令之救鲁而伐齐，君因以兵迎之。"田常许之，使子贡南见吴王。

说曰："臣闻之，王者不绝世，霸者无强敌，千钧之重加铢两而移。今以万乘之齐而私千乘之鲁，与吴争强，窃为王危之。且夫救鲁，显名也；伐齐，大利也。以抚泗上诸侯，诛暴齐以服强晋，利莫大焉。名存亡鲁，实困强齐，智者不疑也。"吴王曰："善。虽然，吾尝与越战，栖之会稽。越王苦身养士，有报我心。子待我伐越而听子。"子贡曰："越之劲不过鲁，吴之强不过齐，王置齐而伐越，则齐已平鲁矣。且王方以存亡继绝为名，夫伐小越而畏强齐，非勇也。夫勇者不避难，仁者不穷约[⑥]，智者不失时，王者不绝世，以立其义。今存越示诸侯以仁，救鲁伐齐，威加晋国，诸侯必相率而朝吴，霸业成矣。且王必恶越，臣请东见越王，令出兵以从，此实空越，名从诸侯以伐也。"吴王大说，乃使子贡之越。

越王除道郊迎，身御至舍而问曰⑦：“此蛮夷之国，大夫何以俨然辱而临之？”子贡曰：“今者吾说吴王以救鲁伐齐，其志欲之而畏越，曰‘待我伐越乃可’。如此，破越必矣。且夫无报人之志而令人疑之，拙也；有报人之志，使人知之，殆也；事未发而先闻，危也。三者举事之大患。”勾践顿首再拜曰：“孤尝不料力，乃与吴战，困于会稽，痛入于骨髓，日夜焦唇干舌，徒欲与吴王接踵而死，孤之愿也。”遂问子贡。子贡曰：“吴王为人猛暴，群臣不堪；国家敝以数战，士卒弗忍；百姓怨上，大臣内变；子胥以谏死，太宰嚭用事，顺君之过以安其私：是残国之治也。今王诚发士卒佐之以徼其志，重宝以说其心，卑辞以尊其礼，其伐齐必也。彼战不胜，王之福矣。战胜，必以兵临晋，臣请北见晋君，令共攻之，弱吴必矣。其锐兵尽于齐，重甲困于晋，而王制其敝，此灭吴必矣。”越王大说，许诺。送子贡金百镒⑧，剑一，良矛二。子贡不受，遂行。

报吴王曰：“臣敬以大王之言告越王，越王大恐，曰：‘孤不幸，少失先人，内不自量，抵罪于吴，军败身辱，栖于会稽，国为虚莽，赖大王之赐，使得奉俎豆而修祭祀⑨，死不敢忘，何谋之敢虑！’”后五日，越使大夫种顿首言于吴王曰：“东海役臣孤勾践使者臣种，敢修下吏问于左右。今窃闻大王将兴大义，诛强救弱，困暴齐而抚周室，请悉起境内士卒三千人，孤请自被坚执锐，以先受矢石。因越贱臣种奉先人藏器⑩，甲二十领，𫓧屈卢之矛⑪，步光之剑，以贺军吏。”吴王大说，以告子贡曰：“越王欲身从寡人伐齐，可乎？”子贡曰：“不可。夫空人之国，悉人之众，又从其君，不义。君受其币，许其师，而辞其君。”吴王许诺，乃谢越王。于是吴王乃遂发九郡兵伐齐。

子贡因去之晋，谓晋君曰：“臣闻之，虑不先定不可以应卒，兵不先辨不可以胜敌。今夫齐与吴将战，彼战而不胜，越乱之必矣；与齐战而胜，必以其兵临晋。”晋君大恐，曰：“为之奈何？”子贡曰：“修兵休卒以待之。”晋君许诺。

子贡去而之鲁。吴王果与齐人战于艾陵，大破齐师，获七将军之兵而不归，果以兵临晋，与晋人相遇黄池之上。吴、晋争强。晋人击之，大败吴师。越王闻之，涉江袭吴，去城七里而军。吴王闻之，去晋而归，与越战于五湖。三战不胜，城门不守，越遂围王宫，杀夫差而戮其相。破吴三年，东向而霸。

故子贡一出，存鲁，乱齐，破吴，强晋而霸越。子贡一使，使势相破，十年

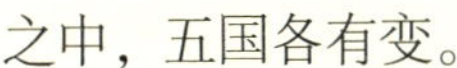

之中，五国各有变。

子贡好废举⑫，与时转货赀⑬。喜扬人之美，不能匿人之过。常相鲁、卫，家累千金，卒终于齐。

【注释】

①瑚琏：瑚、琏都是古代祭祀时盛粮食的器皿，因其贵重，常用来比喻堪当大任、有才能的人。

②其诸：或许。

③二三子：诸位、诸君。多用于年长或位尊者对关系较近的年轻人的称呼。

④重器：宝器。比喻可贵的人才。

⑤郤：通“隙”。比喻感情上不和。

⑥穷约：困窘。

⑦身御：亲自驾驭车子。

⑧镒：古代重量单位。一镒为二十两或二十四两。

⑨俎豆：古代祭祀用的礼器。

⑩藏器：珍藏的宝器、重器。

⑪铁：斧。

⑫好废举：喜好经商做生意。

⑬赀：通“资”。

解读

本传主要记述了孔子及其弟子的言语和行事。主要取材于《论语》，并参以《春秋左氏传》等古籍。其中，子贡的传记是一篇大文章。“子贡利口巧辩，孔子常黜其辩”，孔子和子贡师徒二人经常争辩一些问题。而使子贡在“言语”方面才能大加发挥的，当属他赴齐、吴、越、晋四国的穿梭外交活动了。

田常想要在齐国叛乱，却害怕高昭子、国惠子、鲍牧、晏圉的势力，所以想转移他们的军队去攻打鲁国。孔子听说这件事后，对门下弟子们说：“鲁国，是祖宗坟墓所在的地方，是我们出生的国家，我们的祖国危险到这种地步，诸位为什么不挺身而出呢?”子路请求前去，孔子制止了他。子张、子石请求前去救鲁，孔子也不答应。子贡请求前去救鲁，孔子答应了他。

在这次外交活动中，子贡充分发挥自己的演说才能，引祸水于他人，使得四国国君对他的利害分析深信不疑，并纷纷采纳他的主张。“子贡一使，使势相破，十年之中，五国各有变”，具体而言就是：存鲁，乱齐，破吴，强晋而霸越。子贡高超的演说技能和外交能力也在此次外交活动中发挥得淋漓尽致！

商君列传第八

【原典】

孝公既用卫鞅[①]，鞅欲变法，恐天下议己。卫鞅曰：“疑行无名，疑事无功。且夫有高人之行者，固见非于世；有独知之虑者，必见敖于民。愚者暗于成事[②]，知者见于未萌。民不可与虑始而可与乐成。论至德者不和于俗，成大功者不谋于众。是以圣人苟可以强国，不法其故；苟可以利民，不循其礼。”孝公曰：“善。”甘龙曰：“不然。圣人不易民而教，知者不变法而治。因民而教，不劳而成功；缘法而治者，吏习而民安之。”卫鞅曰：“龙之所言，世俗之言也。常人安于故俗，学者溺于所闻。以此两者居官守法可也，非所与论于法之外也。三代不同礼而王，五伯不同法而霸。智者作法，愚者制焉；贤者更礼，不肖者拘焉。”杜挚曰：“利不百，不变法；功不十，不易器。法古无过，循礼无邪。”卫鞅曰：“治世不一道，便国不法古。故汤、武不循古而王，夏、殷不易礼而亡。反古者不可非，而循礼者不足多[③]。”孝公曰：“善。”以卫鞅为左庶长，卒定变法之令。

令民为什伍[④]，而相牧司连坐。不告奸者腰斩，告奸者与斩敌首同赏，匿奸者与降敌同罚。民有二男以上不分异者，倍其赋。有军功者，各以率受上爵；为私斗者，各以轻重被刑大小。僇力本业[⑤]，耕织致粟帛多者复其身。事末利及怠而贫者，举以为收孥。宗室非有军功论，不得为属籍。明尊卑爵秩等级，各以差次名田宅，臣妾衣服以家次。有功者显荣，无功者虽富无所芬华[⑥]。

令既具，未布，恐民之不信，已乃立三丈之木于国都市南门，募民有能徙置北门者予十金。民怪之，莫敢徙。复曰“能徙者予五十金”。有一人徙之，辄予五十金，以明不欺。卒下令。

令行于民期年，秦民之国都言初令之不便者以千数。于是太子犯法。卫鞅曰：“法之不行，自上犯之。”将法太子。太子，君嗣也，不可施刑，刑其傅公子虔，黥其师公孙贾。明日，秦人皆趋令。行之十年，秦民大说，道不拾遗，山无盗贼，家给人足。民勇于公战，怯于私斗，乡邑大治。秦民初言令不便者有来言令便者，卫鞅曰“此皆乱化之民也”，尽迁之于边城。其后民莫敢议令。

于是以鞅为大良造。将兵围魏安邑，降之。居三年，作为筑冀阙宫庭于咸阳⑦，秦自雍徙都之。而令民父子兄弟同室内息者为禁。而集小乡邑聚为县，置令、丞，凡三十一县。为田开阡陌封疆⑧，而赋税平。平斗桶权衡丈尺。行之四年，公子虔复犯约，劓之。居五年，秦人富强，天子致胙于孝公，诸侯毕贺。

【注释】

①卫鞅：商鞅是卫国人，故称卫鞅。

②暗：不清楚，不明白。

③多：推重，赞扬。

④什伍：户籍编制，十家为什，五家为伍。

⑤僇力：即“戮力”。尽力，致力于。

⑥芬华：比喻显荣。即显赫荣耀。

⑦冀阙：古代宫廷外公布法令的门阙。

⑧阡陌：纵横交错的田间小路。

解读

经过商鞅变法，秦国的面貌从此焕然一新。在土地所有制方面，基本废除了以井田制为基础的封建领土所有制，确立以私有制为基础的地主土地所有制；在政治方面，基本废除了分封制，确立了郡县制。秦国从落后国家一跃而为“兵革太强，诸侯畏惧”的强国，出现了“家给人足，民勇于公战、怯于私斗，乡邑大治”的局面。

公元前 338 年，秦孝公死，太子惠文王继位，旧贵族马上对商鞅进行反攻倒算，公子虔等强加给商鞅以“谋反”的罪名，将他逮捕并用“车裂”的酷刑处死。

虽然商鞅被处死，但总的来说变法还是成功的。一场变法成功与失败的标准，不在于变法者实施变法后的生与死，而在于变法的目的是否达到。秦孝公希望富国强兵的愿望达到了，秦国发展为战国后期最富强的封建国家，所以变法总的来说是成功的。但商鞅也为此付出了血的代价，这也只能说明当时守旧势力的猖狂和统治者的昏庸。

商鞅的变法使秦国国富兵强，经济得到了发展，军队战斗力不断提高，使秦国成为战国后期实力最强的国家，为以后秦国灭六国、统一中国奠定了基础。

商鞅是有进取意识和创造精神的开拓者，这些精神适应当代社会发展的需要，具有时代气息。进取心是一个人取得成功的根本。没有一种向上向前的进取态度，任何成功都无从谈起。但进取既要有即知即行的“道根善骨”，也要有坚持到底的毅力。

生命的辉煌在于不断地进取，不断地创新。无论做什么事情，我们都要有创新开拓的能力。因为只有进取创新，才能使我们不断地发现自身的不足并加以改正，才能使我们不断地前进，更加完美。

苏秦列传第九

【原典】

苏秦既约六国从亲，归赵，赵肃侯封为武安君，乃投从约书于秦。秦兵不敢窥函谷关十五年。

其后秦使犀首欺齐、魏，与共伐赵，欲败从约。齐、魏伐赵，赵王让苏秦[①]。苏秦恐，请使燕，必报齐。苏秦去赵而从约皆解。

秦惠王以其女为燕太子妇。是岁，文侯卒，太子立，是为燕易王。易王初

立，齐宣王因燕丧伐燕，取十城。易王谓苏秦曰："往日先生至燕，而先王资先生见赵，遂约六国从。今齐先伐赵，次至燕，以先生之故为天下笑，先生能为燕得侵地乎？"苏秦大惭，曰："请为王取之。"

苏秦见齐王，再拜，俯而庆，仰而吊。齐王曰："是何庆吊相随之速也？"苏秦曰："臣闻饥人所以饥而不食乌喙者[2]，为其愈充腹而与饿死同患也。今燕虽弱小，即秦王之少婿也。大王利其十城而长与强秦为仇。今使弱燕为雁行而强秦敝其后，以招天下之精兵，是食乌喙之类也。"齐王愀然变色曰[3]："然则奈何？"苏秦曰："臣闻古之善制事者，转祸为福，因败为功。大王诚能听臣计，即归燕之十城。燕无故而得十城，必喜；秦王知以己之故而归燕之十城，亦必喜。此所谓弃仇雠而得石交者也[4]。夫燕、秦俱事齐，则大王号令天下，莫敢不听。是王以虚辞附秦，以十城取天下。此霸王之业也。"王曰："善。"于是乃归燕之十城。

人有毁苏秦者曰："左右卖国反覆之臣也，将作乱。"苏秦恐得罪，归，而燕王不复官也。苏秦见燕王曰："臣，东周之鄙人也，无有分寸之功，而王亲拜之于庙而礼之于廷。今臣为王却齐之兵而得十城，宜以益亲。今来而王不官臣者，人必有以不信伤臣于王者。臣之不信，王之福也。臣闻忠信者，所以自为也；进取者，所以为人也。且臣之说齐王，曾非欺之也。臣弃老母于东周，固去自为而行进取也。今有孝如曾参，廉如伯夷，信如尾生。得此三人者以事大王，何若？"王曰："足矣。"苏秦曰："孝如曾参，义不离其亲一宿于外，王又安能使之步行千里而事弱燕之危王哉？廉如伯夷，义不为孤竹君之嗣，不肯为武王臣，不受封侯而饿死首阳山下。有廉如此，王又安能使之步行千里而行进取于齐哉？信如尾生，与女子期于梁下，女子不来，水至不去，抱柱而死。有信如此，王又安能使之步行千里却齐之强兵哉？臣所谓以忠信得罪于上者也。"燕王曰："若不忠信耳，岂有以忠信而得罪者乎？"苏秦曰："不然。臣闻客有远为吏而其妻私于人者，其夫将来，其私者忧之，妻曰'勿忧，吾已作药酒待之矣'。居三日，其夫果至，妻使妾举药酒进之。妾欲言酒之有药，则恐其逐主母也；欲勿言乎，则恐其杀主父也。于是乎佯僵而弃酒[5]。主父大怒，笞之五十。故妾一僵而覆酒，上存主父，下存主母，然而不免于笞，恶在乎忠信之无罪也夫？臣之过，不幸而类是乎！"燕王曰："先生复就故官。"益厚遇之。

易王母，文侯夫人也，与苏秦私通。燕王知之，而事之加厚。苏秦恐诛，乃说燕王曰："臣居燕不能使燕重⑥，而在齐则燕必重。"燕王曰："唯先生之所为。"于是苏秦详为得罪于燕而亡走齐，齐宣王以为客卿。

齐宣王卒，湣王即位，说湣王厚葬以明孝，高宫室大苑囿以明得意，欲破敝齐而为燕。燕易王卒，燕哙立为王。其后齐大夫多与苏秦争宠者，而使人刺苏秦，不死，殊而走⑦。齐王使人求贼，不得。苏秦且死，乃谓齐王曰："臣即死，车裂臣以徇于市，曰'苏秦为燕作乱于齐'，如此则臣之贼必得矣。"于是如其言，而杀苏秦者果自出，齐王因而诛之。燕闻之曰："甚矣，齐之为苏生报仇也！"

【注释】

①让：责备，责怪。

②乌喙：一种有毒植物，即乌头。

③愀然：神情变得凄怆而严肃。

④石交：指感情深厚牢不可破的友谊或友人。

⑤佯僵：假装仆倒。

⑥重：地位提高。

⑦殊：致命伤。

解读

苏秦曾学习于鬼谷子先生门下，与张仪同攻游说之学。辞师下山后，他回到洛阳，欲以所学进献周王，被周室权贵所阻。数年后，听说秦孝公重用商鞅，遂西至秦国游说，时商鞅已死，秦惠文王嬴驷对他的说辞毫无兴趣，苏秦在耗尽财费后狼狈回家。经过艰苦的学业钻研后，他游说燕文公，被燕文公所赏识，遂派他以国使身份游说列国，组织合纵抗秦，苏秦先后说服赵、韩、魏、齐、楚五国之君，使其与燕君相会于洹水之上，立定盟约，联合对秦，苏秦在期间被封为"纵约长"，兼佩六国相印。不久，因为六国内部的矛盾分歧，他往来于燕、赵、齐数国间联络合纵。他曾劝说齐国归还所夺燕国十城，后来为了燕国的利益入齐行反间之策，被齐国任为客卿，不久被刺客所杀，死后他的反间计被其宾客泄露。

严格说来，苏秦不属于燕国的政治人物，但他的游说之术首先成功于燕，又曾任相于燕国，在燕国网罗过较多的私人势力，而且晚期为燕国行反间于齐。他一生的政治活动对燕国影响较大，其政治意向也与燕国的利益贴得更紧。

苏秦从一个洛阳平民而成为身佩六国相印的显赫人物，完全得之于他切合时势、权谋机变的个人才能和坚毅自信的品格。

苏秦的游说，既是国家间的外交活动，也是为实现一定目的而进行的社会交往活动，其方法有许多高明之处。

苏秦以组织合纵抗秦而闻名，但从他一生的整个活动及思想轨迹看，他以追逐个人功名为最终目的，政治态度及其行为不过是他达到目的的手段。

苏秦为个人功名而投机政治，他组织六国合纵，抗拒秦之统一，因违背时势而失败了，但他坚毅、自信的品格及机敏的智慧对后人有不少启迪，他游说列国的技巧和方式为人们提供了社会活动和外事交往的丰富经验。

张仪列传第十

【原典】

张仪者，魏人也。始尝与苏秦俱事鬼谷先生学术[①]，苏秦自以不及张仪。

张仪已学而游说诸侯。尝从楚相饮，已而楚相亡璧，门下意张仪，曰："仪贫无行，必此盗相君之璧。"共执张仪，掠笞数百，不服，醳之[②]。其妻曰："嘻！子毋读书游说，安得此辱乎？"张仪谓其妻曰："视吾舌尚在不？"其妻笑曰："舌在也。"仪曰："足矣。"

苏秦已说赵王而得相约从亲，然恐秦之攻诸侯，败约后负，念莫可使用于秦者，乃使人微感张仪曰[③]："子始与苏秦善，今秦已当路，子何不往游，以求通子之愿？"张仪于是之赵，上谒求见苏秦。苏秦乃诫门下人不为通，又使不得去者数日。已而见之，坐之堂下，赐仆妾之食。因而数让之曰："以子之材能，乃自令困辱至此。吾宁不能言而富贵子，子不足收也。”谢去之。张仪之来也，自以为故人，求益，反见辱，怒，念诸侯莫可事，独秦能苦赵，乃遂入秦。

苏秦已而告其舍人曰：“张仪，天下贤士，吾殆弗如也[④]。今吾幸先用，而能用秦柄者，独张仪可耳。然贫，无因以进。吾恐其乐小利而不遂，故召辱之，以激其意。子为我阴奉之。”乃言赵王，发金币车马，使人微随张仪，与同宿舍，稍稍近就之，奉以车马金钱，所欲用，为取给，而弗告。张仪遂得以见秦惠王。惠王以为客卿，与谋伐诸侯。

苏秦之舍人乃辞去。张仪曰：“赖子得显，方且报德，何故去也？”舍人曰：“臣非知君，知君乃苏君。苏君忧秦伐赵败从约，以为非君莫能得秦柄，故感怒君，使臣阴奉给君资，尽苏君之计谋。今君已用，请归报。”张仪曰：“嗟乎，此在吾术中而不悟，吾不及苏君明矣！吾又新用，安能谋赵乎？为吾谢苏君，苏君之时，仪何敢言。且苏君在，仪宁渠能乎！”张仪既相秦，为文檄告楚相曰：“始吾从若饮，我不盗而璧[⑤]，若笞我。若善守汝国，我顾且盗而城！”

苴蜀相攻击，各来告急于秦。秦惠王欲发兵以伐蜀，以为道险狭难至，而韩又来侵秦，秦惠王欲先伐韩，后伐蜀，恐不利；欲先伐蜀，恐韩袭秦之敝。犹豫未能决。司马错与张仪争论于惠王之前，司马错欲伐蜀，张仪曰：“不如伐韩。”王曰：“请闻其说。”

仪曰：“亲魏善楚，下兵三川，塞什谷之口，当屯留之道，魏绝南阳，楚临南郑，秦攻新城、宜阳，以临二周之郊，诛周王之罪，侵楚、魏之地。周自知不能救，九鼎宝器必出[⑥]。据九鼎，案图籍，挟天子以令于天下，天下莫敢不听，此王业也。今夫蜀，西僻之国而戎狄之伦也[⑦]，敝兵劳众不足以成名，得其地不足以为利。臣闻争名者于朝，争利者于市。今三川、周室，天下之朝市也，而王不争焉，顾争于戎狄，去王业远矣。”

司马错曰：“不然。臣闻之，欲富国者务广其地，欲强兵者务富其民，欲王者务博其德，三资者备而王随之矣。今王地小民贫，故臣原先从事于易。夫蜀，西僻之国也，而戎翟之长也，有桀纣之乱。以秦攻之，譬如使豺狼逐群羊。得其地足以广国，取其财足以富民缮兵[⑧]，不伤众而彼已服焉。拔一国而天下不以为暴，利尽西海而天下不以为贪，是我一举而名实附也，而又有禁暴止乱之名。今攻韩，劫天子，恶名也，而未必利也，又有不义之名，而攻天下所不欲，危矣。

臣请谒其故：周，天下之宗室也；齐，韩之与国也。周自知失九鼎，韩自知亡三川，将二国并力合谋，以因乎齐、赵而求解乎楚、魏，以鼎与楚，以地与魏，王弗能止也。此臣之所谓危也。不如伐蜀完。”

惠王曰：“善，寡人请听子。”卒起兵伐蜀，十月，取之，遂定蜀，贬蜀王更号为侯，而使陈庄相蜀。蜀既属秦，秦以益强，富厚，轻诸侯。

秦惠王十年，使公子华与张仪围蒲阳，降之。仪因言秦复与魏，而使公子繇质于魏。仪因说魏王曰：“秦王之遇魏甚厚，魏不可以无礼。”魏因入上郡、少梁，谢秦惠王。惠王乃以张仪为相，更名少梁曰夏阳。

仪相秦四岁，立惠王为王。居一岁⑨，为秦将，取陕。筑上郡塞。

其后二年，使与齐、楚之相会啮桑。东还而免相，相魏以为秦，欲令魏先事秦而诸侯效之。魏王不肯听仪。秦王怒，伐取魏之曲沃、平周，复阴厚张仪益甚。张仪惭，无以归报。留魏四岁而魏襄王卒，哀王立。张仪复说哀王，哀王不听。于是张仪阴令秦伐魏。魏与秦战，败。

【注释】

①术：游说之术。

②醳（shì）：通“释”，释放。

③微感：暗中引导，劝说。

④殆：大概，恐怕。

⑤而：你。

⑥九鼎宝器：象征国家政权的传国之宝。

⑦戎狄：古代泛指我国西部和北部的少数民族。

⑧缮：整治。

⑨居：过，过了。

解读

张仪是苏秦的同窗好友，据传说，他是战国时期魏国贵族之后，与苏秦一同拜于鬼谷子先生门下。苏秦创合纵之法，游说六国合纵抗秦之后，张仪则施以连横之术，游说六国亲秦，拆散合纵。

张仪凭借着高超的智谋和说辩之术，瓦解了苏秦生前所创的六国合纵。在他死后，虽然六国背离连横恢复合纵，但是已无法持久。可以说，张仪的连横之术成为了后来秦灭六国、统一天下的基本战略。

从公元前328年开始，张仪运用纵横之术，游说于魏、楚、韩等国之间，利用各个诸侯国之间的矛盾，或为秦国拉拢，使其归附于秦；或拆散其联盟，使其力量削弱。但总的来说，他是以秦国的利益为出发点的。在整个秦惠王时期，他不仅使秦国在外交上连连取得胜利，而且帮助秦国开拓了疆土，因此可以说他为秦国的强大和以后统一中国立下了汗马功劳。

尽管张仪不讲信义，在外交场上运用欺骗伎俩，为人们所不齿，但仅从一个使者的角度来看，他出色地完成了每一次外交任务。而且作为纵横家的一代鼻祖，他开创了一个局面，为后世的外交家们在辞令和外交技巧等方面提供了一种范式。

樗里子甘茂列传第十一

【原典】

甘罗者，甘茂孙也。茂既死后，甘罗年十二，事秦相文信侯吕不韦。

秦始皇帝使刚成君蔡泽于燕，三年而燕王喜使太子丹入质于秦。秦使张唐往相燕，欲与燕共伐赵以广河间之地。张唐谓文信侯曰："臣尝为秦昭王伐赵，赵怨臣，曰：'得唐者与百里之地。'今之燕必经赵，臣不可以行。"文信侯不快，未有以强也。甘罗曰："君侯何不快之甚也？"文信侯曰："吾令刚成君蔡泽事燕三年，燕太子丹已入质矣，吾自请张卿相燕而不肯行。"甘罗曰："臣请行之。"文信侯叱曰："去！我身自请之而不肯，女焉能行之[①]？"甘罗曰："大项橐生七岁为孔子师。今臣生十二岁于兹矣，君其试臣，何遽叱乎？"于是甘罗见张卿曰："卿之功孰与武安君？"卿曰："武安君南挫强楚，北威燕、赵，战胜攻取，破城隳邑[②]，不知其数，臣之功不如也。"甘罗曰："应侯之用于秦也，孰与文信侯专？"张卿曰："应侯不如文信侯专。"甘罗曰："卿明知其不如文信侯专与？"

曰："知之。"甘罗曰："应侯欲攻赵，武安君难之，去咸阳七里而立死于杜邮。今文信侯自请卿相燕而不肯行，臣不知卿所死处矣。"张唐曰："请因孺子行。"令装治行。

行有日③，甘罗谓文信侯曰："借臣车五乘，请为张唐先报赵。"文信侯乃入言之于始皇曰："昔甘茂之孙甘罗，年少耳，然名家之子孙，诸侯皆闻之。今者张唐欲称疾不肯行，甘罗说而行之。今愿先报赵，请许遣之。"始皇召见，使甘罗于赵。赵襄王郊迎甘罗。甘罗说赵王曰："王闻燕太子丹入质秦欤？"曰："闻之。"曰："闻张唐相燕欤？"曰："闻之。""燕太子丹入秦者，燕不欺秦也。张唐相燕者，秦不欺燕也。燕、秦不相欺者，伐赵，危矣。燕、秦不相欺无异故，欲攻赵而广河间。王不如赍臣五城以广河间④，请归燕太子，与强赵攻弱燕⑤。"赵王立自割五城以广河间。秦归燕太子。赵攻燕，得上谷三十城，令秦有十一。

甘罗还报秦，乃封甘罗以为上卿，复以始甘茂田宅赐之。

【注释】

①女：同"汝"，你。

②隳（huī）：毁坏。这里是攻陷的意思。

③行有日：行期已确定。

④赍（jī）：送东西给别人。

⑤与：帮助。

解 读

战国时期秦国武王时樗里子任右丞相，甘茂任左丞相。本篇即是樗里子和甘茂的合传，并附甘茂之孙甘罗传。这篇传记之所以久传不衰，主要在于它生动地记写了一位少年政治家甘罗的事迹。

甘罗是战国时楚国下蔡（今安徽颍上）人，从小聪明过人，是著名的少年政治家。他祖父甘茂是秦国一位著名的人物，曾担任秦国的左丞相。"相门出才子"，在他祖父的教导下，甘罗从小就聪明机智，能言善辩，深受家人的喜爱。后来，甘茂受到别人的排挤，被迫逃离秦国，不久死于魏国。

在战国这个时代的大舞台上，各种各样的人才层出不穷，甘罗年方十二，就已经凭自己的智慧周旋于王侯之间，并且不费一兵一卒使秦国得到十六座城池，官封上卿，这在中国历史上可以说是绝无仅有的，确实是一个才能出众的小神童！

社会上流行按资排辈，但年纪绝不是成功的界限。当然年少成名的人们也要拿得出超人的水平，或者天资卓著，或者能力超强，因为毕竟年龄小，社会阅历不够丰富，一旦遇到特殊事件，容易乱了阵脚。但年轻人更有冲劲，更有克服艰难险阻的决心，这也是他们的长处。

穰侯列传第十二

【原典】

昭王三十二年[①]，穰侯为相国，将兵攻魏，走芒卯，入北宅，遂围大梁。梁大夫须贾说穰侯曰："臣闻魏之长吏谓魏王曰[②]：'昔梁惠王伐赵，战胜三梁，拔邯郸；赵氏不割，而邯郸复归。齐人攻卫，拔故国，杀子良；卫人不割，而故地复反。卫、赵之所以国全、兵劲而地不并于诸侯者，以其能忍难而重出地也。宋、中山数伐割地，而国随以亡。臣以为卫、赵可法，而宋、中山可为戒也。秦，贪戾之国也，而毋亲。蚕食魏氏，又尽晋国，战胜暴子，割八县，地未毕入，兵复出矣。夫秦何厌之有哉！今又走芒卯，入北宅，此非敢攻梁也，且劫王以求多割地，王必勿听也。今王背楚、赵而讲秦，楚、赵怒而去王，与王争事秦，秦必受之。秦挟楚、赵之兵以复攻梁，则国求无亡，不可得也。愿王之必无讲也。王若欲讲，少割而有质，不然，必见欺。'此臣之所闻于魏也，愿君之以是虑事也。《周书》曰：'惟命不于常。'此言幸之不可数也。夫战胜暴子，割八县，此非兵力之精也，又非计之工也，天幸为多矣。今又走芒卯，入北宅，以攻大梁，是以天幸自为常也[③]，智者不然。臣闻魏氏悉其百县胜甲，以上戍大梁，臣以为不下三十万。以三十万之众，守梁七仞之城，臣以为汤、武复生，不易攻也。夫轻背楚、赵之兵，陵七仞之城，战三十万之众，而志必举之，臣以为自天地始分以至于今，未尝有者也。攻而不拔，秦兵必罢[④]，陶邑必亡，则前功必弃矣！今魏氏方疑，可以少割收也。愿君逮楚、赵之兵未至于梁，亟以少割收魏。魏方疑而得以少割为利，必欲之，则君得所欲矣。楚、赵怒于魏之先己也，必争事秦，从以此散，而君后择焉。且君之得地，岂必以兵哉？割晋国，秦兵不攻，而魏必效绛、安邑。又为陶开两道，几尽故宋，卫必效单父。秦兵可全，而君制之，何索而不得，何为而不成！愿君熟虑之而无行危。”穰侯曰：“善。”乃罢梁围。

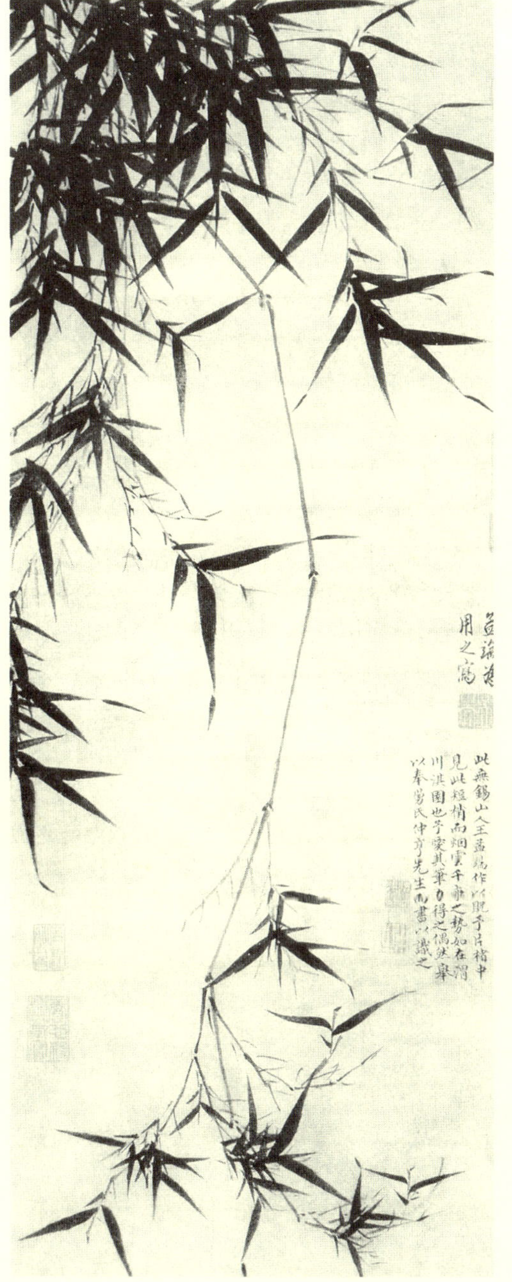

明年，魏背秦，与齐从亲。秦使穰侯伐魏，斩首四万，走魏将暴鸢，得魏三县。穰侯益封。

明年，穰侯与白起、客卿胡阳复攻赵、韩、魏，破芒卯于华阳下，斩首十万，取魏之卷、蔡阳、长社，赵氏观津。且与赵观津，益赵以兵，伐齐。齐襄王惧，使苏代为齐阴遗穰侯书曰：“臣闻往来者言曰‘秦将益赵甲四万以伐齐’。臣窃必之敝邑之王曰[⑤]：‘秦王明而熟于计，穰侯智而习于事，必不益赵甲四万以伐齐’。是何也？夫三晋之相与也，秦之深雠也。百相背也，百相欺也，不为不信，不为无行。今破齐以肥赵。赵，秦之深雠[⑥]，不利于秦。此一也。秦之谋者必曰‘破齐，弊晋、楚，而后制晋、楚之胜’。夫齐，罢国也，以天下攻齐，如以千钧之弩决溃痈也，必死，安能弊晋、楚？此二也。秦少出兵，则晋、楚不信也；多出兵，则晋、楚为制于秦。齐恐，不走秦，必走晋、楚。此三也。秦割齐以啖晋[⑦]、楚，晋、楚案之以兵，秦反受敌。此四也。是晋、楚以秦谋齐，以齐谋秦也，何晋、楚之智而秦、齐之愚？此五也。故得安邑以善事之，亦必无患矣。秦有安邑，韩氏必无上党矣。取天下之肠胃，与出兵而惧其不反也，孰利？臣故曰秦王明而熟于计，穰侯智而习于事，必不益赵甲四万以伐齐矣。”于是穰侯不行，引兵而归。

昭王三十六年，相国穰侯言客卿灶，欲伐齐取刚、寿，以广其陶邑。于是魏人范雎自谓张禄先生，讥穰侯之伐齐，乃越三晋。以攻齐也，以此时奸说秦昭王[⑧]。昭王于是用范雎。范雎言宣太后专制，穰侯擅权于诸侯，泾阳君、高陵君之属太侈，富于王室。于是秦昭王悟，乃免相国，令泾阳之属皆出关，就封邑。穰侯出关，辎车千乘有馀。

穰侯卒于陶，而因葬焉，秦复收陶为郡。

太史公曰：穰侯，昭王亲舅也。而秦所以东益地，弱诸侯，尝称帝于天下，天下皆西乡稽首者[⑨]，穰侯之功也。及其贵极富溢，一夫开说，身折势夺而以忧死，况于羁旅之臣乎？

【注释】

①昭王三十二年：即公元前275年。

②长吏：指高级官吏。

③天幸：碰上好运气。

④罢（pí）：通“疲”，疲惫。

⑤敝邑：对本国的谦称。

⑥雠：仇敌，仇人。

⑦啖：喂食，引诱。

⑧奸（gān）：通“干”。请求。

⑨稽（qǐ）首：古代最恭敬的跪拜礼。

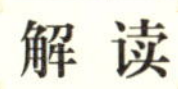

解读

本篇是战国末期秦国穰侯魏冉的专传。

魏冉是战国时秦国大臣。原为楚国人，秦昭襄王之舅，宣太后同母异父的弟弟。从惠王时起，就任职用事。昭襄王立，他受任为将军，警卫咸阳（今陕西咸阳东），因食邑在穰（今河南省邓州市），号曰穰侯。凭着与昭王的特殊关系，他在秦国独揽大权，一生四任秦相，党羽众多，深受宣太后宠信。曾保举白起为将，东向攻城略地，击败“三晋”和强楚，战绩卓著，威震诸侯。

魏冉也算是一代名将，可惜却不得善终。其最大的缺点就是过于自私，假秦国的武力专注于攻齐，夺取陶邑（今山东定陶西北），为己加封，经营自家的地盘，扩大自己的势力，这是与秦孝公之后的历代秦王着眼于统一中国的战略目标背道而驰的。

宋代文学家苏洵在《审敌》中写道：“为一身谋则愚，而为天下谋则智。”

为个人谋利益思维狭隘，为天下谋利益则思维开阔，主要原因就是，为一己私利考虑得多，就必然将一己的利益凌驾于许多人的利益之上，思维基础的变化必然导致思维结局的变化。

与魏冉不同，那些重视道义的人，能把千辆兵马的大国拱手让人，为了谋求天下人的幸福，牺牲自己的利益，这样的人永远活在百姓的心目中，为天下人所尊敬、爱戴。

王翦列传第十三

【原典】

王翦者，频阳东乡人也。少而好兵，事秦始皇。始皇十一年①，翦将攻赵阏与，破之，拔九城，十八年，翦将攻赵。岁馀，遂拔赵，赵王降，尽定赵地为郡。明年，燕使荆轲为贼于秦，秦王使王翦攻燕。燕王喜走辽东，翦遂定燕蓟而还。秦使翦子王贲击荆[2]，荆兵败。还击魏，魏王降，遂定魏地。

秦始皇既灭三晋，走燕王，而数破荆师。秦将李信者，年少壮勇，尝以兵数千逐燕太子丹至于衍水中，卒破得丹，始皇以为贤勇。于是始皇问李信："吾欲攻取荆，于将军度用几何人而足？"李信曰："不过用二十万人。"始皇问王翦，王翦曰："非六十万人不可。"始皇曰："王将军老矣，何怯也！李将军果势壮勇，其言是也。"遂使李信及蒙恬将二十万南伐荆。王翦言不用，因谢病[3]，归老于频阳。李信攻平与，蒙恬攻寝，大破荆军。信又攻鄢郢，破之，于是引兵而西，与蒙恬会城父。荆人因随之，三日三夜不顿舍，大破李信军，入两壁，杀七都尉，秦军走。

始皇闻之，大怒，自驰如频阳，见谢王翦曰："寡人以不用将军计，李信果辱秦军。今闻荆兵日进而西，将军虽病，独忍弃寡人乎！"王翦谢曰："老臣罢病悖乱[4]，唯大王更择贤将。"始皇谢曰："已矣，将军勿复言！"王翦曰："大王必不得已用臣，非六十万人不可。"始皇曰："为听将军计耳。"于是王翦将兵六十万人，始皇自送至灞上。王翦行，请美田宅园池甚众。始皇曰："将军行矣，何忧贫乎？"王翦曰："为大王将，有功终不得封侯，故及大王之乡臣，臣亦及时以请园池为子孙业耳。"始皇大笑。王翦既至关，使使还请善田者五辈。或曰："将军之乞贷，亦已甚矣。"王翦曰："不然。夫秦王怚而不信人[5]。今空秦国甲士而专委于我，我不多请田宅为子孙业以自坚，顾令秦王坐而疑我邪？"

王翦果代李信击荆。荆闻王翦益军而来，乃悉国中兵以拒秦。王翦至，坚壁而守之，不肯战。荆兵数出挑战，终不出。王翦日休士洗沐[6]，而善饮食抚循之，亲与士卒同食。久之，王翦使人问军中戏乎？对曰："方投石超距。"于是王翦曰："士卒可用矣。"荆数挑战而秦不出，乃引而东。翦因举兵追之，令壮士击，大破荆军。至蕲南，杀其将军项燕，荆兵遂败走。秦因乘胜略定荆地城邑。岁馀，虏荆王负刍，竟平荆地为郡县。因南征百越之君。而王翦子王贲，与李信破定燕、齐地。

秦始皇二十六年，尽并天下，王氏、蒙氏功为多，名施于后世[7]。

【注释】

①始皇十一年：公元前236年。

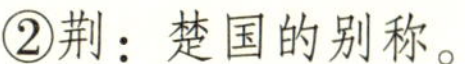

②荆：楚国的别称。

③谢病：推脱有病。

④罢（pí）：通“疲”。疲乏。

⑤忸：粗暴。

⑥休士洗沐：让士兵休整洗浴。

⑦施（yì）：延续。

解读

王翦，战国末期秦国著名战将，与其子王贲一并成为秦始皇兼灭六国的最大功臣。他杰出的军事指挥才能使其与白起、李牧、廉颇并列为战国四大名将。

秦国派兵进攻楚国，秦军由于过于轻敌，被楚军在城府发动突然袭击，大败而还。败报呈给秦王嬴政，嬴政大怒，令老将王翦再次率师出征，务必大破楚军以雪前耻。

王翦战前三番五次地请求封赏，但是秦王却一点也没有怪罪的意思，反而每次都欣然应允。王翦在取得秦王对自己的信任后，放开手脚与楚军周旋，最终得以击破楚军灭亡楚国，凯旋回朝。

手握重兵的将帅对王权的威胁实在是太大了，所以有见识的帝王对军队的控制都是非常严格的，绝对不会轻易地把兵权下放。

虽然秦王不得已把全国军队都交给了王翦率领，但心里其实对王翦不可能真正放心，必然时刻进行窥探和提防。王翦稍有不慎，就会遭来灭门人祸。因此王翦才竭力显示出自己只不过是贪妻恋子、庸庸碌碌的一介武夫，让秦王大放其心，自己才得以统兵安然而去，安然而回。

无数事实证明，上司和下属之间必须相互信任才能同心协力共同完成任务。如果上司总是怀疑下属心有异志的话，彼此相互掣肘必然导致一事无成。手握重权的下属为免除上司对自己的猜忌，不妨故意显示出一些常人所具有的小毛病和小算计，以显示自己胸无大志，没有觊觎上司地位的野心。

所谓“难得糊涂”，在必要的时候犯点糊涂装装傻，实在是一种令人叹服的做人哲学。

孟子列传第十四

【原典】

太史公曰：余读《孟子》书，至梁惠王问“何以利吾国”，未尝不废书而叹也[①]。曰：嗟乎，利诚乱之始也！夫子罕言利者，常防其原也。故曰“放于利而行，多怨”。自天子至于庶人，好利之弊何以异哉！

孟轲，驺人也。受业子思之门人。道既通[②]，游事齐宣王，宣王不能用。适梁，梁惠王不果所言，则见以为迂远而阔于事情。当是之时，秦用商君，富国强兵；楚、魏用吴起，战胜弱敌；齐威王、宣王用孙子、田忌之徒，而诸侯东面朝齐。天下方务于合从连衡[③]，以攻伐为贤，而孟轲乃述唐、虞、三代之德，是以所如者不合。退而与万章之徒序《诗》《书》，述仲尼之意，作《孟子》七篇。其后有驺子之属[④]。

齐有三驺子。其前驺忌，以鼓琴干威王，因及国政，封为成侯而受相印，先孟子。其次驺衍，后孟子。驺衍睹有国者益淫侈，不能尚德，若大雅整之于身[⑤]，施及黎庶矣。乃深观阴阳消息而作怪迂之变，《终始》《大圣》之篇十馀万言。其语闳大不经，必先验小物，推而大之，至于无垠。先序今以上至黄帝，学者所共术[⑥]，大并世盛衰，因载其禨祥度制[⑦]，推而远之，至天地未生，窈冥不可考而原也[⑧]。先列中国名山大川，通谷禽兽，水土所殖，物类所珍，因而推之，及海外人之所不能睹。称引天地剖判以来，五德转移，治各有宜，而符应若兹。以为儒者所谓中国者，于天下乃八十一分居其一分耳。中国名曰赤县神州。赤县神州内自有九州，禹之序九州是也，不得为州数。中国外如赤县神州者九，乃所谓九州也。于是有裨海环之[⑨]，人民禽兽莫能相通者，如一区中者，乃为一州。如此者九，乃有大瀛海环其外，天地之际焉。其术皆此类也。然要其归，必止乎仁义节俭，君臣上下六亲之施始也滥耳。王公大人初见其术，惧然顾化，其后不能行之。

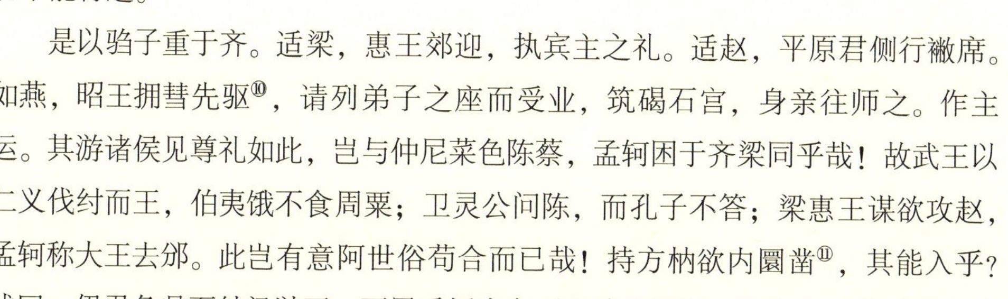

是以驺子重于齐。适梁，惠王郊迎，执宾主之礼。适赵，平原君侧行襒席。如燕，昭王拥彗先驱⑩，请列弟子之座而受业，筑碣石宫，身亲往师之。作主运。其游诸侯见尊礼如此，岂与仲尼菜色陈蔡，孟轲困于齐梁同乎哉！故武王以仁义伐纣而王，伯夷饿不食周粟；卫灵公问陈，而孔子不答；梁惠王谋欲攻赵，孟轲称大王去邠。此岂有意阿世俗苟合而已哉！持方枘欲内圜凿⑪，其能入乎？或曰，伊尹负鼎而勉汤以王，百里奚饭牛车下而穆公用霸，作先合，然后引之大道。驺衍其言虽不轨，傥亦有牛鼎之意乎？

自驺衍与齐之稷下先生⑫，如淳于髡、慎到、环渊、接子、田骈、驺奭之徒，各著书言治乱之事，以干世主，岂可胜道哉！

【注释】

①废：放下。

②道：指孔道。

③务：致力。

④驺：姓。

⑤大雅：《诗经》的组成部分之一，多是西周王室贵族的作品。

⑥术：通“述”。述说。

⑦禨祥：泛指吉凶。

⑧窈冥：深幽，奥妙。

⑨裨（pí）海：比较小的海。

⑩拥彗（huì）先驱：拿着扫帚清扫道路为他作先导。

⑪持方枘（ruì）欲内圜（yuán）凿：拿着方榫头想要放入圆榫眼。

⑫稷下先生：指战国时齐宣王在国都临淄稷门一带设置学宫所招揽的诸多文学游说之士。

解读

一开篇，司马迁就说：我读《孟子》，每当读到梁惠王问“怎样才对我的国家有利”时，总不免放下书本而有所感叹。又说：谋利的确是一切祸乱的开始呀！孔夫子极少讲利的问题，其原因就是经常防备这个祸乱的根源。所以他说

“依据个人的利益而行动，会招致很多怨恨”。上自天子下至平民，自私好利的弊病都存在，有什么不同呢？

人的自私本性决定了人的行为，大多数人所作所为都必然是从自己的利益出发。但一部分人因权势或际遇而觉得自己可以无所顾忌地去追逐私利、聚敛民财，进而走向骄奢，以致最终因私心无度而引火烧身；但有一些堪称君子的人，无论何时都能自律有度，他们不仅一生平安顺达，而且还能够创建功业，留下美名。

人都有私心，为自己谋求利益也有其合理合法性，但这些都必须是有限度的，在古代“度”是人性容忍的底线，在今天就是法律的范围。否则，一旦人的私欲决堤泛滥，以致侵害到别人，甚至严重触犯法度，那么，必然会遭到怨恨和惩处。古往今来，因私欲太盛而招致祸患的例子，不胜枚举。这种教训是值得人们在现实中引以为戒的。

孟尝君列传第十五

【原典】

孟尝君在薛，招致诸侯宾客及亡人有罪者[①]，皆归孟尝君。孟尝君舍业厚遇之，以故倾天下之士。食客数千人，无贵贱一与文等。孟尝君待客坐语，而屏风后常有侍史[②]，主记君所与客语，问亲戚居处。客去，孟尝君已使使存问，献遗其亲戚[③]。孟尝君曾待客夜食，有一人蔽火光。客怒，以饭不等，辍食辞去。孟尝君起，自持其饭比之。客惭，自刭[④]。士以此多归孟尝君。孟尝君客无所择，皆善遇之。人人各自以为孟尝君亲己。

秦昭王闻其贤，乃先使泾阳君为质于齐，以求见孟尝君。孟尝君将入秦，宾客莫欲其行，谏，不听。苏代谓曰：“今旦代从外来，见木禺人与土禺人相与语[⑤]。木禺人曰：‘天雨，子将败矣。’土禺人曰：‘我生于土，败则归土。今天雨，流子而行，未知所止息也。’今秦，虎狼之国也，而君欲往，如有不得还，君得无为土禺人所笑乎？”孟尝君乃止。

齐湣王二十五年，复卒使孟尝君入秦，昭王即以孟尝君为秦相。人或说秦昭王曰：“孟尝君贤，而又齐族也，今相秦，必先齐而后秦，秦其危矣。”于是秦昭王乃止。囚孟尝君，谋欲杀之。孟尝君使人抵昭王幸姬求解。幸姬曰：“妾愿得君狐白裘。”此时孟尝君有一狐白裘，直千金，天下无双，入秦献之昭王，更无他裘。孟尝君患之，遍问客，莫能对。最下坐有能为狗盗者，曰：“臣能得狐白裘。”乃夜为狗，以入秦宫臧中⑥，取所献狐白裘至，以献秦王幸姬。幸姬为言昭王，昭王释孟尝君。孟尝君得出，即驰去，更封传，变名姓以出关。夜半至函谷关。秦昭王后悔出孟尝君，求之已去，即使人驰传逐之。孟尝君至关，关法鸡鸣而出客，孟尝君恐追至，客之居下坐者有能为鸡鸣，而鸡齐鸣，遂发传出。出如食顷，秦追果至关，已后孟尝君出，乃还。始孟尝君列此二人于宾客，宾客尽羞之，及孟尝君有秦难，卒此二人拔之。自是之后，客皆服。

【注释】

①亡人：在外逃亡的人。

②侍史：古代为官员、贵族办理文书的侍从人员。

③献遗：恭敬地赠送。

④刭：用刀割脖子。

⑤木禺（oǔ）人：木制的偶像。这里用以比喻孟尝君。土禺人用以比喻泾阳君。

⑥臧：通“藏”。贮藏财物的仓库。

解读

孟尝君即田文，是齐国宰相田婴的庶子，以其机警锋利的言谈博得田婴的赏识，取得太子地位后承袭了田婴的封爵。孟尝君门下养了食客几千人，个个都很有本事，文能通今博古，武能斩关夺寨，但也有少数市井无赖混在其中。孟尝君平时一向善待手下门客，即使对那些所谓的市井无赖，比如做贼、杂耍的，他也能不分贵贱、一视同仁，平等地看待他们，因此，门客对孟尝君都颇为感激，十分愿意为他效力。

如果孟尝君的手下没有这些鸡鸣狗盗之徒，恐怕他逃不出秦王的掌控。孟尝君平时不分流品、平等待人的用人之策在这里大见功效。

对人要一视同仁，既不论出身，也不要用有色眼镜和偏见去看待人。这是因为人是多种多样的，不可因自己的喜好而顾此失彼。有人对蒋家王朝四大家族之一的孔祥熙的用人之道做过总结说："孔氏用人，善善而不能用，或虽用而仍故掣其肘，不尽其才；恶恶而不能去，或虽去而仍藕断丝连，不种仇恨。"用人的中庸之术，不可不学，不得不学。当今的领导者，也应注意运用这种不拘一格降人才的用人之术，它随时都可能使你大受其益。

圣人尚有欠缺，何况凡人？事必躬亲，则不可能成大事。其结果往往是事事无成。我们应该学会善于借助他人的力量，唯有善于借助他人的力量，自己才有更多的时间和精力处理更重要的事情。为人处世不能以自己的智慧代替所有人的聪明才智，要充分借助他人的力量来协助自己开展工作，懂得如何借力，针对不同的人用不同的方法，从而借人之力为己之力，这才是真正高明的处世之道。

在我们这个世界上，互相借助无处不在。这一点在春秋战国时期各国的结盟状况上体现得尤为明显。要懂得使用借力来保全自己，懂得没有永恒的敌人！如果你把两棵植物紧挨着栽种的话，它们的根部就会互相纠缠，从而改善土质，两棵植物都比单独栽种生长得更加粗壮。而如果把两根木头捆在一块儿，它们所能担负的重量要大大超过各自所能承担的重量之和。整体大于各部分之和，一加一等于三，甚至更多。物犹如此，何况人呢？

平原君列传第十六

【原典】

秦之围邯郸，赵使平原君求救，合从于楚，约与食客门下有勇力文武备具者二十人偕。平原君曰："使文能取胜，则善矣。文不能取胜，则歃（shà）血于华屋之下[①]，必得定从而还。士不外索，取于食客门下足矣。"得十九人，馀无可取者，无以满二十人。门下有毛遂者，前，自赞于平原君曰[②]："遂闻君将合

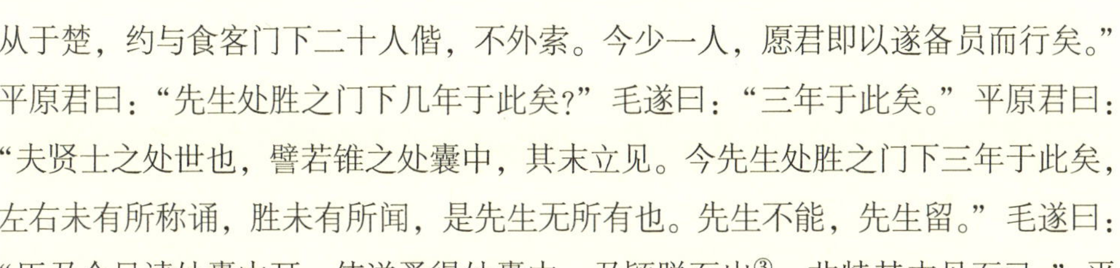

从于楚，约与食客门下二十人偕，不外索。今少一人，愿君即以遂备员而行矣。”平原君曰：“先生处胜之门下几年于此矣？”毛遂曰：“三年于此矣。”平原君曰：“夫贤士之处世也，譬若锥之处囊中，其末立见。今先生处胜之门下三年于此矣，左右未有所称诵，胜未有所闻，是先生无所有也。先生不能，先生留。”毛遂曰：“臣乃今日请处囊中耳。使遂蚤得处囊中，乃颖脱而出③，非特其末见而已。”平原君竟与毛遂偕。十九人相与目笑之而未废也。

毛遂比至楚，与十九人论议，十九人皆服。平原君与楚合从，言其利害，日出而言之，日中不决。十九人谓毛遂曰：“先生上。”毛遂按剑历阶而上④，谓平原君曰：“从之利害，两言而决耳。今日出而言从，日中不决，何也？”楚王谓平原君曰：“客何为者也？”平原君曰：“是胜之舍人也。”楚王叱曰：“胡不下！吾乃与而君言，汝何为者也！”毛遂按剑而前曰：“王之所以叱遂者，以楚国之众也。今十步之内，王不得恃楚国之众也，王之命县于遂手。吾君在前，叱者何也？且遂闻汤以七十里之地王天下，文王以百里之壤而臣诸侯，岂其士卒众多哉，诚能据其势而奋其威。今楚地方五千里，持戟百万，此霸王之资也。以楚之强，天下弗能当。白起，小竖子耳，率数万之众，兴师以与楚战，一战而举鄢郢，再战而烧夷陵，三战而辱王之先人。此百世之怨而赵之所羞，而王弗知恶焉。合从者为楚，非为赵也。吾君在前，叱者何也？”楚王曰：“唯唯，诚若先生之言，谨奉社稷而以从。”毛遂曰：“从定乎？”楚王曰：“定矣。”毛遂谓楚王之左右曰：“取鸡狗马之血来。”毛遂奉铜盘而跪进之楚王曰：“王当歃血而定从，次者吾君⑤，次者遂。”遂定从于殿上。毛遂左手持盘血而右手招十九人曰：“公相与歃此血于堂下。公等录录⑥，所谓因人成事者也。”

平原君已定从而归，归至于赵，曰：“胜不敢复相士。胜相士多者千人，寡者百数，自以为不失天下之士，今乃于毛先生而失之也。毛先生一至楚，而使赵重于九鼎大吕⑦。毛先生以三寸之舌，强于百万之师。胜不敢复相士。”遂以为上客。

【注释】

①歃血：古代举行盟会时，以口微吸盘中牲畜之血，以表示诚意。

②自赞：自我推荐。

③颖：原指禾穗的芒，这里指锥锋。

④历阶：不停足地连续登阶，形容急速。

⑤次者吾君：其次是我的主人平原君。

⑥录录：通“碌碌”。平庸，无特殊能力。

⑦九鼎大吕：形容极贵重的宝物。

解读

这篇传记脍炙人口，但其亮点并不在平原君赵胜身上，而是因为毛遂自荐的故事。

毛遂是战国末期大梁人，身为赵公子平原君赵胜的门客，居平原君处三年未得崭露锋芒。然而公元前 257 年，也就是赵孝成王九年，他自荐与平原君一同出使楚国，促成楚、赵合纵，声威大震，并获得了“三寸之舌，强于百万之师”的美誉。

若不是毛遂在关键时刻主动挺身而出，那么平原君可能永远都不知道自己手下还有这样出众的人才。看来，一个真正有才学的人不能光靠明主的赏识，毕竟千里马常有，但伯乐不常有，在必要的时候自我推荐还是很重要的。

魏公子列传第十七

【原典】

魏公子无忌者，魏昭王少子而魏安厘王异母弟也。昭王薨，安厘王即位，封公子为信陵君。是时范雎亡魏相秦，以怨魏齐故，秦兵围大梁，破魏华阳下军，走芒卯[①]。魏王及公子患之。

公子为人仁而下士，士无贤不肖皆谦而礼交之，不敢以其富贵骄士。士以此方数千里争往归之，致食客三千人。当是时，诸侯以公子贤，多客，不敢加兵谋魏十馀年。

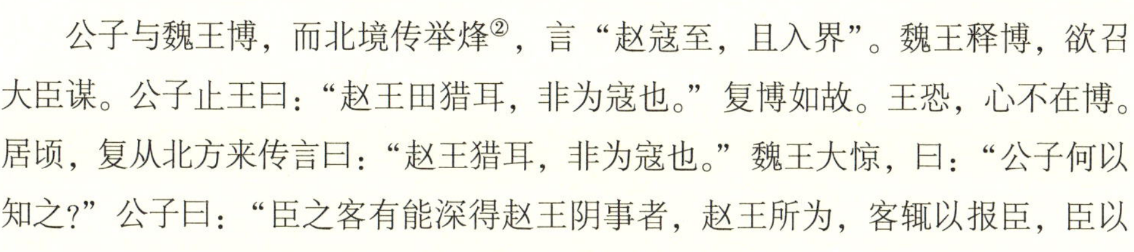

公子与魏王博，而北境传举烽[2]，言“赵寇至，且入界”。魏王释博，欲召大臣谋。公子止王曰：“赵王田猎耳，非为寇也。”复博如故。王恐，心不在博。居顷，复从北方来传言曰：“赵王猎耳，非为寇也。”魏王大惊，曰：“公子何以知之？”公子曰：“臣之客有能深得赵王阴事者，赵王所为，客辄以报臣，臣以此知之。”是后魏王畏公子之贤能，不敢任公子以国政。

魏有隐士曰侯嬴，年七十，家贫，为大梁夷门监者[3]。公子闻之，往请，欲厚遗之。不肯受，曰：“臣脩身絜行数十年[4]，终不以监门困故而受公子财。”公子于是乃置酒大会宾客。坐定，公子从车骑，虚左，自迎夷门侯生[5]。侯生摄弊衣冠，直上载公子上坐，不让，欲以观公子。公子执辔愈恭。侯生又谓公子曰：“臣有客在市屠中，愿枉车骑过之。”公子引车入市，侯生下见其客朱亥，俾倪[6]，故久立与其客语，微察公子。公子颜色愈和。当是时，魏将相宗室宾客满堂，待公子举酒。市人皆观公子执辔[7]。从骑皆窃骂侯生。侯生视公子色终不变，乃谢客就车。至家，公子引侯生坐上坐，遍赞宾客，宾客皆惊。酒酣，公子起，为寿侯生前。侯生因谓公子曰：“今日嬴之为公子亦足矣。嬴乃夷门抱关者也[8]，而公子亲枉车骑，自迎嬴于众人广坐之中，不宜有所过，今公子故过之。然嬴欲就公子之名，故久立公子车骑市中，过客以观公子，公子愈恭。市人皆以嬴为小人，而以公子为长者能下士也。”于是罢酒，侯生遂为上客。

侯生谓公子曰：“臣所过屠者朱亥，此子贤者，世莫能知，故隐屠间耳。”公子往数请之，朱亥故不复谢，公子怪之。

魏安厘王二十年[9]，秦昭王已破赵长平军，又进兵围邯郸。公子姊为赵惠文王弟平原君夫人，数遗魏王及公子书，请救于魏。魏王使将军晋鄙将十万众救赵。秦王使使者告魏王曰：“吾攻赵旦暮且下，而诸侯敢救者，已拔赵，必移兵先击之。”魏王恐，使人止晋鄙，留军壁邺，名为救赵，实持两端以观望[10]。平原君使者冠盖相属于魏，让魏公子曰：“胜所以自附为婚姻者，以公子之高义，为能急人之困。今邯郸旦暮降秦而魏救不至，安在公子能急人之困也！且公子纵轻胜，弃之降秦，独不怜公子姊邪？”公子患之，数请魏王，及宾客辩士说王万端[11]。魏王畏秦，终不听公子。公子自度终不能得之于王，计不独生而令赵亡，乃请宾客，约车骑百馀乘，欲以客往赴秦军，与赵俱死。

行过夷门，见侯生，具告所以欲死秦军状。辞决而行，侯生曰："公子勉之矣，老臣不能从。"公子行数里，心不快，曰："吾所以待侯生者备矣，天下莫不闻，今吾且死而侯生曾无一言半辞送我，我岂有所失哉？"复引车还，问侯生。侯生笑曰："臣固知公子之还也。"曰："公子喜士，名闻天下。今有难，无他端而欲赴秦军，譬若以肉投馁虎[12]，何功之有哉？尚安事客？然公子遇臣厚，公子往而臣不送，以是知公子恨之复返也。"公子再拜，因问。侯生乃屏人间语，曰："嬴闻晋鄙之兵符常在王卧内[13]，而如姬最幸，出入王卧内，力能窃之。嬴闻如姬父为人所杀，如姬资之三年，自王以下欲求报其父仇，莫能得。如姬为公子泣，公子使客斩其仇头，敬进如姬。如姬之欲为公子死，无所辞，顾未有路耳。公子诚一开口请如姬，如姬必许诺，则得虎符夺晋鄙军，北救赵而西却秦，此五霸之伐也。"公子从其计，请如姬。如姬果盗晋鄙兵符与公子。

公子行，侯生曰："将在外，主令有所不受，以便国家。公子即合符，而晋鄙不授公子兵而复请之，事必危矣。臣客屠者朱亥可与俱，此人力士。晋鄙听，大善；不听，可使击之。"于是公子泣。侯生曰："公子畏死邪？何泣也？"公子曰："晋鄙嚄唶宿将[14]，往恐不听，必当杀之，是以泣耳，岂畏死哉？"于是公子请朱亥。朱亥笑曰："臣乃市井鼓刀屠者，而公子亲数存之，所以不报谢者，以为小礼无所用。今公子有急，此乃臣效命之秋也。"遂与公子俱。公子过谢侯生。侯生曰："臣宜从，老不能。请数公子行日，以至晋鄙军之日，北乡自刭，以送公子。"公子遂行。

至邺，矫魏王令代晋鄙。晋鄙合符，疑之，举手视公子曰："今吾拥十万之众，屯于境上，国之重任，今单车来代之，何如哉？"欲无听。朱亥袖四十斤铁锤，锤杀晋鄙，公子遂将晋鄙军。勒兵下令军中曰："父子俱在军中，父归；兄弟俱在军中，兄归；独子无兄弟，归养。"得选兵八万人，进兵击秦军。秦军解去，遂救邯郸，存赵。赵王及平原君自迎公子于界，平原君负韊矢为公子先引[15]。赵王再拜曰："自古贤人未有及公子者也。"当此之时，平原君不敢自比于人。公子与侯生决，至军，侯生果北乡自刭。

【注释】

①走芒卯：使芒卯战败而逃。

②举烽：发出警报。

③夷门：大梁城的东门。

④脩：通“修”。絜：通“洁”。

⑤侯生：即侯嬴。生，“先生”的简称。

⑥俾倪：同“睥睨”，眼睛斜着看。

⑦执辔：握着驾车的马缰绳。

⑧抱关者：抱门插关的人。

⑨魏安厘王二十年：公元前257年。

⑩持两端：采取动摇不定的两面倒的策略。

⑪万端：各个方面，各种办法。

⑫馁虎：饥饿的老虎。

⑬兵符：古代调发军队的凭证。

⑭嚄（huò）唶（zé）宿将：勇猛强悍，富有经验的老将。嚄唶，大声呼叫。形容勇猛。

⑮负韊（lán）矢：背着盛满箭支的囊袋。韊，盛箭的囊袋。

解读

魏公子即信陵君，是“战国四公子”之一。他名冠诸侯，声震天下，其道德品质和修养远远超过齐国的孟尝君、赵国的平原君、楚国的春申君。

要说信陵君的功绩，离不开侯嬴这个人。信陵君能够招揽到侯嬴，真可谓获益匪浅。首先，在大庭广众之下，信陵君亲自驾驶马车迎接侯嬴，并在闹市站了很久，让市人围观，实际上成就了自己礼贤下士的美名；其次，侯嬴后来还向信陵君举荐了朋友朱亥，并和朱亥一起帮助信陵君完成了击退秦军的壮举，成就了信陵君的事业。

人际交往中，一个人道德品质和修养的高下，是决定与他人相处得好与坏的重要因素。道德品质高尚，个人修养好，就容易赢得他人的信任与友谊；如果不注重个人道德品质修养，就难以处理好与他人的关系，交不到真心朋友。我们身边就不乏这样的人：有的人处处自我感觉良好，盛气凌人；还有的人一事当前往往从一己私利出发，见到好处就争抢，遇到问题就相互推诿，甚至给别人拆台。

这些人生活中之所以难有朋友，归根结底，就是在自身道德品质和个人修养方面出了问题。

也许有人觉得，有些人道德品质不好，个人修养难以恭维，身边不是同样有许多朋友吗？其实这种所谓的“朋友”并非真朋友，而是“伪朋友”。别人与他交往不是冲着他的人品人格去的，而是奔着他的权势而去，是为了相互利用以达到个人目的，充其量只是“势利之交”。一旦其丧失了权力地位，没有了利用价值后，那些所谓的“挚友”也就会弃他而去。所以说，要想收获真正的友谊，拥有真正的朋友，最终要靠良好的个人思想道德修养，只有用高尚道德修养赢得的友谊和感情才是真诚的，才会历久弥坚。

有德之人总是按照良心法则去做人做事，从而能赢得人心。一个人能够赢得人心，周围就会有一大批朋友。朋友是帮助你走向成功的资本。中国有句俗话：“在家靠父母，出门靠朋友。”这里所说的“靠”，不是依靠，而是大家靠在一起，不把自己孤立封闭。这样，才能风调雨顺，马到成功。有德之人具有极大的感应力与亲和力，根本无需去刻意寻找，自然就会有人来找你，来帮助你！

春申君列传第十八

【原典】

楚考烈王无子，春申君患之，求妇人宜子者进之，甚众，卒无子。赵人李园持其女弟，欲进之楚王，闻其不宜子，恐久毋宠。李园求事春申君为舍人，已而谒归，故失期。还谒，春申君问之状，对曰：“齐王使使求臣之女弟①，与其使者饮，故失期。”春申君曰：“娉入乎②？”对曰：“未也。”春申君曰：“可得见乎？”曰：“可。”于是李园乃进其女弟，即幸于春申君。知其有身，李园乃与其女弟谋。园女弟承间以说春申君曰：“楚王之贵幸君，虽兄弟不如也。今君相楚

二十馀年，而王无子，即百岁后将更立兄弟，则楚更立君后，亦各贵其故所亲，君又安得长有宠乎？非徒然也，君贵用事久，多失礼于王兄弟，兄弟诚立，祸且及身，何以保相印江东之封乎？今妾自知有身矣，而人莫知。妾幸君未久，诚以君之重而进妾于楚王，王必幸妾；妾赖天有子男，则是君之子为王也，楚国尽可得，孰与身临不测之罪乎？”春申君大然之，乃出李园女弟谨舍[③]，而言之楚王。楚王召入幸之，遂生子男，立为太子，以李园女弟为王后。楚王贵李园，园用事。

李园既入其女弟，立为王后，子为太子，恐春申君语泄而益骄，阴养死士，欲杀春申君以灭口，而国人颇有知之者。

春申君相二十五年，楚考烈王病。朱英谓春申君曰：“世有毋望之福[④]，又有毋望之祸。今君处毋望之世，事毋望之主，安可以无毋望之人乎？”春申君曰：“何谓毋望之福？”曰：“君相楚二十馀年矣，虽名相国，实楚王也。今楚王病，旦暮且卒，而君相少主，因而代立当国，如伊尹、周公，王长而反政，不即遂南面称孤而有楚国？此所谓毋望之福也。”春申君曰：“何谓毋望之祸？”曰：“李园不治国而君之仇也，不为兵而养死士之日久矣，楚王卒，李园必先入据权而杀君以灭口。此所谓毋望之祸也。”春申君曰：“何谓毋望之人？”对曰：“君置臣郎中，楚王卒，李园必先入，臣为君杀李园。此所谓毋望之人也。”春申君曰：“足下置之，李园，弱人也，仆又善之，且又何至此！”朱英知言不用，恐祸及身，乃亡去。

后十七日，楚考烈王卒，李园果先入，伏死士于棘门之内。春申君入棘门，园死士侠刺春申君[⑤]，斩其头，投之棘门外。于是遂使吏尽灭春申君之家。而李园女弟初幸春申君有身而入之王所生子者遂立，是为楚幽王。

是岁也，秦始皇帝立九年矣[⑥]。嫪毐亦为乱于秦，觉，夷其三族，而吕不韦废。

太史公曰：吾适楚，观春申君故城，宫室盛矣哉！初，春申君之说秦昭王，及出身遣楚太子归，何其智之明也！后制于李园，旄矣[⑦]。语曰：“当断不断，反受其乱。”春申君失朱英之谓邪？

【注释】

①女弟：妹妹。

②娉：通“聘”。以礼物订婚。

③谨舍：严密地安排住所。

④毋望：不期而至，无常。

⑤侠：通“夹”。从两侧夹住。

⑥秦始皇帝立九年：公元前238年。

⑦旄（mào）：通“耄”。年老，糊涂。

解读

春申君是战国四大公子之一，是楚国的贵族。楚考烈王即位之后，他出任楚国的令尹。考烈王五十五年，他离开淮北十二个县的封地，被改封于吴，号春申君。后因贪图女色和富贵而中李园圈套被谋杀。

李园煞费苦心设计这场阴谋的最终目的，是想通过楚国王位的传承来控制楚国的大权。他深知，了解事实真相与内幕的除了他的妹妹之外，只有春申君；而对他最有威胁的也是春申君，因为这个未来的楚王是春申君的亲骨肉。李园决定秘密蓄养杀手，伺机暗杀春申君以灭口。他的这一密谋尽管秘而未宣，却仍然为楚国的一些有识之士所察觉。

考烈王卧病十七天之后死去，楚国在一片悲哀的气氛中兴起了宫廷血祸。

李园在楚王死后，即率先抢入宫廷，命令昔日蓄养的敢死之士埋伏在宫城门口，等待闻讯而来奔丧的春申君。春申君刚入宫城，李园手下的将士即将他刺死，割下他的头抛掷在城外。接着，李园又派人斩草除根，捕杀了春申君全家。春申君的祸事，是他不知道忍耐声色招来的。如果当初不是贪恋李园妹妹的姿色，怎么会上了李园的当，中了他的计？李园是个很有野心的阴谋家，仅仅凭着一个略有几分姿色的妹妹，就蒙蔽了春申君和楚王，而夺得楚国的大权。

世间的美丽通常都带有几分危险，正如那些最美丽的花朵往往都带有最致命的毒液。前世之事，后世之师。面对一幕幕因贪色而引发的悲剧，希望大家都能给自己足够的警醒：色不可贪，贪者必败！

范雎列传第十九

【原典】

秦王乃拜范雎为相。收穰侯之印，使归陶，因使县官给车牛以徙，千乘有馀。到关，关阅其宝器，宝器珍怪多于王室。

秦封范雎以应，号为应侯。当是时，秦昭王四十一年也[①]。

范雎既相秦，秦号曰张禄，而魏不知，以为范雎已死久矣。魏闻秦且东伐韩、魏，魏使须贾于秦。范雎闻之，为微行，敝衣閒步之邸，见须贾。须贾见之而惊曰："范叔固无恙乎！"范雎曰："然。"须贾笑曰："范叔有说于秦邪？"曰："不也。雎前日得过于魏相，故亡逃至此，安敢说乎！"须贾曰："今叔何事？"范雎曰："臣为人庸赁[②]。"须贾意哀之，留与坐饮食，曰："范叔一寒如此哉！"乃取其一绨袍以赐之[③]。须贾因问曰："秦相张君，公知之乎？吾闻幸于王，天下之事皆决于相君。今吾事之去留在张君。孺子岂有客习于相君者哉？"范雎曰："主人翁习知之。唯雎亦得谒，雎请为见君于张君。"须贾曰："吾马病，车轴折，非大车驷马，吾不出。"范雎曰："愿为君借大车驷马于主人翁。"

范雎归取大车驷马，为须贾御之，入秦相府。府中望见，有识者皆避匿。须贾怪之。至相舍门，谓须贾曰："待我，我为君先入通于相君。"须贾待门下，持车良久，问门下曰："范叔不出，何也？"门下曰："无范叔。"须贾曰："乡者与我载而入者。"门下曰："乃吾相张君也。"须贾大惊，自知见卖，乃肉袒膝行，因门下人谢罪。于是范雎盛帷帐，侍者甚众，见之。须贾顿首言死罪，曰："贾不意君能自致于青云之上，贾不敢复读天下之书，不敢复与天下之事。贾有汤镬之罪[④]，请自屏于胡貉之地，唯君死生之！"范雎曰："汝罪有几？"

曰："擢贾之发以续贾之罪，尚未足。"范雎曰："汝罪有三耳。昔者楚昭王时而申包胥为楚却吴军，楚王封之以荆五千户，包胥辞不受，为丘墓之寄于荆也。今雎之先人丘墓亦在魏[⑤]，公前以雎为有外心于齐而恶雎于魏齐，公之罪一也。当魏齐辱我于厕中，公不止，罪二也。更醉而溺我，公其何忍乎？罪三矣。然公之所以得无死者，以绨袍恋恋，有故人之意，故释公。"乃谢罢。入言之昭王，罢归须贾。

须贾辞于范雎，范雎大供具，尽请诸侯使，与坐堂上，食饮甚设。而坐须贾于堂下，置莝豆其前[⑥]，令两黥徒夹而马食之。数曰："为我告魏王，急持魏齐头来！不然者，我且屠大梁。"须贾归，以告魏齐。魏齐恐，亡走赵，匿平原君所。

范雎既相，王稽谓范雎曰："事有不可知者三，有不奈何者亦三。宫车一日晏驾，是事之不可知者一也。君卒然捐馆舍，是事之不可知者二也。使臣卒然填沟壑，是事之不可知者三也。宫车一日晏驾，君虽恨于臣，无可奈何。君卒然捐馆舍，君虽恨于臣，亦无可奈何。使臣卒然填沟壑[⑦]，君虽恨于臣，亦无可奈何。"范雎不怿，乃入言于王曰："非王稽之忠，莫能内臣于函谷关；非大王之贤圣，莫能贵臣。今臣官至于相，爵在列侯，王稽之官尚止于谒者，非其内臣之意也。"昭王召王稽，拜为河东守，三岁不上计。又任郑安平，昭王以为将军。范雎于是散家财物，尽以报所尝困厄者。一饭之德必偿，睚眦之怨必报[⑧]。

【注释】

①秦昭王四十一年：即公元前266年。

②庸赁：受雇用的差役。

③绨袍：粗丝袍。

④汤镬：古代的一种酷刑，把人煮杀。

⑤丘墓：这里指祖坟。

⑥莝（cuò）豆：铡碎的草和豆子拌在一起的饲料。

⑦卒然：突然。卒，通“猝”。

⑧睚眦：发怒时瞪眼。

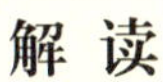

解读

范雎很有口才，他被逐出魏国之后，仍运用能言善辩的口才，跑到秦国去，向秦昭王游说。

范雎害怕让人知道他是被魏国逐出的，所以改名换姓，自称是张禄，向秦昭王建议远交近攻的政策。秦昭王认为范雎的政策很妥善，于是把范雎留在秦国拜为上卿。

后来，范雎能够时常接近秦王，而且所建议的政策，秦王都认为可行，在实施之后又收到良好的效果，于是就被封为秦国的丞相。

范雎因为在秦国得意，便成为有财有势的大人物，认为自己也应该清算旧账了。凡从前对他有恩惠的人，虽然所施的恩惠只是给他吃一顿饭，范雎也重重酬谢；对于从前对他有嫌怨的人，虽然嫌怨的程度只是张目忤视一下，他也不放过，便要实施报复。

这就是范雎最大的缺点：“一饭之德必偿，睚眦之怨必报。”睚眦必报，指的是像瞪一下眼睛那样极小的怨仇也要报复。比喻一个人的心胸极为狭窄。

仰天吐唾沫，本想弄脏天空，没想到却弄脏了自己的脸庞。逆风扬尘土，原想向风宣泄愤怒，没想到自己却被尘埃迷了眼。害人反害己。同样，对别人抱有愤恨也如仰天而唾、逆风扬尘，最终也会伤害到自己。

唾面自干，绝不是软弱，而是最大的宽容。

生气，是拿别人的错误惩罚自己。宽容别人，有时就是爱护自己。给别人阳光，并不会增加自己的阴影。

怨恨不是篮球，不要追着跑；不是橄榄球，不要追着抢；也不是乒乓球，不要推来打去。对待怨恨，应该如打高尔夫球，打得越远越好。

乐毅列传第二十

【原典】

乐毅留徇齐五岁，下齐七十馀城，皆为郡县以属燕，唯独莒、即墨未服。会燕昭王死，子立为燕惠王。惠王自为太子时尝不快于乐毅，及即位，齐之田单闻之，乃纵反间于燕，曰："齐城不下者两城耳。然所以不早拔者，闻乐毅与燕新王有隙[①]，欲连兵且留齐，南面而王齐。齐之所患，唯恐他将之来。"于是燕惠王固已疑乐毅，得齐反间，乃使骑劫代将，而召乐毅。乐毅知燕惠王之不善代之，畏诛，遂西降赵。赵封乐毅于观津，号曰望诸君。尊宠乐毅以警动于燕、齐。

齐田单后与骑劫战，果设诈诳燕军[②]，遂破骑劫于即墨下，而转战逐燕，北至河上，尽复得齐城，而迎襄王于莒，入于临菑。

燕惠王后悔使骑劫代乐毅，以故破军亡将失齐；又怨乐毅之降赵，恐赵用乐毅而乘燕之弊以伐燕。燕惠王乃使人让乐毅，且谢之曰："先王举国而委将军，将军为燕破齐，报先王之雠，天下莫不震动，寡人岂敢一日而忘将军之功哉！会先王弃群臣，寡人新即位，左右误寡人。寡人之使骑劫代将军，为将军久暴露于外[③]，故召将军且休，计事。将军过听，以与寡人有隙，遂捐燕归赵。将军自为计则可矣，而亦何以报先王之所以遇将军之意乎？"乐毅报遗燕惠王书曰：臣不佞[④]，不能奉承王命，以顺左右之心，恐伤先王之明，有害足下之义，故遁逃走赵。今足下使人数之以罪，臣恐侍御者不察先王之所以畜幸臣之理，又不白臣之所以事先王之心，故敢以书对。臣闻贤圣之君不以禄私亲，其功多者赏之，其能当者处之。故察能而授官者，成功之君也；论行而结交者，立名之士也。臣窃观

先王之举也，见有高世主之心，故假节于魏[⑤]，以身得察于燕。先王过举，厕之宾客之中[⑥]，立之群臣之上，不谋父兄，以为亚卿。臣窃不自知，自以为奉令承教，可幸无罪，故受令而不辞。先王命之曰："我有积怨深怒于齐，不量轻弱，而欲以齐为事。"臣曰："夫齐，霸国之馀业而最胜之遗事也。练于兵甲，习于战攻。王若欲伐之，必与天下图之。与天下图之，莫若结于赵。且又淮北、宋地，楚魏之所欲也，赵若许而约四国攻之，齐可大破也。"先王以为然，具符节南使臣于赵。顾反命，起兵击齐。以天之道，先王之灵，河北之地随先王而举之济上[⑦]。济上之军受命击齐，大败齐人。轻卒锐兵，长驱至国。齐王遁而走莒，仅以身免；珠玉财宝车甲珍器尽收入于燕。齐器设于宁台，大吕陈于元英，故鼎反乎磿室[⑧]，蓟丘之植植于汶篁[⑨]，自五伯已来，功未有及先王者也。先王以为慊于志[⑩]，故裂地而封之，使得比小国诸侯。臣窃不自知，自以为奉命承教，可幸无罪，是以受命不辞。臣闻贤圣之君，功立而不废，故著于春秋；蚤知之士[⑪]，名成而不毁，故称于后世。若先王之报怨雪耻，夷万乘之强国，收八百岁之蓄积，及至弃群臣之日，馀教未衰，执政任事之臣，修法令，慎庶孽，施及乎萌隶[⑫]，皆可以教后世。

臣闻之，善作者不必善成，善始者不必善终。昔伍子胥说听于阖闾，而吴王远迹至郢；夫差弗是也，赐之鸱夷而浮之江。吴王不寤先论之可以立功，故沉子胥而不悔；子胥不蚤见主之不同量，是以至于入江而不化。夫免身立功，以明先王之迹，臣之上计也。离毁辱之诽谤，堕先王之名，臣之所大恐也。临不测之罪，以幸为利，义之所不敢出也。臣闻古之君子，交绝不出恶声；忠臣去国，不絜其名[⑬]。臣虽不佞，数奉教于君子矣。恐侍御者之亲左右之说，不察疏远之行，故敢献书以闻，唯君王之留意焉。

于是燕王复以乐毅子乐间为昌国君；而乐毅往来复通燕，燕、赵以为客卿。乐毅卒于赵。

【注释】

①隙：两人之间的矛盾，怨仇。

②诈：欺骗；诳：迷惑。

③暴（pù）露：露天食宿。

④不佞：没有才能。是自谦的说法。

⑤节：符节。古代君王传布命令或征调兵将的凭证。这里是出使的意思。

⑥厕：置身于。

⑦河北之地：指黄河以北的赵、魏地区。

⑧磿（lì）室：燕国宫殿名，在宁台之下。

⑨汶篁（huáng）：齐国汶水出产的竹子。

⑩慊（qiè）：满足。

⑪蚤知：先知，有预见。

⑫萌隶：百姓。

⑬不絜其名：不洗雪自己的罪名或冤屈。絜，同“洁”。

解读

燕国原是战国七雄的弱者，无端遭到强齐的侵凌。燕昭王即位后，招贤纳士，发愤图强，决心报仇雪恨。当复仇时机到来时，乐毅审时度势，向燕昭王提出了正确的战略主张：联合楚、赵、韩、魏四国，利用秦国，共同伐齐。昭王虚心采纳了乐毅的意见，命乐毅任上将军，率五国军队，大败齐军，取得了以弱胜强、报仇雪恨的辉煌胜利。

《孙子兵法》说：“善战者，求之于势，不责于人。”善于指挥作战的将帅，在战争中总是依靠有利形势，去造就最佳的态势，夺取战争的胜利。

审时，是一种远见卓识的眼光；度势，是一种心里有底的把握。审时度势，是一种心明眼亮、运筹帷幄的大智慧。审时度势应当这样：根据今天的情况采取适当的措施，随着时机的不同而选择相应对策。

时势是变幻莫测的。得时者昌，失时者亡。所以我们要知时变，因时制宜，苟利于人。

在军事上，审时度势是军事指挥员驾驭战争的一种指挥艺术。综观古今战争，大凡名将用兵，其制胜力都具有审时度势的因素。所谓灵活机动的战略战术，实质上就是审时度势的战略战术。战争就像一条变色龙，从未有固定的模

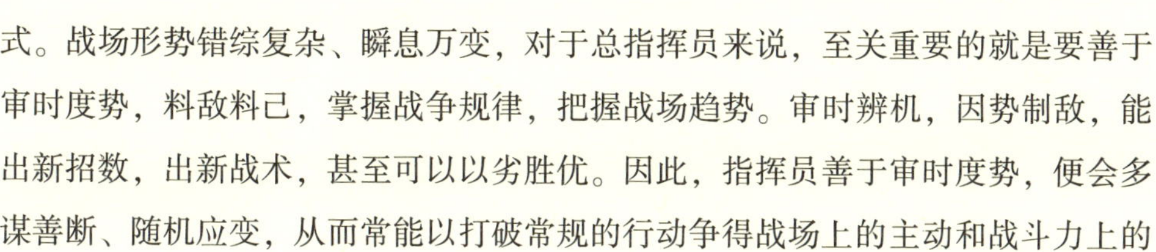

式。战场形势错综复杂、瞬息万变，对于总指挥员来说，至关重要的就是要善于审时度势，料敌料己，掌握战争规律，把握战场趋势。审时辨机，因势制敌，能出新招数，出新战术，甚至可以以劣胜优。因此，指挥员善于审时度势，便会多谋善断、随机应变，从而常能以打破常规的行动争得战场上的主动和战斗力上的领先。

战场如此，商场也同样如此。

时机就是财富，时机就是成功。把握时机对于经商者非常重要，有时甚至关系到身家性命。而真正聪明之人懂得想赚大钱仅仅凭精明是不够的，要懂得将眼光放长远一些，趋大利，还要善于审时度势。

审时度势就是了解时势的特点，估计情况的变化。

古人曾说“识时务者为俊杰”，就是强调要认清形势，把握事情发展变化的趋势，不做违背历史情况、逆历史发展方向而动的事。在时代变迁时，若不能明察秋毫，具有随机应变的能力，只靠旧调重弹，就只能与成功南辕北辙。

廉颇蔺相如列传第二十一

【原典】

秦王使使者告赵王，欲与王为好会于西河外渑池①。赵王畏秦，欲毋行。廉颇、蔺相如计曰：“王不行，示赵弱且怯也。”赵王遂行，相如从。廉颇送至境，与王诀曰：“王行，度道里会遇之礼毕，还，不过三十日。三十日不还，则请立太子为王。以绝秦望。”王许之，遂与秦王会渑池。秦王饮酒酣，曰：“寡人窃闻赵王好音，请奏瑟。”赵王鼓瑟。秦御史前书曰“某年月日，秦王与赵王会饮，令赵王鼓瑟”。蔺相如前曰：“赵王窃闻秦王善为秦声，请奏盆缻秦王②，以相娱乐。”秦王怒，不许。于是相如前进缻，因跪请秦王。秦王不肯击缻。相如曰："五步之内，相如请得以颈血溅大王矣！"左右欲刃相如，相如张目叱之，左右皆靡[3]。于是秦王不怿[4]，为一击瓴。相如顾召赵御史书曰"某年月日，秦王为赵王击瓴"。秦之群臣曰："请以赵十五城为秦王寿。"蔺相如亦曰："请以秦之咸阳为赵王寿。"秦王竟酒，终不能加胜于赵。赵亦盛设兵以待秦，秦不敢动。

既罢归国，以相如功大，拜为上卿，位在廉颇之右。廉颇曰："我为赵将，有攻城野战之大功，而蔺相如徒以口舌为劳，而位居我上，且相如素贱人[5]，吾羞，不忍为之下。"宣言曰："我见相如，必辱之。"相如闻，不肯与会。相如每朝时，常称病，不欲与廉颇争列。已而相如出，望见廉颇，相如引车避匿[6]。于是舍人相与谏曰："臣所以去亲戚而事君者，徒慕君之高义也。今君与廉颇同列，廉君宣恶言而君畏匿之，恐惧殊甚，且庸人尚羞之，况于将相乎！臣等不肖，请辞去。"蔺相如固止之，曰："公之视廉将军孰与秦王？"曰："不若也。"相如曰："夫以秦王之威，而相如廷叱之，辱其群臣，相如虽驽，独畏廉将军哉？顾吾念之，强秦之所以不敢加兵于赵者，徒以吾两人在也。今两虎共斗，其势不俱生。吾所以为此者，以先国家之急而后私雠也。"廉颇闻之，肉袒负荆，因宾客至蔺相如门谢罪。曰："鄙贱之人，不知将军宽之至此也。"卒相与欢，为刎颈之交[7]。

【注释】

①西河：黄河以西。约当今陕西省东南部黄河以西一带地区。

②瓴（fǒu）：盛酒水的陶制器皿，同"缶"。

③靡：退下。

④怿（yì）：快乐，高兴。

⑤贱：指出身低贱。

⑥引车：把车掉转方向。

⑦刎颈之交：誓同生死的好朋友。

解读

廉颇是战国后期的名将之一，司马迁在本文中对他的“负荆请罪”作了细致的描写，因为这正是这位战功赫赫的名将身上难能可贵的美德。居功自傲，对蔺相如不服，固然是他的狭隘之处，而一旦认识到错误，立即“肉袒负荆”前去谢罪，这比战场杀敌需要更大的勇气，因而让司马迁敬佩。经过精心编撰，这段故事已成为流传千古的历史佳话，“负荆请罪”也就成了一句成语，表示诚恳地向别人道歉、承认错误的意思。

每个人都会犯错误，人就是在犯错误和不断改正错误的过程中成长起来的。毛泽东同志曾说：“错误和挫折教育了我们，使我们比较聪明起来。”对错误的理解和认识不同，对待错误的态度也会不同，当然最后的结果也会大相径庭。普通人会犯错误，受人尊敬的君子也会犯错误，但千万不要用新的错误去掩盖旧的错误。

陶渊明说：“实迷途其未远，觉今是而昨非。”我们今天觉得昨天犯了错误，说明在错误的道路上走得还不算远，一切都还来得及。如果到快要进棺材时才发现自己错了，只能用自己的经历去警示后人了。如果有错而不去改正，就如孔子所说：“过而不改，是谓过矣!”

世上没有不犯错误的人，工作中也会出现这样的缺点或那样的问题，这是在所难免的，毕竟“人非圣贤，孰能无过”，更何况圣人也会有错误的时候。因此一个人有这样的不足或那样的错误，是极其正常的。这些并不可怕，可怕的是自己没有意识到，又没有人及时指出；可怕的是讳疾忌医，不认真解决问题，而是遮掩问题。事实上，人们往往最疏于防范的是“小恶”，一些错误言行在微小、萌芽状态时不易被人重视，结果从量变到质变，“问题不大”的错误使人越滑越远。“小洞不补，大洞吃苦”，致使积重难返，深陷泥潭而不能自拔。

田单列传第二十二

【原典】

田单者，齐诸田疏属也[1]。湣王时，单为临菑市掾，不见知。及燕使乐毅伐破齐，齐湣王出奔，已而保莒城。燕师长驱平齐，而田单走安平，令其宗人尽断其车轴末而傅铁笼。已而燕军攻安平，城坏，齐人走，争途，以辖折车败[2]，为燕所虏，唯田单宗人以铁笼故得脱，东保即墨。燕既尽降齐城，唯独莒、即墨不下。燕军闻齐王在莒，并兵攻之。淖齿既杀湣王于莒，因坚守，距燕军，数年不下。燕引兵东围即墨，即墨大夫出与战，败死。城中相与推田单，曰："安平之战，田单宗人以铁笼得全，习兵。"立以为将军，以即墨距燕[3]。

顷之，燕昭王卒，惠王立，与乐毅有隙[4]。田单闻之，乃纵反间于燕，宣言曰："齐王已死，城之不拔者二耳。乐毅畏诛而不敢归，以伐齐为名，实欲连兵南面而王齐。齐人未附，故且缓攻即墨以待其事。齐人所惧，唯恐他将之来，即墨残矣。"燕王以为然，使骑劫代乐毅。

乐毅因归赵，燕人士卒忿。而田单乃令城中人食必祭其先祖于庭，飞鸟悉翔舞城中下食。燕人怪之。田单因宣言曰："神来下教我。"乃令城中人曰："当有神人为我师。"有一卒曰："臣可以为师乎？"因反走。田单乃起，引还，东乡坐，师事之。卒曰："臣欺君，诚无能也。"田单曰："子勿言也！"因师之。每出约束，必称神师。乃宣言曰："吾唯惧燕军之劓所得齐卒[5]，置之前行，与我战，即墨败矣。"燕人闻之，如其言。城中人见齐诸降者尽劓，皆怒，坚守，唯恐见得。单又纵反间曰："吾惧燕人掘吾城外冢墓，僇先人，可为寒心。"燕军尽掘垄墓，烧死人。即墨人从城上望见，皆涕泣，俱欲出战，怒自

十倍。

田单知士卒之可用，乃身操版插，与士卒分功，妻妾编于行伍之间，尽散饮食飨士[⑥]。令甲卒皆伏，使老弱女子乘城，遣使约降于燕，燕军皆呼万岁。田单又收民金，得千溢[⑦]，令即墨富豪遗燕将，曰："即墨即降，愿无虏掠吾族家妻妾，令安堵。"燕将大喜，许之。燕军由此益懈。

田单乃收城中得千馀牛，为绛缯衣，画以五彩龙文，束兵刃于其角，而灌脂束苇于尾，烧其端。凿城数十穴，夜纵牛，壮士五千人随其后。牛尾热，怒而奔燕军，燕军夜大惊。牛尾炬火光明炫耀，燕军视之皆龙文，所触尽死伤。五千人因衔枚击之[⑧]，而城中鼓噪从之，老弱皆击铜器为声，声动天地。燕军大骇，败走。齐人遂夷杀其将骑劫。燕军扰乱奔走，齐人追亡逐北，所过城邑皆畔燕而归田单，兵日益多，乘胜，燕日败亡，卒至河上，而齐七十馀城皆复为齐。乃迎襄王于莒，入临菑而听政。

襄王封田单，号曰安平君。

【注释】

①疏属：血缘比较远的宗族。

②軎（wèi）：车轴末端。

③距：同"拒"。

④有隙：两人之间有矛盾，感情上不和。

⑤劓：割去鼻子，古代一种酷刑。

⑥飨：以上好的酒食招待人。

⑦溢：同"镒"，古代重量单位，二十两为一镒。

⑧枚：枚的形状如筷子，衔在口中，以禁止喧哗，古时军中常用。

解读

田单是齐国田氏远房的亲属，临淄人，湣王时，任齐都临淄的市掾，是一位资历浅、爵位低、名气微的小官吏。但是，他善于学习，颇爱兵法，对战略战术有过精心研究，后在燕兵伐齐的战争中，以奇计"火牛阵"制胜燕兵，表现出了一位军事家的非凡才能，被齐襄王封为安平君，是齐国军界的后起之秀。

司马迁评论说："兵以正合，以奇胜。善之者，出奇无穷。奇正还相生，如环之无端。"意思就是说：攻战时必须以正兵当敌，以奇兵制胜。善于用兵的人自能层出不穷地使用权谋。因奇生正，因正生奇，使敌人不可捉摸，像一个环那样让人寻找不到头尾。

人们根据上面的故事和司马迁的评论，引申出"出奇制胜"这个成语，意思是出奇兵或用奇计取得胜利。

《孙子兵法》中说："凡战者，以正合，以奇胜。""故善出奇者，无穷如天地，不竭如江河。"意思是说，大凡打仗，一般都是用正兵抗敌，用奇兵取胜。所以善于出奇制胜的将帅，其战术像天地那样变化无穷，像江河那样奔流不止。

以"奇"制胜不仅在军事上适用，在商界也屡建奇功。所谓"奇"就在于因手法高超或产品新颖在市场上有奇效，而竞争对手们所料不及。"奇"的另一含义是不与对手搞硬碰硬的正面较量，避开其有实力的长处，而攻其不备，出其不意。即以己之长攻人之短。出奇制胜的谋略通常来讲在任何竞争中都是很有效的。

有时候，一个小小的创意就能让我们在商场遥遥领先。战场与商场虽不尽相同，但是高明的商人也应如将帅般独具慧眼，在商场竞争中，先知先行。做到"人无我有，人有我优，人优我特"，为同行之所未想，为对手之所不能，出奇无穷，使事业蒸蒸日上。相反，跟随别人，抱着吃大锅饭的思想，那你永远体会不到成功的喜悦！但是，不断出奇品，攻市场之不备，出顾客之不意，必须以先进技术为基础，立足于市场实际和企业的实力，以尽可能快的速度将科技转化为生产力，才能捕捉到更多的市场机遇。

有句格言说："假如所有的人都向同一个方向行走，这个世界必将覆灭。"只要在生活中、经营中做一个有心人，套用一句"有志者，事竟成"的话，那么可以说："出奇"者，必能获奇果。

鲁仲连列传第二十三

【原典】

鲁仲连者，齐人也。好奇伟俶傥之画策[①]，而不肯仕宦任职，好持高节。游于赵。

赵孝成王时，而秦王使白起破赵长平之军前后四十馀万，秦兵遂东围邯郸。赵王恐，诸侯之救兵莫敢击秦军。魏安厘王使将军晋鄙救赵，畏秦，止于荡阴不进。魏王使客将军新垣衍间入邯郸[②]，因平原君谓赵王曰："秦所为急围赵者，前与齐湣王争强为帝，已而复归帝；今齐湣王已益弱，方今唯秦雄天下，此非必贪邯郸，其意欲复求为帝。赵诚发使尊秦昭王为帝，秦必喜，罢兵去。"平原君犹预未有所决[③]。

此时鲁仲连适游赵，会秦围赵，闻魏将欲令赵尊秦为帝，乃见平原君曰："事将奈何？"平原君曰："胜也何敢言事！前亡四十万之众于外，今又内围邯郸而不能去。魏王使客将军新垣衍令赵帝秦，今其人在是。胜也何敢言事！"鲁仲连曰："吾始以君为天下之贤公子也，吾乃今然后知君非天下之贤公子也。梁客新垣衍安在？吾请为君责而归之。"平原君曰："胜请为绍介而见之于先生。"平原君遂见新垣衍曰："东国有鲁仲连先生者，今其人在此，胜请为绍介，交之于将军。"新垣衍曰："吾闻鲁仲连先生，齐国之高士也。衍，人臣也，使事有职[④]，吾不愿见鲁仲连先生。"平原君曰："胜既已泄之矣。"新垣衍许诺。

鲁连见新垣衍而无言。新垣衍曰："吾视居此围城之中者，皆有求于平原君者也；今吾观先生之玉貌，非有求于平原君者也，曷为久居此围城之中而不去？"鲁仲连曰："世以鲍焦为无从颂而死者[⑤]，皆非也。众人不知，则为一身。彼秦者，弃礼义而上首功之国也，权使其士，虏使其民。彼即肆然而为帝[⑥]，过而为政于天下，则连有蹈东海而死耳，吾不忍为之民也。所为见将军者，欲以助赵也。”

新垣衍曰：“先生助之将奈何？”鲁连曰：“吾将使梁及燕助之，齐、楚则固助之矣。”新垣衍曰：“燕则吾请以从矣；若乃梁者，则吾乃梁人也，先生恶能使梁助之？”鲁连曰：“梁未睹秦称帝之害故耳。使梁睹秦称帝之害，则必助赵矣。”新垣衍曰：“秦称帝之害何如？”鲁连曰：“昔者齐威王尝为仁义矣，率天下诸侯而朝周。周贫且微，诸侯莫朝，而齐独朝之。居岁馀，周烈王崩，齐后往，周怒，赴于齐曰：‘天崩地坼[⑦]，天子下席。东藩之臣因齐后至，则斮[⑧]。’齐威王勃然怒曰：‘叱嗟，而母婢也！’卒为天下笑。故生则朝周，死则叱之，诚不忍其求也。彼天子固然，其无足怪。”

新垣衍曰：“先生独不见夫仆乎？十人而从一人者，宁力不胜而智不若邪？畏之也。”鲁仲连曰：“呜呼！梁之比于秦若仆邪？”新垣衍曰：“然。”鲁仲连曰：“吾将使秦王烹醢梁王[⑨]。”新垣衍怏然不悦，曰：“噫嘻，亦太甚矣先生之言也！先生又恶能使秦王烹醢梁王？”鲁仲连曰：“固也，吾将言之。昔者九侯、鄂侯、文王，纣之三公也。九侯有子而好，献之于纣，纣以为恶，醢九侯。鄂侯争之强，辩之疾，故脯鄂侯。文王闻之，喟然而叹，故拘之牖里之库百日，欲令之死。曷为与人俱称王，卒就脯醢之地？齐湣王之鲁，夷维子为执策而从，谓鲁人曰：‘子将何以待吾君？’鲁人曰：‘吾将以十太牢待子之君。’夷维子曰：‘子安取礼而来待吾君？彼吾君者，天子也。天子巡狩，诸侯辟舍，纳管籥[⑩]，摄衽抱机，视膳于堂下，天子已食，乃退而听朝也。’鲁人投其籥，不果纳。不得入于鲁，将之薛，假途于邹。当是时，邹君死，湣王欲入吊，夷维子谓邹之孤曰：‘天子吊，主人必将倍殡棺，设北面于南方，然后天子南面吊也。’邹之群臣曰：‘必若此，吾将伏剑而死。’固不敢入于邹。邹、鲁之臣，生则不得事养，死则不得赙襚[⑪]，然且欲行天子之礼于邹、鲁，邹、鲁之臣不果纳。今秦万乘之国也，梁亦万乘之国也。俱据万乘之国，各有称王之名，睹其一战而胜，欲从而帝之，是使三晋之大臣不如邹、鲁之仆妾也。且秦无已而帝，则且变易诸侯之大臣。彼将夺其所不肖而与其所贤，夺其所憎而与其所爱。彼又将使其子女谗妾为诸侯妃姬，处梁之宫。梁王安得晏然而已乎？而将军又何以得故宠乎？”

于是新垣衍起，再拜谢曰：“始以先生为庸人，吾乃今日知先生为天下之士也。吾请出，不敢复言帝秦。”秦将闻之，为却军五十里。适会魏公子无忌夺晋鄙军以救赵，击秦军，秦军遂引而去。

于是平原君欲封鲁连，鲁连辞让者三，终不肯受。平原君乃置酒，酒酣起前，以千金为鲁连寿。鲁连笑曰：“所贵于天下之士者，为人排患释难解纷乱而无取也。即有取者，是商贾之事也[12]，而连不忍为也。”遂辞平原君而去，终身不复见。

其后二十馀年，燕将攻下聊城，聊城人或谗之燕，燕将惧诛，因保守聊城，不敢归。齐田单攻聊城岁馀，士卒多死而聊城不下。鲁连乃为书，约之矢以射城中，遗燕将。

【注释】

①俶傥（tì tǎng）：同“倜傥”。

②间入：从隐蔽的小路进入。

③犹预：即犹豫。

④使事有职：奉命出使，身上肩负着应尽的职责。

⑤从颂（róng）：从容不迫，也有抱负远大之意。颂，同“容”。

⑥肆然：肆无忌惮的样子。

⑦天崩地坼（chè）：天崩地裂。

⑧斮（zhuó）：斩杀。

⑨烹醢（hǎi）：古代严酷刑罚。烹，下锅煮。醢，剁成肉酱。

⑩纳管龠：交出钥匙。

⑪赙禭：送给死者的货财衣服。

⑫商贾（gǔ）之事：生意人的商业买卖行为。

解读

鲁仲连是稷下学宫百家争鸣环境下生出的旷世奇才。在他的身上，有纵横家的影子，但他的爱国主义立场，毫不利己专门利人的作风，又与苏秦、张仪背信弃义、贪图富贵迥然不同；他受名家辩士辩术的熏染，而又能跳出“为辩而辩”的泥沼，有自己的立场和处世态度，理论联系实际，身体力行；他有儒家的仁政、民本思想，但他的“不在其位，亦谋其政”的平民参政意识和彻底摒弃富贵金钱的高尚作风又与孔孟的观点截然相反；他受墨家影响，有很明显的“兼爱”“非攻”行为，但行动又远比墨家大气、积极；他隐居海上，有道家遁世之风，但又不完全同于道家的消极思想，常常在危急关头挺身而出，积极行动。在人品方面，鲁仲连的爱国爱民、排患解难、淡泊名利的精神，令人敬佩、折服；在辩术方面，鲁仲连善用譬喻，善于举例，善于分析形势和谈话人的心理，语言环环相扣，逻辑缜密，给我们留下了很宝贵的语言财富。可以这样说，深邃的思想，高尚的人格，超人的智慧，成就了旷世奇才鲁仲连，留给后人一个神话般的传说。

道德至上的人是人们心目中的神话，长长久久地活在人们的心中。“江山代有才人出，一代新人换旧人”，随着历史前进的车轮，后来的人们推崇鲁仲连的道德情操，学习模仿鲁仲连的作风，继承发扬鲁仲连的浩然正气。晋代的左思曾以“功成耻受赏，高节卓不群”的诗句来赞美鲁仲连；唐代的李白在《古风十九首之十》中极力推崇鲁仲连“却秦振英声”的壮举；周恩来也在《大江歌罢棹头东》中借用“难酬蹈海亦英雄”的鲁仲连遗事，抒发无产阶级革命家的战斗豪情。在后人的敬佩之情中，一代一代的向往者成长起来，承袭了“鲁仲连”

的精神，把我们这个勤劳勇敢、崇德向善的民族不断推向繁荣富强，不断推向幸福和光明。

屈原列传第二十四

【原典】

屈原者，名平，楚之同姓也。为楚怀王左徒。博闻强志，明于治乱，娴于辞令。入则与王图议国事，以出号令；出则接遇宾客，应对诸侯。王甚任之。

上官大夫与之同列[①]，争宠而心害其能[②]。怀王使屈原造为宪令，屈平属草稿未定。上官大夫见而欲夺之，屈平不与，因谗之曰："王使屈平为令，众莫不知，每一令出，平伐其功，以为'非我莫能为'也。"王怒而疏屈平。

屈平疾王听之不聪也，谗谄之蔽明也，邪曲之害公也，方正之不容也，故忧愁幽思而作《离骚》。离骚者，犹离忧也[③]。夫天者，人之始也；父母者，人之本也。人穷则反本，故劳苦倦极，未尝不呼天也；疾痛惨怛，未尝不呼父母也。屈平正道直行，竭忠尽智以事其君，谗人间之，可谓穷矣。信而见疑，忠而被谤，能无怨乎？屈平之作《离骚》，盖自怨生也。《国风》好色而不淫，《小雅》怨诽而不乱。若《离骚》者，可谓兼之矣。上称帝喾，下道齐桓，中述汤武，以刺世事。明道德之广崇，治乱之条贯，靡不毕见[④]。其文约，其辞微，其志絜，其行廉，其称文小而其指极大，举类迩而见义远[⑤]。其志絜，故其称物芳。其行廉，故死而不容自疏。濯淖污泥之中，蝉蜕于浊秽，以浮游尘埃之外，不获世之滋垢，皭然泥而不滓者也[⑥]。推此志也，虽与日月争光可也。

【注释】

①同列：同在朝廷任职，即同事。

②害：妒忌。

③离忧：被忧愁困扰。离，通“罹”。

④靡：没有。

⑤举类迩：《离骚》所引用的都是眼前习以为见的事例。迩，近。

⑥皭（jiào）然：一尘不染，白净的样子。

解读

屈原是战国时代楚国伟大的诗人和政治家。

屈原生活的时期，正是中国即将实现大一统的前夕，“横则秦帝，纵则楚王”。屈原因出身贵族，又明于治乱，娴于辞令，故而早年深受楚怀王的宠信，位为左徒，朝廷一切政策、文告，皆出于其手。

为实现楚国的统一大业，屈原对内积极辅佐怀王变法图强，对外坚决主张联齐抗秦，使楚国一度出现了国富兵强、威震诸侯的局面。但是由于在内政外交上屈原与楚国腐朽贵族集团发生了尖锐的矛盾，由于上官大夫等人的嫉妒，屈原后来遭到这群小人的诬陷和楚怀王的疏远。

“沧浪之水清兮，可以濯吾缨；沧浪之水浊兮，可以濯吾足。”屈原被放逐后，在和渔父的一次对话中，渔父劝他“与世推移”，不要“深思高举”，自找苦吃。屈原表示宁可投江而死，也不能使清白之身蒙受世俗之尘埃。在渔父看来，处世不必过于清高。世道清廉，可以出来为官；世道浑浊，可以与世沉浮。至于“深思高举”，落得个被放逐的境地，则是大可不必。屈原和渔父的谈话，表现出了两种处世哲学。公元前 278 年，秦国攻破了郢都。当年农历五月五日，屈原在绝望和悲愤之下怀抱大石投汨罗江而死。

屈原高尚的政治情操和理想，不屈不挠的斗争意志，壮怀激烈的气节和风骨，融注着我们民族伟大而悠久的历史精神，显示了民族的无穷力量，也展示了作者强烈的爱憎和战斗风格。后人为了纪念屈原，把农历五月五日定为端午节，并有端午节吃粽子的风俗。

吕不韦列传第二十五

【原典】

吕不韦者，阳翟大贾人也[①]。往来贩贱卖贵，家累千金。

秦昭王四十年，太子死。其四十二年，以其次子安国君为太子。安国君有子二十馀人。安国君有所甚爱姬，立以为正夫人，号曰华阳夫人。华阳夫人无子。安国君中男名子楚[②]，子楚母曰夏姬，毋爱。子楚为秦质子于赵。秦数攻赵，赵不甚礼子楚。

子楚，秦诸庶孽孙，质于诸侯，车乘进用不饶，居处困，不得意。吕不韦贾邯郸，见而怜之，曰“此奇货可居”。乃往见子楚，说曰：“吾能大子之门。”子楚笑曰：“且自大君之门，而乃大吾门！”吕不韦曰：“子不知也，吾门待子门而大。”子楚心知所谓，乃引与坐，深语。吕不韦曰：“秦王老矣，安国君得为太子。窃闻安国君爱幸华阳夫人，华阳夫人无子，能立适嗣者独华阳夫人耳[③]。今子兄弟二十馀人，子又居中，不甚见幸，久质诸侯。即大王薨，安国君立为王，则子毋几得与长子及诸子旦暮在前者争为太子矣。”子楚曰：“然。为之奈何？”吕不韦曰：“子贫，客于此，非有以奉献于亲及结宾客也。不韦虽贫，请以千金为子西游，事安国君及华阳夫人，立子为适嗣。”子楚乃顿首曰：“必如君策，请得分秦国与君共之。”

吕不韦乃以五百金与子楚，为进用，结宾客；而复以五百金买奇物玩好，自奉而西游秦，求见华阳夫人姊，而皆以其物献华阳夫人。因言子楚贤智，结诸侯宾客遍天下，常曰“楚也以夫人为天，日夜泣思太子及夫人”。夫人大喜。不韦因使其姊说夫人曰：“吾闻之，以色事人者，色衰而爱弛。今夫人事太子，甚爱而无子，不以此时蚤自结于诸子中贤孝者[④]，举立以为适而子之，夫在则重尊，夫百岁之后，所子者为王，终不失势，此所谓一言而万世之利也。不以繁华时树本，即色衰爱弛后，虽欲开一语，尚可得乎？今子楚贤，而自知中男也，次不得为适，其母又不得幸，自附夫人，夫人诚以此时拔以为适，夫人则竟世有宠于秦矣。”华阳夫人以为然，承太子间，从容言子楚质于赵者绝贤，来往者皆称誉之。乃因涕泣曰：“妾幸得充后宫，不幸无子，愿得子楚立以为适嗣，以托妾身。”安国君许之，乃与夫人刻玉符⑤，约以为适嗣。安国君及夫人因厚馈遗子楚，而请吕不韦傅之，子楚以此名誉益盛于诸侯。

吕不韦取邯郸诸姬绝好善舞者与居，知有身⑥。子楚从不韦饮，见而说之，因起为寿，请之。吕不韦怒，念业已破家为子楚，欲以钓奇，乃遂献其姬。姬自匿有身，至大期时⑦，生子政。子楚遂立姬为夫人。

秦昭王五十年，使王齮围邯郸，急，赵欲杀子楚。子楚与吕不韦谋，行金六百斤予守者吏，得脱，亡赴秦军，遂以得归。赵欲杀子楚妻子，子楚夫人赵豪家女也，得匿，以故母子竟得活。秦昭王五十六年，薨，太子安国君立为王，华阳夫人为王后，子楚为太子。赵亦奉子楚夫人及子政归秦。

秦王立一年，薨，谥为孝文王。太子子楚代立，是为庄襄王。庄襄王所母华阳后为华阳太后，真母夏姬尊以为夏太后。庄襄王元年，以吕不韦为丞相，封为文信侯，食河南雒阳十万户⑧。

【注释】

①大贾人：大商人。

②中男：次子。

③适嗣：正妻所生的长子，可以做王位的继承人。适，通“嫡”。

④蚤：通“早”。

⑤玉符：古代朝廷的一种信物和凭证，类似于现在的合同、字据。

⑥有身：怀有身孕。

⑦大期：十二个月。

⑧食：即食邑。

解读

“奇货可居”是吕不韦盗窃秦国的通天大阴谋。吕不韦曾在邯郸娶了一位既漂亮又善舞的赵姬，已经怀有身孕。有一次，子楚同吕不韦饮酒的时候，见到了赵姬，十分喜欢，就请求吕不韦忍痛割爱。吕不韦虽然很生气，但一想能钓到“奇货”，就欣然把赵姬献给了他，但却隐瞒了她有身孕的事。后来，赵姬生了一个儿子取名嬴政。吕不韦为了教育嬴政以后能“内立法度，务耕织，修战备，外连横以斗诸侯”，更要让他知道“不受珍器重宝及肥美之地，而能以振兴之策去鞭笞天下，统一中国”的道理，便仿效孟尝君、平原君、信陵君、春申君的所为，礼聘各地的知名之士一千多人来为门客，使他们各施所长，以收集古今学说，编辑成一部所谓“一字千金”的综合性巨著，即《吕氏春秋》。这本书成为太子嬴政的必读之书，嬴政当了秦王，就是具有雄才大略的秦始皇。

投其所好，须“投”得准，否则便会“费力不讨好”。要做到这点，不仅需要善于揣摩被讨好者的心理，而且还要眼观六路，耳听八方，洞悉就里，审时度势，把握时机。一旦瞅准了时机，就倾力而为。这就是吕不韦的成功之道。

刺客列传第二十六

【原典】

太子及宾客知其事者，皆白衣冠以送之。至易水之上，既祖，取道，高渐离击筑，荆轲和而歌，为变徵之声①，士皆垂泪涕泣。又前而为歌曰：“风萧萧兮易水寒，壮士一去兮不复还！”复为羽声慷慨，士皆瞋目②，发尽上指冠。于是荆轲就车而去，终已不顾。

遂至秦，持千金之资币物，厚遗秦王宠臣中庶子蒙嘉。嘉为先言于秦王曰："燕王诚振怖大王之威，不敢举兵以逆军吏，愿举国为内臣，比诸侯之列，给贡职如郡县，而得奉守先王之宗庙。恐惧不敢自陈，谨斩樊於期之头，及献燕督亢之地图，函封，燕王拜送于庭，使使以闻大王，唯大王命之。"秦王闻之，大喜，乃朝服，设九宾[3]，见燕使者咸阳宫。

荆轲奉樊於期头函，而秦舞阳奉地图匣，以次进。至陛，秦舞阳色变振恐，群臣怪之。荆轲顾笑舞阳，前谢曰："北蕃蛮夷之鄙人，未尝见天子，故振慑。愿大王少假借之，使得毕使于前。"秦王谓轲曰："取舞阳所持地图。"轲既取图奏之，秦王发图，图穷而匕首见。因左手把秦王之袖，而右手持匕首揕之。未至身，秦王惊，自引而起，袖绝。拔剑，剑长，操其室。时惶急，剑坚，故不可立拔。荆轲逐秦王，秦王环柱而走。群臣皆愕，卒起不意，尽失其度。而秦法，群臣侍殿上者不得持尺寸之兵；诸郎中执兵皆陈殿下，非有诏召不得上。方急时，不及召下兵，以故荆轲乃逐秦王。而卒惶急，无以击轲，而以手共搏之。是时侍医夏无且以其所奉药囊提荆轲也。秦王方环柱走，卒惶急[4]，不知所为，左右乃曰："王负剑！"负剑，遂拔以击荆轲，断其左股。荆轲废，乃引其匕首以擿秦王[5]，不中，中桐柱。秦王复击轲，轲被八创。轲自知事不就，倚柱而笑，箕踞以骂曰："事所以不成者，以欲生劫之，必得约契以报太子也。"于是左右既前杀轲，秦王不怡者良久。已而论功，赏群臣及当坐者各有差，而赐夏无且黄金二百溢，曰："无且爱我，乃以药囊提荆轲也。"

于是秦王大怒，益发兵诣赵，诏王翦军以伐燕。十月而拔蓟城。燕王喜、太子丹等尽率其精兵东保于辽东。秦将李信追击燕王急，代王嘉乃遗燕王喜书曰："秦所以尤追燕急者，以太子丹故也。今王诚杀丹献之秦王，秦王必解，而社稷幸得血食[6]。"其后李信追丹，丹匿衍水中，燕王乃使使斩太子丹，欲献之秦。秦复进兵攻之。后五年，秦卒灭燕，虏燕王喜。

【注释】

①为变徵（zhǐ）之声：发出变徵的音调。此调苍凉、凄婉。

②瞋目：瞪大眼睛。

③九宾：一种极其隆重的外交礼仪。

④卒：通“猝”。突然。

⑤擿（zhì）：同“掷”。投掷。

⑥社稷幸得血食：国家或许能得以保存。

解读

荆轲，战国时期著名刺客，战国末期卫国人，也称庆卿、荆卿、庆轲，秦时涿县人，是春秋时期齐国大夫庆封的后代。

荆轲，喜好读书击剑，为人慷慨侠义。后游历到燕国，被称为“荆卿”（或荆叔），随之由燕国智勇深沉的“节侠”田光推荐给太子丹，拜为上卿。秦国灭赵后，兵锋直指燕国南界，太子丹震惧，与田光密谋，决定派荆轲入秦行刺秦王。荆轲献计太子丹，拟以秦国叛将樊於期之头及燕督亢（今河北涿县、易县、固安一带，是一块肥沃的土地）地图进献秦王，相机行刺。太子丹不忍杀樊於期，荆轲只好私见樊於期，告以实情，樊於期为成全荆轲而自刎。公元前227年，荆轲带燕督亢地图和樊於期首级，前往秦国刺杀秦王。临行前，许多人在易水边为荆轲送行，场面十分悲壮。“风萧萧兮易水寒，壮士一去兮不复还”，这是荆轲在告别时所吟唱的诗句。荆轲来到秦国后，秦王在咸阳宫隆重召见了他。荆轲在献燕督亢地图时，图穷匕首见，刺秦王不中，被杀。

荆轲刺杀秦王这件事本身很难说义或不义，但他受人之托忠人之事的作为，又怎能说与义无关呢？

即使在清平之世，人们对大侠精神的渴望也是无处不在的，只是时隐时现罢了。据说李白学剑杀过人，龚自珍“一箫一剑平生意，负尽狂名十五年”，他们追求的也都是一种侠义的精神境界。今天，在安乐、祥和的生活、工作当中，义仍然是不可缺少的一种精神。忠肝义胆、不负所托、一往无前、义无反顾，一个人一旦具备了这样的精神，无论身处什么位置，都会有所成就。

李斯列传第二十七

【原典】

赵高案治李斯。李斯拘执束缚，居囹圄中，仰天而叹曰："嗟乎，悲夫！不道之君，何可为计哉！昔者桀杀关龙逢，纣杀王子比干，吴王夫差杀伍子胥。此三臣者，岂不忠哉，然而不免于死，身死而所忠者非也。今吾智不及三子，而二世之无道过于桀、纣、夫差，吾以忠死，宜矣。且二世之治岂不乱哉！日者夷其兄弟而自立也[①]，杀忠臣而贵贱人，作为阿房之宫，赋敛天下。吾非不谏也，而不吾听也。凡古圣王，饮食有节，车器有数，宫室有度，出令造事，加费而无益于民利者禁，故能长久治安。今行逆于昆弟，不顾其咎；侵杀忠臣，不思其殃；大为宫室，厚赋天下，不爱其费：三者已行，天下不听。今反者已有天下之半矣，而心尚未寤也[②]，而以赵高为佐，吾必见寇至咸阳，麋鹿游于朝也。"

于是二世乃使高案丞相狱，治罪，责斯与子由谋反状，皆收捕宗族宾客。赵高治斯，榜掠千馀[③]，不胜痛，自诬服。斯所以不死者，自负其辩，有功，实无反心，幸得上书自陈，幸二世之寤而赦之。李斯乃从狱中上书曰："臣为丞相治民，三十馀年矣。逮秦地之狭隘。先王之时秦地不过千里，兵数十万。臣尽薄材，谨奉法令，阴行谋臣，资之金玉，使游说诸侯，阴修甲兵，饰政教，官斗士，尊功臣，盛其爵禄，故终以胁韩弱魏，破燕、赵，夷齐、楚，卒兼六国，虏其王，立秦为天子。罪一矣。地非不广，又北逐胡、貉，南定百越，以见秦之强。罪二矣。尊大臣，盛其爵位，以固其亲。罪三矣。立社稷，修宗庙，以明主之贤。罪四矣。更克画，平斗斛度量文章[④]，布之天下，以树秦之名。罪五矣。治驰道，兴游观，以见主之得意。罪六矣。缓刑罚，薄赋

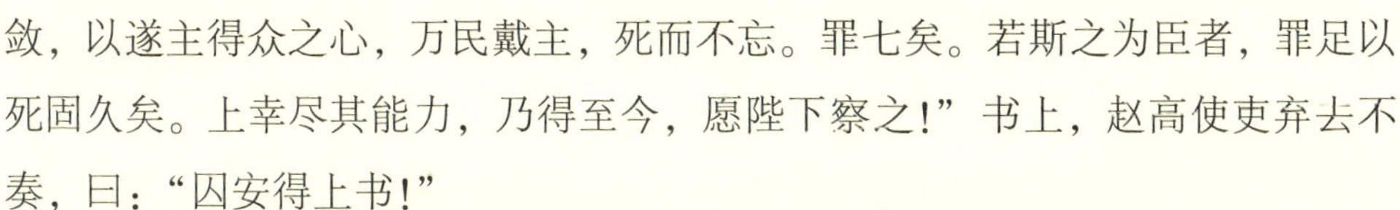
敛，以遂主得众之心，万民戴主，死而不忘。罪七矣。若斯之为臣者，罪足以死固久矣。上幸尽其能力，乃得至今，愿陛下察之！”书上，赵高使吏弃去不奏，曰：“囚安得上书！”

赵高使其客十馀辈诈为御史、谒者、侍中，更往覆讯斯。斯更以其实对，辄使人复榜之。后二世使人验斯，斯以为如前，终不敢更言，辞服⑤。奏当上，二世喜曰：“微赵君，几为丞相所卖。”及二世所使案三川之守至，则项梁已击杀之。使者来，会丞相下吏，赵高皆妄为反辞。

二世二年七月，具斯五刑，论腰斩咸阳市。斯出狱，与其中子俱执⑥，顾谓其中子曰：“吾欲与若复牵黄犬俱出上蔡东门逐狡兔，岂可得乎！”遂父子相哭，而夷三族。

【注释】

①日者：不久以前。

②寤：通“悟”。明白，醒悟。

③榜掠：严刑拷打。

④斛（hú）：量器，一斛为十斗。

⑤辞服：招供认罪。

⑥中子：次子。

解读

《李斯列传》是《史记》中的名篇之一，有很高的史学价值和文学价值。

李斯是战国末年楚国上蔡（今河南上蔡西南）人。早年为郡小吏，后从荀子学帝王之术，学成入秦。初被吕不韦任以为郎，后劝说秦王政灭诸侯、成帝业，被任为长史。秦王采纳其计谋，遣谋士持金玉游说关东六国，离间各国君臣，又任其为客卿。秦王政十年（公元前237年）下令驱逐六国客卿。李斯上《谏逐客书》阻止，为秦王政所采纳，不久官为廷尉。秦统一天下后，李斯与王绾、冯劫议定尊秦王政为皇帝，并制定有关的礼仪制度，被任为丞相。他建议拆除郡县城墙，销毁民间的兵器，以加强对人民的统治；反对分封制，坚持郡县制；又主张焚烧民间收藏的《诗》《书》、百家语，禁止私学，以加强专制的中央集权统治。还参与制定了法律，统一车轨、文字、度量衡制度。秦始皇死后，他与赵高合谋，伪造遗诏，迫令始皇长子扶苏自杀，立少子胡亥为二世皇帝。后为赵高所忌，于秦二世二年（公元前208年）被腰斩于咸阳闹市，并夷三族。

李斯一辈子是个官迷，死前却说后悔当初舍弃了“驾鹰牵狗出门打猎的平民生活”，其言外之意是后悔进入官场，看来李斯到死也没有明白他究竟是怎么死的。李白在感慨李斯悲剧命运的一首诗里曾写道：“咸阳市中叹黄犬，何如月下倾金罍（léi）。”

李斯饱读儒学经典，作为一个大臣应该怎么做，他心如明镜；一旦投向赵高，今后就要受千夫所指，被千古所骂，他也心如明镜。他既怕扶苏日后对他不信任，对他下毒手；又怕赵高与胡亥眼下对他下毒手。于是在关键时刻，屈服于压力，他出卖了灵魂，上了贼船。

孔子曾说过：“鄙夫可与事君也与哉？其未得之也，患得之；既得之，患失之。苟患失之，无所不至矣。”意思是说一个人在没有得到他所向往的那种职位权力时，便挖空一切心思，千方百计地钻营，以求得到它；这种炙手可热的权势、职位一旦到手，便又战战兢兢地时刻想着如何握紧它，别让它失掉。一个

人如果整天处于患得患失之中，那他就会不择手段，无所不用其极了。

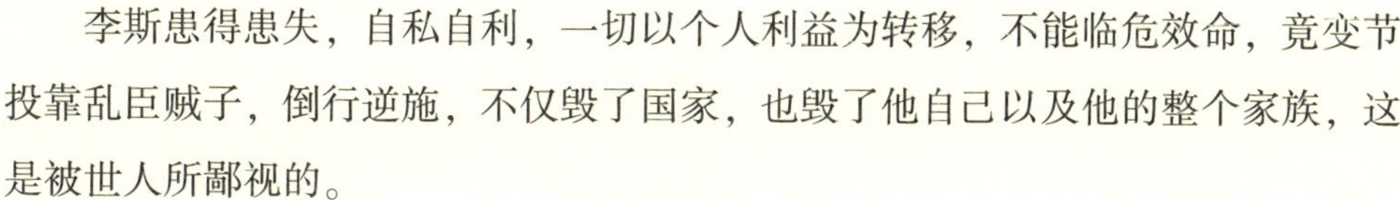

李斯患得患失，自私自利，一切以个人利益为转移，不能临危效命，竟变节投靠乱臣贼子，倒行逆施，不仅毁了国家，也毁了他自己以及他的整个家族，这是被世人所鄙视的。

蒙恬列传第二十八

【原典】

蒙恬者，其先齐人也。恬大父蒙骜，自齐事秦昭王，官至上卿。秦庄襄王元年，蒙骜为秦将，伐韩，取成皋、荥阳，作置三川郡。二年，蒙骜攻赵，取三十七城。始皇三年，蒙骜攻韩，取十三城。五年，蒙骜攻魏，取二十城，作置东郡①。始皇七年，蒙骜卒。骜子曰武，武子曰恬。恬尝书狱典文学。始皇二十三年，蒙武为秦裨将军②，与王翦攻楚，大破之，杀项燕。二十四年，蒙武攻楚，虏楚王。蒙恬弟毅。

始皇二十六年，蒙恬因家世得为秦将，攻齐，大破之，拜为内史。秦已并天下，乃使蒙恬将三十万众北逐戎狄，收河南。筑长城，因地形，用制险塞，起临洮，至辽东，延袤万馀里③。于是渡河，据阳山，逶蛇而北。暴师于外十馀年④，居上郡。是时蒙恬威振匈奴。始皇甚尊宠蒙氏，信任贤之。而亲近蒙毅，位至上卿，出则参乘，入则御前。恬任外事而毅常为内谋，名为忠信，故虽诸将相莫敢与之争焉。

【注释】

①作置：设置。

②裨将军：副将，偏将。

③延袤（mào）：绵延不断。

④暴（pù）师：带领士兵遭受风吹日晒。

解读

蒙恬，秦始皇时期的著名将领，被誉为“中华第一勇士”。在这篇传记中，主要记述了蒙恬和他弟弟蒙毅的事迹。在秦始皇统一中国的大业中，他们的祖父蒙骜、父亲蒙武，都是秦国著名的将领，为秦国攻城略地，出生入死，夺得了几十座城池，为秦始皇统一中国立下了汗马功劳。

秦始皇统一六国后，蒙恬奉命率三十万大军北击匈奴，收复河南地（今内蒙古河套以南一带），自榆中（今内蒙古伊金霍洛旗以北）至阴山，设三十四县。又渡过黄河，占据阳山，迁徙人民充实边县。其后修筑西起陇西的临洮（今甘肃岷县），东至辽东（今辽宁境内）的万里长城，把原燕、赵、秦长城连为一体。利用地形，借着天险，设置要塞，有力地遏制了匈奴的南进。后受遣为秦始皇巡游天下开直道，从九原郡（今内蒙古包头市西南）直达甘泉宫，截断山脉，填塞深谷，全长一千八百里，可惜没有修竣完工。

蒙恬征战北疆十多年，威震匈奴。

佞宦赵高犯罪当诛，是由蒙毅依法经办的。始皇念及赵高平常办事勤勉尽力，又赦免了他。从此蒙氏兄弟和赵高结下怨仇。始皇巡游会稽，中途驾崩，封锁消息。李斯、赵高、胡亥暗中策划，迫使公子扶苏自杀，拥立胡亥为二世皇帝。赵高曾私下侍奉胡亥，深得胡亥宠幸。赵高趁机捏造罪名，日夜毁谤蒙氏，终于把蒙氏兄弟处死。

蒙恬之于秦朝的赫赫战功，之于长城的丰功伟绩，让人感慨万千；蒙恬一身铮铮烈骨，竟死于奸臣之手，又让人愤恨不已。奸臣当道，良臣含冤莫白，世间最悲哀的事莫过于此。大秦王朝之所以昙花一现，想必与此有直接关系吧！

张耳陈馀列传第二十九

【原典】

当是时，燕、齐、楚闻赵急，皆来救。张敖亦北收代兵，得万馀人，来，皆壁馀旁[①]，未敢击秦。项羽兵数绝章邯甬道，王离军乏食，项羽悉引兵渡河，遂破章邯。章邯引兵解，诸侯军乃敢击围钜鹿秦军，遂虏王离。涉间自杀。卒存钜鹿者，楚力也。

于是赵王歇、张耳乃得出钜鹿，谢诸侯。张耳与陈馀相见，责让陈馀以不肯救赵，及问张黡、陈泽所在。陈馀怒曰："张黡、陈泽以必死责臣，臣使将五千人先尝秦军，皆没不出。"张耳不信，以为杀之，数问陈馀。陈馀怒曰："不意君之望臣深也！岂以臣为重去将哉？"乃脱解印绶[②]，推予张耳。张耳亦愕不受。陈馀起如厕。客有说张耳曰："臣闻'天与不取，反受其咎'。今陈将军与君印，君不受，反天不祥。急取之！"张耳乃佩其印，收其麾下。而陈馀还，亦望张耳不让，遂趋出。张耳遂收其兵。陈馀独与麾下所善数百人之河上泽中渔猎。由此陈馀、张耳遂有郤[③]。

赵王歇复居信都。张耳从项羽诸侯入关。汉元年二月，项羽立诸侯王，张耳雅游[④]，人多为之言，项羽亦素数闻张耳贤，乃分赵立张耳为常山王，治信都。信都更名襄国。

陈馀客多说项羽曰："陈馀、张耳一体有功于赵。"项羽以陈馀不从入关，闻其在南皮，即以南皮旁三县以封之，而徙赵王歇王代。张耳之国，陈馀愈益怒，曰："张耳与馀功等也，今张耳王，馀独侯，此项羽不平。"及齐王田荣畔楚，陈馀乃使夏说说田荣曰："项羽为天下宰不平，尽王诸将善地，徙故王王恶地，今赵王乃居代！愿王假臣兵，请以南皮为扞蔽⑤。”田荣欲树党于赵以反楚，乃遣兵从陈馀。陈馀因悉三县兵袭常山王张耳。张耳败走，念诸侯无可归者，曰：“汉王与我有旧故，而项羽又强，立我，我欲之楚。”甘公曰：“汉王之入关，五星聚东井。东井者，秦分也。先至必霸。楚虽强，后必属汉。”故耳走汉。汉王亦还定三秦，方围章邯废丘。张耳谒汉王，汉王厚遇之。

陈馀已败张耳，皆复收赵地，迎赵王于代，复为赵王。赵王德陈馀，立以为代王。陈馀为赵王弱，国初定，不之国，留傅赵王⑥，而使夏说以相国守代。

汉二年，东击楚，使使告赵，欲与俱。陈馀曰：“汉杀张耳乃从。”于是汉王求人类张耳者斩之，持其头遗陈馀。陈馀乃遣兵助汉。汉之败于彭城西，陈馀亦复觉张耳不死，即背汉。

汉三年，韩信已定魏地，遣张耳与韩信击破赵井陉，斩陈馀泜水上，追杀赵王歇襄国。汉立张耳为赵王。汉五年，张耳薨⑦，谥为景王。

【注释】

①壁：营垒。这里是驻扎、安营扎寨的意思。

②印绶：印信，象征权力。

③郤：缝隙。这里比喻两人之间产生了矛盾和怨恨。

④雅：一向，素来。

⑤扞蔽：用来遮挡和保护的屏障。

⑥傅：辅佐。

⑦薨（hōng）：古代诸侯或有爵位的大臣之死叫薨。

解读

在这篇列传中，主要记述了张耳、陈馀从刎颈之交到反目成仇的故事。

当初，张耳、陈馀贫贱不得志时，彼此信任，誓同生死，等他们有了地盘，争权夺利的时候，最终还是相互残杀。为什么以前是那样真诚地相互倾慕、信任，而后来又相互背叛，彼此的态度是那样乖张、暴戾呢？

作者通过这种前后不一的处世态度，生动地刻画出他们的性格转变过程，发人深省。造成这种结局的真正原因是，两人从一开始就是为了利益才走到了

一起。

俗话说：“物以类聚，人以群分。”志同道合，情趣相投，是择友的最高标准。如果只是为了相互利用，终究不可能长久。真正的友情，很少被本能的欲望与利害权衡所驱使，因为它是心与心亲密地接触相撞而产生的，是语言所不能表达的强烈的共鸣，它是一种摒弃了其他任何目的的纯信赖的感情。朋友当然有许多种，亲密的程度也各不相同。但是，真正的朋友，是能够互相理解、信赖的朋友。假如我们能遇到这样的朋友，即使只有一两个，那也将是人生巨大的财富，是生活给予我们的不朽的力量与最大的欢乐。

魏豹列传第三十

【原典】

魏豹者，故魏诸公子也。其兄魏咎，故魏时封为宁陵君。秦灭魏，迁咎为家人。陈胜之起王也，咎往从之。陈王使魏人周市徇魏地①，魏地已下，欲相与立周市为魏王。周市曰：“天下昏乱，忠臣乃见。今天下共畔秦，其义必立魏王后乃可。”齐、赵使车各五十乘，立周市为魏王。市辞不受，迎魏咎于陈。五反②，陈王乃遣立咎为魏王。

章邯已破陈王，乃进兵击魏王于临济。魏王乃使周市出请救于齐、楚。齐、楚遣项它、田巴将兵随市救魏。章邯遂击破杀周市等军，围临济。咎为其民约降。约定，咎自烧杀。

魏豹亡走楚。楚怀王予魏豹数千人，复徇魏地。项羽已破秦，降章邯。豹下魏二十余城。立豹为魏王。豹引精兵从项羽入关。汉元年，项羽封诸侯，欲有梁地，乃徙魏王豹于河东，都平阳，为西魏王。

汉王还定三秦，渡临晋，魏王豹以国属焉，遂从击楚于彭城。汉败，还至荥阳，豹请归视亲病，至国，即绝河津畔汉。汉王闻魏豹反，方东忧楚，未及击，谓郦生曰："缓颊往说魏豹[3]，能下之，吾以万户封若。"郦生说豹。豹谢曰："人生一世间，如白驹过隙耳。今汉王慢而侮人，骂詈诸侯群臣如骂奴耳[4]，非有上下礼节也，吾不忍复见也。"于是汉王遣韩信击虏豹于河东，传诣荥阳，以豹国为郡。汉王令豹守荥阳。楚围之急，周苛遂杀魏豹。

【注释】

①徇：攻占，夺取。

②反：同"返"。

③缓颊：婉言劝解或代人说情。

④詈（lì）：骂，责骂。

解读

魏豹原是战国时期魏国的贵族。陈胜起义时立其兄咎为魏王。秦将章邯攻魏，咎被迫自杀。他逃亡至楚，向楚怀王借兵数千人，攻下魏地二十余城，自立为魏王。之后又投奔刘邦。

魏豹本想借助刘邦的汉军之力夺回自己的东部失地，未想到折兵损将，空忙一场，于是找借口摆脱了刘邦的控制，之后断绝了双方的关系。魏豹所以断绝与刘邦的关系，一是他从现实中看到，依靠刘邦的力量夺回失地只是泡影；二是对刘邦的待人态度大为不满，他曾对人讲："汉王对人傲慢侮辱，骂诸侯群臣像骂奴仆一样，没有上下礼节。"经过现实经验的教训，魏豹在天下的政治纷争中准备严守国家独立的立场。

魏豹以军事手段与汉军对抗，保卫家国，表明了他维护独立与尊严的坚定信念。但他在军事战术上远不是韩信的对手，中了疑兵之计，又沦为刘邦的掌中之物。

这位一意追求独立的反秦功臣，最终在楚汉相争的夹缝中未能立足，国破身亡。

黥布列传第三十一

【原典】

十一年[①]，高后诛淮阴侯，布因心恐。夏，汉诛梁王彭越，醢之[②]，盛其醢遍赐诸侯。至淮南，淮南王方猎，见醢，因大恐，阴令人部聚兵，候伺旁郡警急。

布所幸姬疾，请就医，医家与中大夫贲赫对门，姬数如医家，贲赫自以为侍中，乃厚馈遗，从姬饮医家。姬侍王，从容语次，誉赫长者也。王怒曰："汝安从知之？"具说状。王疑其与乱。赫恐，称病。王愈怒，欲捕赫。赫言变事，乘传诣长安[③]。布使人追，不及。赫至，上变，言布谋反有端，可先未发诛也。上读其书，语萧相国。相国曰："布不宜有此，恐仇怨妄诬之。请击赫，使人微验淮南王。"淮南王布见赫以罪亡，上变，固已疑其言国阴事；汉使又来，颇有所验，遂族赫家[④]，发兵反。反书闻，上乃赦贲赫，以为将军。

上召诸将问曰："布反，为之奈何？"皆曰："发兵击之，坑竖子耳[⑤]。何能为乎！"汝阴侯滕公召故楚令尹问之。令尹曰："是故当反。"滕公曰："上裂地而王之，疏爵而贵之，南面而立万乘之主，其反何也？"令尹曰："往年杀彭越，前年杀韩信，此三人者，同功一体之人也。自疑祸及身，故反耳。"滕公言之上曰："臣客故楚令尹薛公者，其人有筹筴之计[⑥]，可问。"上乃召见问薛公。薛公对曰："布反不足怪也。使布出于上计，山东非汉之有也；出于中计，胜败之数未可知也；出于下计，陛下安枕而卧矣。"上曰："何谓上计？"令尹对曰："东取吴，西取楚，并齐取鲁，传檄燕、赵，固守其所，山东非汉之有也。""何谓中计？”“东取吴，西取楚，并韩取魏，据敖庾之粟[7]，塞成皋之口，胜败之数未可知也。”“何谓下计？”“东取吴，西取下蔡，归重于越，身归长沙，陛下安枕而卧，汉无事矣。”上曰：“是计将安出？”令尹对曰：“出下计。”上曰：“何谓废上中计而出下计？”令尹曰：“布故丽山之徒也，自致万乘之主，此皆为身，不顾后为百姓万世虑者也，故曰出下计。”上曰：“善。”封薛公千户。乃立皇子长为淮南王。上遂发兵自将东击布。

布之初反，谓其将曰：“上老矣，厌兵，必不能来。使诸将，诸将独患淮阴、彭越，今皆已死，馀不足畏也。”故遂反。果如薛公筹之，东击荆，荆王刘贾走死富陵。尽劫其兵，渡淮击楚。楚发兵与战徐、僮间，为三军，欲以相救为奇。或说楚将曰：“布善用兵，民素畏之。且兵法，诸侯战其地为散地。今别为三，彼败吾一军，馀皆走，安能相救！”不听。布果破其一军，其二军散走。

遂西，与上兵遇蕲西会甀(chuí)。布兵精甚，上乃壁庸城，望布军置陈如项籍军[8]，上恶之。与布

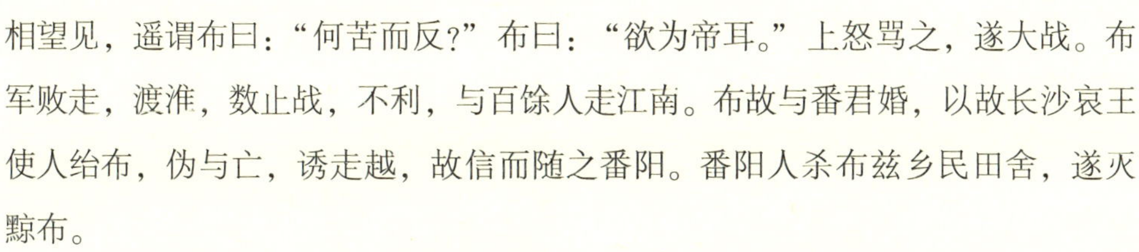

相望见，遥谓布曰："何苦而反？"布曰："欲为帝耳。"上怒骂之，遂大战。布军败走，渡淮，数止战，不利，与百馀人走江南。布故与番君婚，以故长沙哀王使人绐布，伪与亡，诱走越，故信而随之番阳。番阳人杀布兹乡民田舍，遂灭黥布。

立皇子长为淮南王，封贲赫为期思侯，诸将率多以功封者。

太史公曰：英布者，其先岂《春秋》所见楚灭英、六，皋陶之后哉？身被刑法，何其拔兴之暴也！项氏之所坑杀人以千万数，而布常为首虐。功冠诸侯，用此得王，亦不免于身为世大僇⑨。祸之兴自爱姬殖，妒媢生患⑩，竟以灭国！

【注释】

①十一年：汉高祖十一年，公元前196年。

②醢（hǎi）：当时一种酷刑，把人剁成肉酱。

③传（zhuàn）：驿站的马车。

④族：灭族。

⑤竖子：小子。对人的蔑称。

⑥筹筴（cè）：策划谋略。筴，"策"的异体字。

⑦敖庾：粮仓。

⑧陈（zhèn）：同"阵"。

⑨僇：耻辱。

⑩妒媢：嫉妒。

解读

英布，秦末汉初名将。汉族，六县（今安徽六安）人，因受秦律被黥，又称黥布。初属项羽，为霸王帐下五大将之一，被封为九江王，后叛楚归汉，被封为淮南王。与韩信、彭越并称汉初三大名将。

英布生性多疑，谋反之前曾怀疑手下官员贲赫和自己的侍妾通奸，从此一再逼问侍妾有无此事。贲赫听到消息，吓得魂不附体，只得在家装病。英布得知贲赫在家装病，更加怀疑他做了见不得人的事。英布命人抓捕贲赫，贲赫走投无路，恨死了英布，索性来到长安，告发英布谋反。汉高祖刘邦亲自讨伐英布，英布于是被消灭了。

英布贵为诸侯王，他的惨祸竟因他不能容忍一个贲赫引发，这是他始料不及的。

许多人的怨恨是在不经意间结下的。也许你并未在意的人，你对他的轻侮他却不会轻易忘记。所以在这件事上一定要细心，不可随便与人结怨。

有了矛盾不能火上浇油，把仇怨解开需要自己主动，多做一些能打动对方的事。只要态度诚恳，不耍花招，就能收到冰释前嫌的成效。

淮阴侯列传第三十二

【原典】

淮阴侯韩信者，淮阴人也。始为布衣时，贫无行[①]，不得推择为吏，又不能治生商贾，常从人寄食饮，人多厌之者，常数从其下乡南昌亭长寄食，数月，亭长妻患之，乃晨炊蓐食[②]。食时信往，不为具食。信亦知其意，怒，竟绝去。

信钓于城下，诸母漂，有一母见信饥，饭信，竟漂数十日。信喜，谓漂母曰："吾必有以重报母。"母怒曰："大丈夫不能自食，吾哀王孙而进食[③]，岂望报乎！"

淮阴屠中少年有侮信者[④]，曰："若虽长大，好带刀剑，中情怯耳。"众辱之曰："信能死，刺我；不能死，出我袴下。"于是信孰视之，俛出袴下[⑤]，蒲伏。一市人皆笑信，以为怯。

及项梁渡淮，信杖剑从之，居戏下，无所知名。项梁败，又属项羽，羽以为

郎中。数以策干项羽，羽不用。汉王之入蜀，信亡楚归汉，未得知名，为连敖。坐法当斩，其辈十三人皆已斩，次至信，信乃仰视，适见滕公，曰："上不欲就天下乎？何为斩壮士！"滕公奇其言，壮其貌，释而不斩。与语，大说之⑥。言于上，上拜以为治粟都尉，上未之奇也。

信数与萧何语，何奇之。至南郑，诸将行道亡者数十人，信度何等已数言上，上不我用，即亡。何闻信亡，不及以闻，自追之。人有言上曰："丞相何亡。"上大怒，如失左右手。居一二日，何来谒上，上且怒且喜，骂何曰："若亡，何也？"何曰："臣不敢亡也，臣追亡者。"上曰："若所追者谁何？"曰："韩信也。"上复骂曰："诸将亡者以十数，公无所追；追信，诈也。"何曰："诸将易得耳。至如信者，国士无双。王必欲长王汉中，无所事信；必欲争天下，非信无所与计事者。顾王策安所决耳。"王曰："吾亦欲东耳，安能郁郁久居此乎？"何曰："王计必欲东，能用信，信即留；不能用，信终亡耳。"王曰："吾为公以为将。"何曰："虽为将，信必不留。"王曰："以为大将。"何曰："幸甚。"于是王欲召信拜之。何曰："王素慢无礼⑦，今拜大将如呼小儿耳，此乃信所以去也。王必欲拜之，择良日，斋戒，设坛场⑧，具礼，乃可耳。"王许之。诸将皆喜，人人各自以为得大将。至拜大将，乃韩信也，一军皆惊。

【注释】

①无行：品行不好。

②晨炊蓐食：早起做好早饭，端到床上吃。蓐，草席。

③王孙：公子，少年。对年轻人的敬称。

④屠：以宰杀牲畜卖肉为生的人。

⑤袴：通"胯"。

⑥说：同"悦"。喜欢，高兴。

⑦素慢：一向傲慢。

⑧坛场：拜将的场所。

解读

在本传中，韩信忍受胯下之辱的故事最负盛名。如果当初韩信一气之下，宁折不弯地和那些流氓拼命，恐怕历史将要改写，那么历史上不会出现一个叱咤风云的大将军，只会多一个名不见经传的冤死鬼。当然历史就是历史，没有什么假设，但是历史中的智慧值得我们思索。大丈夫能屈能伸，能刚能柔，就是源于韩信的典故。在常人看来，胯下之辱绝对让人不堪忍受，简直是奇耻大辱，然而韩信爬过去了，而且爬过去以后拍拍身上的尘土扬长而去，这是何等的胸襟和气魄！

大丈夫不应徒争眼前的得失或贪图一己的物欲，抢出一时的风头——那是匹夫之勇，是不知天高地厚的无知。逞雄才于一隅，作威福于一方，显得意于外表，完全是先做老子后做儿子的狂妄。

要想成就一番大事业就得忍受常人所不能忍受的耻辱。历史赋予你重大的任务，你就要做好吃苦受辱的准备，那不仅是命运对你的考验，也是自己对自己的验证。面对耻辱，要冷静地思考，如果自己的力量不足以与彼方抗衡，那么最重要的是保存实力，而不是拿自己的命运作赌注，做无谓的争取。一时意气是莽夫的行为，绝不是成就大事业者的作为。

能屈能伸，“屈”是暂时的，暂时的忍辱负重是为了长久的事业和理想。不能忍一时之屈，就不能使壮志得以实现，使抱负得以施展。“屈”是“伸”的准备和积蓄的阶段，就像运动员跳远一样，屈腿是为了积蓄力量，把全身的力量凝聚到发力点上，然后将身跃起，在空中舒展身体以达到最远的目标。

狭路相逢时，要留一点余地给他人行走，羊肠小道上两个人通过，如争先恐后，两人都有坠入深渊的危险，与其相争不如相让，这样才能迅速而又不伤和气地达到我们想要达到的目的。为人处世难免有过错，责备他人的过错不可太严厉，要考虑对方能否承受得住，能否接受你的批评；教诲别人的同时不可期望太高，要顾及他人的能力是否能达到自己的要求，不要把自己的意愿强加在他人身上，因为手指尚有长短，人必有差距之分。

为人处世，遇事退让一步方为高明，因为让一步就等于为日后进一步做准备；待人接物以抱宽厚的心境为快乐，因为给人家方便也就是为自己以后留下方便之门。

大丈夫根据时势，需要屈时就屈，需要伸时就伸，可以屈时就屈，可以伸时就伸。屈于应当屈的时候，是智慧；伸于应当伸的时候，也是智慧。屈是保存力量，伸是光大力量；屈是隐匿自我，伸是高扬自我；屈是生之低谷，伸是生之巅峰。随时势能屈能伸，柔顺如同薄席，可卷可张，这不是胆小怕事。

大丈夫处世总会有起有伏，要能屈能伸。起，就起个直上云霄；伏，就伏个如龙在渊；屈，就屈个不露痕迹；伸，就伸个清澈见底。这是多么奇妙、痛快、潇洒的情境。

韩信列传第三十三

【原典】

韩王信者，故韩襄王孽孙也[1]，长八尺五寸。及项梁之立楚后怀王也，燕、齐、赵、魏皆已前王，唯韩无有后，故立韩诸公子横阳君成为韩王，欲以抚定韩故地。项梁败死定陶，成奔怀王。沛公引兵击阳城，使张良以韩司徒降下韩故地，得信，以为韩将，将其兵从沛公入武关。

沛公立为汉王，韩信从入汉中，乃说汉王曰：“项王王诸将近地，而王独远居此，此左迁也。士卒皆山东人，跂而望归，及其锋东乡[2]，可以争天下。”汉王还定三秦，乃许信为韩王，先拜信为韩太尉，将兵略韩地。

项籍之封诸王皆就国，韩王成以不从无功，不遣就国，更以为列侯。及闻汉遣韩信略韩地，乃令故项籍游吴时吴令郑昌为韩王以距汉[③]。汉二年，韩信略定韩十馀城。汉王至河南，韩信急击韩王昌阳城。昌降，汉王乃立韩信为韩王，常将韩兵从。三年，汉王出荥阳，韩王信、周苛等守荥阳。及楚败荥阳，信降楚，已而得亡，复归汉，汉复立以为韩王，竟从击破项籍，天下定。五年春，遂与剖符为韩王[④]，王颍川。

明年春，上以韩信材武，所王北近巩、洛，南迫宛、叶，东有淮阳，皆天下劲兵处，乃诏徙韩王信王太原以北，备御胡，都晋阳。信上书曰："国被边，匈奴数入，晋阳去塞远，请治马邑。"上许之，信乃徙治马邑。秋，匈奴冒顿大围信，信数使使胡求和解。汉发兵救之，疑信数间使，有二心，使人责让信。信恐诛，因与匈奴约共攻汉，反，以马邑降胡，击太原。

七年冬，上自往击，破信军铜鞮（dī），斩其将王喜。信亡走匈奴。其与白土人曼丘臣、王黄等立赵苗裔赵利为王[⑤]，复收信败散兵，而与信及冒顿谋攻汉。匈奴使左右贤王将万馀骑与王黄等屯广武以南，至晋阳，与汉兵战，汉大破之，追至于离石，复破之。匈奴复聚兵楼烦西北，汉令车骑击破匈奴。匈奴常败走，汉乘胜追北，闻冒顿居代谷，高皇帝居晋阳，使人视冒顿，还报曰"可击"。上遂至平城。上出白登，匈奴骑围上，上乃使人厚遗阏氏。阏氏乃说冒顿曰："今得汉地，犹不能居；且两主不相厄。"居七日，胡骑稍引去。时天大雾，汉使人往来，胡不觉。护军中尉陈平言上曰："胡者全兵，请令强弩傅两矢外向[⑥]，徐行出围。"入平城，汉救兵亦到，胡骑遂解去。汉亦罢兵归。韩信为匈奴将兵往来击边。

汉十年，信令王黄等说误陈豨。十一年春，故韩王信复与胡骑入居参合，距汉。汉使柴将军击之，遗信书曰："陛下宽仁，诸侯虽有畔亡[⑦]，而复归，辄复故位号，不诛也。大王所知。今王以败亡走胡，非有大罪，急自归！"韩王信报曰："陛下擢仆起闾巷，南面称孤，此仆之幸也。荥阳之事，仆不能死，囚于项籍，此一罪也。及寇攻马邑，仆不能坚守，以城降之，此二罪也。今反为寇将兵，与将军争一旦之命，此三罪也。夫种、蠡无一罪[⑧]，身死亡；今仆有三罪于陛下，而欲求活于世，此伍子胥所以偾于吴也[⑨]。今仆亡匿山谷间，旦暮乞贷蛮

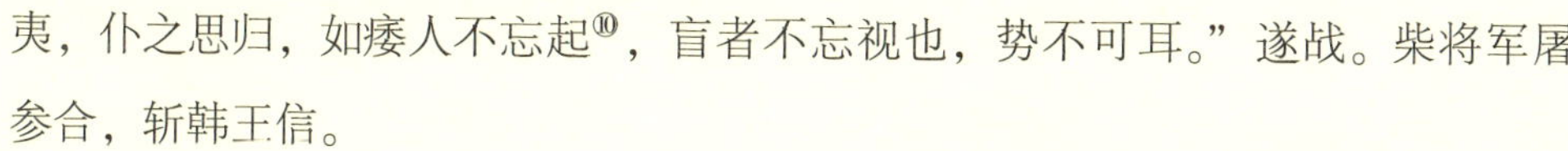

夷，仆之思归，如痿人不忘起⑩，盲者不忘视也，势不可耳。”遂战。柴将军屠参合，斩韩王信。

【注释】

①孽孙：庶出的孙子。

②东乡（xiàng）：向东进军。乡，通“向”。

③距：通“拒”。抵抗。

④剖符：古时帝王授予诸侯和功臣的凭证。剖分为二，帝王和诸侯各执其一，故称剖符。

⑤苗裔：后代。

⑥傅：通“附”。

⑦畔亡：背叛逃亡。畔，通“叛”。

⑧种、蠡：指文种、范蠡。

⑨偾（fèn）：倒覆，败亡。

⑩痿人：瘫痪不起的人。

解读

首先需要说明的是，本文中的韩信是韩王韩信，不是前文所述的淮阴侯韩信。

韩信并不是一向积德累善，而是侥幸于一时随机应变，以欺诈和暴力获得成功。正赶上汉朝刚刚建立，所以才能够分封领土，南面为王。在内由于势力强大而被怀疑，在外倚仗着外族作援助。因此，日益被皇帝疏远，自陷危境，走投无路，无计可施，最终迫不得已投奔匈奴，难道不可悲吗！由此可见，谋虑的运用是否适当，对一个人的影响太深远了！

田儋列传第三十四

【原典】

横定齐三年，汉王使郦生往说下齐王广及其相国横。横以为然，解其历下军。汉将韩信引兵且东击齐。齐初使华无伤、田解军于历下以距汉，汉使至，乃罢守战备，纵酒，且遣使与汉平。汉将韩信已平赵、燕，用蒯通计，度平原，袭破齐历下军，因入临淄。齐王广、相横怒，以郦生卖己，而亨郦生。齐王广东走高密，相横走博阳，守相田光走城阳，将军田既军于胶东。楚使龙且救齐，齐王与合军高密。汉将韩信与曹参破杀龙且，虏齐王广。汉将灌婴追得齐守相田光。至博阳，而横闻齐王死，自立为齐王，还击婴，婴败横之军于嬴下。田横亡走梁，归彭越。彭越是时居梁地，中立，且为汉，且为楚。韩信已杀龙且，因令曹参进兵破杀田既于胶东，使灌婴破杀齐将田吸于千乘。韩信遂平齐，乞自立为齐假王，汉因而立之。

后岁馀，汉灭项籍，汉王立为皇帝，以彭越为梁王。田横惧诛，而与其徒属五百馀人入海，居岛中。高帝闻之，以为田横兄弟本定齐，齐人贤者多附焉，今在海中不收，后恐为乱，乃使使赦田横罪而召之。田横因谢曰："臣亨陛下之使郦生，今闻其弟郦商为汉将而贤，臣恐惧，不敢奉诏，请为庶人，守海岛中。"使还报，高皇帝乃诏卫尉郦商曰："齐王田横即至，人马从者敢动摇者致族夷！"乃复使使持节具告以诏商状，曰："田横来，大者王，小者乃侯耳；不来，且举兵加诛焉。"田横乃与其客二人乘传诣雒阳。

未至三十里，至尸乡厩置，横谢使者曰："人臣见天子当洗沐。"止留。谓其客曰："横始与汉王俱南面称孤，今汉王为天子，而横乃为亡虏而北面事之，

其耻固已甚矣。且吾亨人之兄，与其弟并肩而事其主，纵彼畏天子之诏，不敢动我，我独不愧于心乎？且陛下所以欲见我者，不过欲一见吾面貌耳。今陛下在洛阳，今斩吾头，驰三十里间，形容尚未能败，犹可观也。”遂自刭，令客奉其头，从使者驰奏之高帝。高帝曰：“嗟乎，有以也夫！起自布衣，兄弟三人更王，岂不贤乎哉！”为之流涕，而拜其二客为都尉，发卒二千人，以王者礼葬田横。

既葬，二客穿其冢旁孔，皆自刭，下从之。高帝闻之，乃大惊，以田横之客皆贤。吾闻其馀尚五百人在海中，使使召之。至则闻田横死，亦皆自杀。于是乃知田横兄弟能得士也。

太史公曰：甚矣，蒯通之谋！乱齐骄淮阴，其卒亡此两人！蒯通者，善为长短说，论战国之权变，为八十一首。通善齐人安期生，安期生尝干项羽，项羽不能用其策。已而项羽欲封此两人，两人终不肯受，亡去。田横之高节，宾客慕义而从横死，岂非至贤！余因而列焉。不无善画者，莫能图，何哉？

解读

田横是秦末齐国旧王族，齐王田氏的后裔，继田儋之后为齐王。生于狄邑（山东高青县高城镇），是我国古代著名义士。在田横的苦心经营之下，齐国由原来千疮百孔、破落不堪的海隅之地，成为一个有千里之地、二十万精兵的强大诸侯国。田横的失误在于他太诚实了，他相信了郦食其的话，解除了历下的守备，这样就使韩信的偷袭一举得逞，而齐国也由此一败涂地。

田横为了保存岛上五百人的性命，便带了两个部下，离开海岛，向汉高祖的京城进发。但到了离京城三十里的地方，田横便自刎而死，嘱托同行的两个部下拿他的头去见汉高祖，表示自己不受投降的屈辱，同时也保存了岛上五百人的性命。汉高祖用王礼葬他，并封那两个部下做都尉，但那两个部下在埋葬田横时，也自杀在田横的墓穴中。汉高祖派人去招降岛上的五百人，但他们听到田横自刎，便都蹈海而死。司马迁感慨地写道：“田横之高节，宾客慕义而从横死，岂非至贤！”

田横和他的部属们不屈不挠的信念和行为不仅惊动了当时，而且成为后世文人墨客笔下的主题。自古齐鲁多豪杰，田横五百壮士的故事既传奇又感人。

不管是什么理由促使田横做出了最后的抉择，他的这种决心代表了那个时代人们推崇的一种生命价值取向。那时人们也会认为生命诚可贵，但比生命价更高是义。孟轲曾经提出，当生与死、义与利二者不可得兼的时候，仁人志士的选择应该是舍生取义。然而真正的舍生取义，历史上几人能够做到？

樊哙列传第三十五

【原典】

项籍既死，汉王为帝，以哙坚守战有功[①]，益食八百户。从高帝攻反燕王臧荼，虏荼，定燕地。楚王韩信反，哙从至陈，取信，定楚。更赐爵列侯，与诸侯剖符，世世勿绝，食舞阳，号为舞阳侯，除前所食。以将军从高祖攻反韩王信于代。自霍人以往至云中，与绛侯等共定之[②]，益食千五百户。因击陈豨与曼丘臣军，战襄国，破柏人，先登，降定清河、常山凡二十七县，残东垣，迁为左丞相。破得綦毋卬、尹潘军于无终、广昌。破豨别将胡人王黄军于代南，因击韩信军于参合。军所将卒斩韩信，破豨胡骑横谷，斩将军赵既，虏代丞相冯梁、守孙奋、大将王黄、将军、太仆解福等十人。与诸将共定代乡邑七十三。其后燕王卢绾反，哙以相国击卢绾，破其丞相、抵蓟南，定燕地，凡县十八，乡邑五十一。益食邑千三百户，定食舞阳五千四百户。从，斩首百七十六级，虏二百八十八人。别，破军七，下城五，定郡六，县五十二，得丞相一人，将军十二人，二千石已下至三百石十一人。

哙以吕后女弟吕须为妇[③]，生子伉，故其比诸将最亲。

先黥布反时，高祖尝病甚，恶见人，卧禁中，诏户者无得入群臣。群臣绛、灌等莫敢入。十馀日，哙乃排闼直入[④]，大臣随之。上独枕一宦者卧。哙等见上流涕曰："始陛下与臣等起丰沛，定天下，何其壮也！今天下已定，又何惫也！

且陛下病甚，大臣震恐，不见臣等计事，顾独与一宦者绝乎？且陛下独不见赵高之事乎？”高帝笑而起。

其后卢绾反，高帝使哙以相国击燕。是时高帝病甚，人有恶哙党于吕氏，即上一日宫车晏驾⑤，则哙欲以兵尽诛灭戚氏、赵王如意之属。高帝闻之大怒，乃使陈平载绛侯代将，而即军中斩哙。陈平畏吕后，执哙诣长安。至则高祖已崩，吕后释哙，使复爵邑。

【注释】

①哙：樊哙。

②绛侯：指周勃。

③女弟：妹妹。

④排闼：闯门，含莽撞之意。

⑤宫车晏驾：是对皇帝死亡的一种避讳的说法。

解读

樊哙出身寒微，早年曾以屠狗为业。他与刘邦交往甚密，曾与刘邦一起隐于芒砀山泽间（今河南永城东北），与萧何、曹参共同推戴刘邦起兵反秦。刘邦做了沛公，便让樊哙做了他的随从副官。

刘邦率军入关，灭秦封关自守，欲依楚怀王“先入定关中者王之”的旧约，称王于关中。这引起了项羽的不满，派当阳君英布等攻下函谷关。项羽入关后，驻军于戏（今陕西临潼东北新丰镇东南戏水西岸）西，欲击灭刘邦军。樊哙早在刘邦入咸阳后，就力劝刘邦还军灞上（今西安东南），勿贪秦宫奢丽的享受。

之后的鸿门宴，如果没有樊哙闯帐谴责项羽，刘邦的事业几乎失败。刘邦被项羽封为汉王后，赐樊哙为列侯，号武侯，升为郎中，随汉王刘邦入汉中。

项羽死后，刘邦称帝，史称汉高祖。因樊哙作战有功再增加食邑八百户。汉初，异姓诸侯王反叛不断，樊哙成为征讨叛军的主将。先攻打反叛的燕王臧荼，俘臧荼，平定了燕地；后更赐爵为列侯，以舞阳为食邑，号舞阳侯。又以将军名义跟随高帝讨伐了韩王信，斩韩王信，与绛侯周勃等共同平定了代地，因功再增加食邑一千五百户。因击退陈豨、曼丘臣军，战襄国，破柏人，先登，收取赵地清河、常山等共二十七县，被提升为左丞相。所部败陈豨的胡人骑兵于横谷，斩将军赵既，虏获代丞相冯梁、郡守孙奋、大将王黄等十人。与诸将共同平定代地乡邑七十三个。高祖十二年（公元前195年）又以相国职率兵击燕王卢绾，平定燕地十八县，五十一个乡邑。高帝把他的封邑增至五千四百户。总计樊哙战功：跟随高祖作战，斩首一百七十六个级，俘虏二百八十八人；自己单独领兵作战，打败七支军队，攻下五个城邑，平定六个郡，五十二县；虏获丞相一人，将军十二人，将官十一人。樊哙成为汉朝从创立到稳定时期的重要将领。

通过这篇传记，我们分明看到了一个血肉丰满、神气活现的英雄形象，他竭尽忠智，威而有胆，勇而有谋，实在值得司马迁，也值得千秋万代的人们为之高歌一曲。

张丞相列传第三十六

【原典】

昌为人强力，敢直言，自萧、曹等皆卑下之。昌尝燕时入奏事①，高帝方拥戚姬，昌还走，高帝逐得，骑周昌项，问曰："我何如主也？"昌仰曰："陛下即桀纣之主也。"于是上笑之，然尤惮周昌。及帝欲废太子，而立戚姬子如意为太子，大臣固争之，莫能得；上以留侯策即止。而周昌廷争之强，上问其说，昌为人吃，又盛怒，曰："臣口不能言，然臣期……期②……知其不可。陛下虽欲废太子，臣期……期……不奉诏。"上欣然而笑。既罢，吕后侧耳于东厢听，见周昌，为跪谢曰："微君，太子几废。"

是后戚姬子如意为赵王，年十岁，高祖忧即万岁之后不全也③。赵尧年少，为符玺御史。赵人方与公谓御史大夫周昌曰："君之史赵尧，年虽少，然奇才也，君必异之，是且代君之位。"周昌笑曰；"尧年少，刀笔吏耳，何能至是乎！"居

顷之，赵尧侍高祖。高祖独心不乐，悲歌，群臣不知上之所以然。赵尧进请问曰："陛下所为不乐，非为赵王年少而戚夫人与吕后有郤邪[④]？备万岁之后而赵王不能自全乎？"高祖曰："然。吾私忧之，不知所出。"尧曰："陛下独宜为赵王置贵强相，及吕后、太子、群臣素所敬惮乃可。"高祖曰："然。吾念之欲如是，而群臣谁可者？"尧曰："御史大夫周昌，其人坚忍质直，且自吕后、太子及大臣皆素敬惮之。独昌可。"高祖曰："善。"于是乃召周昌，谓曰："吾欲固烦公，公强为我相赵王。"周昌泣曰："臣初起从陛下，陛下独奈何中道而弃之于诸侯乎？"高祖曰："吾极知其左迁[⑤]，然吾私忧赵王，念非公无可者。公不得已强行！"于是徙御史大夫周昌为赵相。

【注释】

①燕时：闲暇休息之时。

②期：无实际意义，形容口吃之声。

③万岁之后：指皇帝死后。

④郤：同"隙"，不和，有结怨。

⑤左迁：降职。

解读

周昌，西汉大臣，刘邦同乡，沛县（今属江苏）人。秦时为泗水卒吏。秦末农民战争中，随刘邦入关破秦，任中尉。后为御史大夫，封汾阴侯。

周昌为人正直，敢于直言。有一次周昌入朝面见刘邦，正巧赶上刘邦抱着戚姬亲热，周昌扭头就走，刘邦追上前去，问道："我是什么样的皇帝？"周昌说："你是夏桀殷纣一样无道的昏君。"刘邦听了反而大笑。周昌口吃，说起话来很费劲。当时，汉高祖刘邦想废掉太子刘盈，另立如意为太子。周昌对此坚决反对，并向刘邦提出劝谏，说："我不善言辞，但知此事不能这么办，如陛下想废太子，我就不服从您的命令了。"因为周昌口吃，在说上述话时，把本不需重叠的"期"字说成了"期期"。而成语期期艾艾也典出于此。

在周昌身上表现出的耿直和无畏精神，实际上是对大汉王朝的一种绝对的忠诚。无论在什么时候，这种忠诚都是一种难能可贵的高尚品质。

郦生陆贾列传第三十七

【原典】

陆贾者，楚人也。以客从高祖定天下，名为有口辩士，居左右，常使诸侯。

及高祖时，中国初定，尉他平南越，因王之。高祖使陆贾赐尉他印为南越王。陆生至，尉他魋结箕倨见陆生①。陆生因进说他曰："足下中国人，亲戚昆弟坟在真定。今足下反天性，弃冠带，欲以区区之越与天子抗衡为敌国，祸且及身矣。且夫秦失其政，诸侯豪杰并起，唯汉王先入关，据咸阳。项羽倍约，自立为西楚霸王，诸侯皆属，可谓至强。然汉王起巴蜀，鞭笞天下，劫略诸侯，遂诛项羽灭之。五年之间，海内平定，此非人力，天之所建也。天子闻君王王南越，不助天下诛暴逆，将相欲移兵而诛王，天子怜百姓新劳苦，故且休之，遣臣授君王印，剖符通使。君王宜郊迎，北面称臣②，乃欲以新造未集之越，屈强于此。汉诚闻之，掘烧王先人冢，夷灭宗族，使一偏将将十万众临越，则越杀王降汉，如反覆手耳。"

于是尉他乃蹶然起坐③，谢陆生曰："居蛮夷中久，殊失礼义。"因问陆生曰："我孰与萧何、曹参、韩信贤?"陆生曰："王似贤。"复曰："我孰与皇帝贤?"陆生曰："皇帝起丰沛，讨暴秦，诛强楚，为天下兴利除害，继五帝三王之业，统理中国。中国之人以亿计，地方万里，居天下之膏腴，人众车轝④，万物殷富，政由一家，自天地剖泮未始有也。今王众不过数十万，皆蛮夷，崎岖山海间，譬若汉一郡，王何乃比于汉!"尉他大笑曰："吾不起中国，故王此。使我居中国，何渠不若汉?"乃大说陆生，留与饮数月。曰："越中无足与语，至生来，令我日闻所不闻。"赐陆生橐中装直千金⑤，他送亦千金。陆生卒拜尉他为南越王，令称臣奉汉约。归报，高祖大悦，拜贾为太中大夫。

陆生时时前说称《诗》《书》。高帝骂之曰："乃公居马上而得之，安事《诗》《书》!"陆生曰；"居马上得之，宁可以马上治之乎？且汤武逆取而以顺守之，文武并用，长久之术也。昔者吴王夫差、智伯极武而亡；秦任刑法不变，卒灭赵氏。乡使秦已并天下，行仁义，法先圣，陛下安得而有之？"高帝不怿而有惭色⑥，乃谓陆生曰："试为我著秦所以失天下，吾所以得之者何，及古成败之国。"陆生乃粗述存亡之征，凡著十二篇。每奏一篇，高帝未尝不称善，左右呼万岁，号其书曰《新语》。

【注释】

①魋结（chuí jì）：同"椎髻"，古人的一种发型，把发髻梳成一撮，形状如椎。箕倨：伸开两足而坐，有如簸箕，在当时是一种无礼的姿态。

②北面：古代君王南面而坐，臣子朝见时则面向北方，所以向人称臣的时候谓之"北面"。

③蹶（guì）然：急急忙忙的样子。

④人众车轝（yú）：人口众多，车马来来往往，一派繁荣景象。轝，同"舆"，众多之意。

⑤橐中装：袋子中的包裹，指珠玉之类质轻价重的宝物。

⑥不怿：不高兴。

解读

刘邦年轻时放荡不羁，鄙视儒生。称帝以后，他认为自己是马上得天下，《诗》《书》没有用处。陆贾反驳说："马上得之，宁可以马上治乎？"刘邦于是命陆贾著书论述秦失天下的原因，以资借鉴。

刘邦的确有各种各样的缺点，但他对待人才、对待不同意见的态度却是值得称道的，如果刘邦没有这样的胸怀，楚汉相争的结局，真的未可知也。

做领导的人听得最多的，恐怕就是属下的阿谀奉承之辞，这种话听得多了，就难保不飘飘然起来，自我感觉良好，觉得自己什么都行，对于不顺着自己意思说的话会很反感。而一个真正的好领导，能够做到让下属心服，与下属分利，更能给下属空间和机会，让下属充分发挥自己的能力。有些时候，明明下属的意见不如自己高明，能力不如自己强，但为了给下属发挥的空间，也会善意地接受下属的意见。

傅靳蒯成列传第三十八

【原典】

蒯成侯緤者，沛人也，姓周氏。常为高祖参乘①，以舍人从起沛。至霸上，西入蜀、汉，还定三秦，食邑池阳。东绝甬道，从出度平阴②，遇淮阴侯兵襄国，军乍利乍不利，终无离上心。以緤为信武侯，食邑三千三百户。高祖十二年，以緤为蒯成侯，除前所食邑。

上欲自击陈豨，蒯成侯泣曰："始秦攻破天下，未尝自行。今上常自行，是为无人可使者乎？"上以为"爱我"，赐入殿门不趋，杀人不死。

至孝文五年，緤以寿终，谥为贞侯。子昌代侯，有罪，国除。至孝景中二年，封緤子居代侯。至元鼎三年③，居为太常，有罪，国除。

【注释】

①参乘：又称"陪乘"，古代乘车，尊者居左，御者在中，另一人在右，叫陪乘。

②度：同"渡"。渡过。

③元鼎三年：即公元前114年。元鼎：汉武帝年号。

解读

周緤是沛县人，刘邦的老乡，曾任刘邦的贴身侍卫，是以家臣的身份跟随高祖起事的。他曾陪刘邦到灞上，又西去进入蜀、汉地区，后随刘邦返回平定了三秦。尽管周緤没有带兵打仗战场立功的经历，却被刘邦封为信武侯，食邑

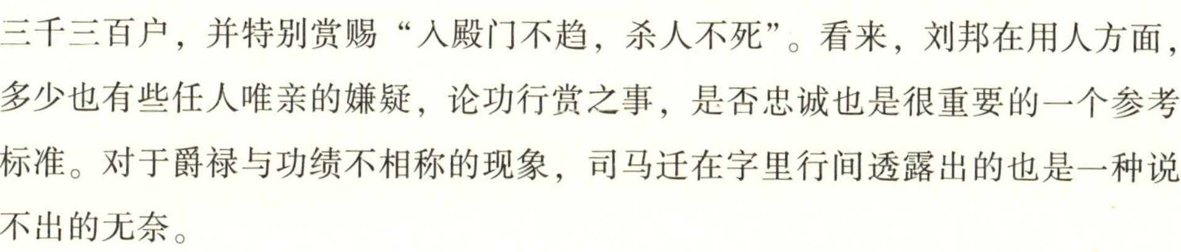

三千三百户，并特别赏赐“入殿门不趋，杀人不死”。看来，刘邦在用人方面，多少也有些任人唯亲的嫌疑，论功行赏之事，是否忠诚也是很重要的一个参考标准。对于爵禄与功绩不相称的现象，司马迁在字里行间透露出的也是一种说不出的无奈。

刘敬叔孙通列传第三十九

【原典】

汉五年①，已并天下，诸侯共尊汉王为皇帝于定陶，叔孙通就其仪号。高帝悉去秦苛仪法，为简易。群臣饮酒争功，醉或妄呼，拔剑击柱，高帝患之。叔孙通知上益厌之也，说上曰：“夫儒者难与进取，可与守成。臣愿征鲁诸生，与臣弟子共起朝仪。”高帝曰：“得无难乎？”叔孙通曰：“五帝异乐，三王不同礼。礼者，因时世人情为之节文者也②。故夏、殷、周之礼所因损益可知者，谓不相复也。臣愿颇采古礼与秦仪杂就之。”上曰：“可试为之，令易知，度吾所能行为之。”

于是叔孙通使征鲁诸生三十馀人。鲁有两生不肯行，曰：“公所事者且十主，皆面谀以得亲贵。今天下初定，死者未葬，伤者未起，又欲起礼乐。礼乐所由起，积德百年而后可兴也。吾不忍为公所为。公所为不合古，吾不行。公往矣，无污我！”叔孙通笑曰：“若真鄙儒也，不知时变。”

遂与所征三十人西，及上左右为学者与其弟子百馀人为绵蕞野外③。习之月馀，叔孙通曰：“上可试观。”上既观，使行礼，曰：“吾能为此。”乃令群臣习肄，会十月。

汉七年，长乐宫成④，诸侯群臣皆朝十月。仪：先平明，谒者治礼，引以次入殿门，廷中陈车骑步卒卫宫，设兵张旗志。传言“趋”。殿下郎中侠陛⑤，陛数百人。功臣列侯诸将军军吏以次陈西方，东乡[⑥]；文官丞相以下陈东方，西乡。大行设九宾，胪传。于是皇帝辇出房，百官执职传警，引诸侯王以下至吏六百石以次奉贺。自诸侯王以下莫不振恐肃敬。至礼毕，复置法酒。诸侍坐殿上皆伏抑首，以尊卑次起上寿。觞九行，谒者言"罢酒"。御史执法举不如仪者辄引去。竟朝置酒，无敢欢哗失礼者[⑦]。于是高帝曰："吾乃今日知为皇帝之贵也。"乃拜叔孙通为太常，赐金五百斤。

叔孙通因进曰："诸弟子儒生随臣久矣，与臣共为仪，愿陛下官之。"高帝悉以为郎。叔孙通出，皆以五百斤金赐诸生。诸生乃皆喜曰："叔孙生诚圣人也，知当世之要务。"

【注释】

①汉五年：汉高祖五年，即公元前202年。

②节文：节制修饰。

③蕞（zuì）：用结扎的茅草表示习仪的尊卑位次。

④长乐宫：西汉主要宫殿之一，遗址在今陕西西安市西北郊汉长安故城东南隅。

⑤侠：通"夹"。

⑥乡：通"向"。

⑦欢哗：喧哗。

解读

楚汉争霸之际，叔孙通以一介儒生，而能游刃于秦二世的残暴昏庸、项羽的喜怒无常、刘邦的粗鲁无赖之间，实不能不让人叹服其机敏圆滑。其中的秘诀，司马迁借叔孙通弟子之口全盘托出："公所事者且十主，皆面谀以得亲贵。"诚然，"面谀"是叔孙通百试不爽的一个护身符。之后，叔孙通又利用自己善于见风使舵的看家本领，在刘邦的支持下，度量事务，制定礼仪法规或取或舍，最终成了汉代儒家的宗师。

处在相同历史情境中的司马迁也许正是看出了叔孙通迂回委曲之中暗含着的忍耐和执着，所以才会评他"大直若曲"。如果我们今天纯以理想化的标准

来指责叔孙通的“小人行径”，而忽视当时的历史环境，应该说是不够客观公正的。

季布栾布列传第四十

【原典】

栾布者，梁人也。始梁王彭越为家人时，尝与布游。穷困，赁佣于齐①，为酒人保。数岁，彭越去之巨野中为盗，而布为人所略卖，为奴于燕。为其家主报仇，燕将臧荼举以为都尉。臧荼后为燕王，以布为将。及臧荼反，汉击燕，虏布。梁王彭越闻之，乃言上，请赎布以为梁大夫。

使于齐，未还，汉召彭越，责以谋反，夷三族。已而枭彭越头于雒阳下，诏曰：“有敢收视者，辄捕之。”布从齐还，奏事彭越头下，祠而哭之。吏捕布以闻。上召布，骂曰：“若与彭越反邪？吾禁人勿收，若独祠而哭之，与越反明矣。趣亨之②。”方提趣汤，布顾曰：“愿一言而死。”上曰：“何言？”布曰：“方上之困于彭城，败荥阳、成皋间，项王所以不能遂西，徒以彭王居梁地，与汉合从苦楚也。当是之时，彭王一顾，与楚则汉破，与汉而楚破。且垓下之会，微彭王，项氏不亡。天下已定，彭王剖符受封，亦欲传之万世。今陛下一征兵于梁，彭王病不行，而陛下疑以为反，反形未见，以苛小案诛灭之③，臣恐功臣人人自危也。今彭王已死，臣生不如死，请就亨。”于是上乃释布罪，拜为都尉。

孝文时，为燕相，至将军。布乃称曰：“穷困不能辱身下志，非人也；富贵不能快意，非贤也。”于是尝有德者厚报之，有怨者必以法灭之。吴楚反时，以军功封俞侯，复为燕相。燕、齐之间皆为栾布立社，号曰栾公社④。

【注释】

①赁佣：受人雇佣。

②趣（cù）：通“促”，赶快。亨（pēng）：同“烹”，古代用鼎煮杀人的一种酷刑。

③苛小：苛求小事。

④社：祠庙。

解读

栾布是梁国人，与彭越是老乡。因对刘邦猜忌功臣不满，在彭越被杀后毅然为其收尸，结果被捉来要用汤镬煮死，幸而据理力争，才得以免祸。栾布知恩报恩，重义轻生，视死如归。在他身上，体现了我国古代劳动人民的许多优秀品质。

这样的义举，连司马迁都不禁感叹：栾布痛哭彭越，把赴汤镬就死看得如同回家一样。他是真正明白要死得其所，而不是吝惜自己的生命。即使古代重义轻生的人，又怎么能超过他呢！

晁错列传第四十一

【原典】

晁错者，颍川人也。学申商刑名于轵张恢先所[①]，与雒阳宋孟及刘礼同师。以文学为太常掌故。

错为人峭直刻深。孝文帝时，天下无治《尚书》者，独闻济南伏生故秦博士，治《尚书》，年九十馀，老不可征，乃诏太常使人往受之。太常遣错受《尚书》伏生所。还，因上便宜事[②]，以《书》称说。诏以为太子舍人、门大夫、家令。以其辩得幸太子，太子家号曰“智囊”。数上书孝文时，言削诸侯事，及法令可更定者。书数十上，孝文不听，然奇其材，迁为中大夫。当是时，太子善错计策，袁盎诸大功臣多不好错。

景帝即位，以错为内史。错常数请间言事，辄听，宠幸倾九卿，法令多所更定。丞相申屠嘉心弗便，力未有以伤。内史府居太上庙堧中[③]，门东出，不便，错乃穿两门南出，凿庙堧垣。丞相嘉闻，大怒，欲因此过为奏请诛错。错闻之，即夜请间，具为上言之。丞相奏事，因言错擅凿庙垣为门，请下廷尉诛。上曰："此非庙垣，乃堧中垣，不致于法。"丞相谢。罢朝，怒谓长史曰："吾当先斩以闻，乃先请，为儿所卖，固误。"丞相遂发病死。错以此愈贵。

迁为御史大夫，请诸侯之罪过，削其地，收其枝郡。奏上，上令公卿列侯宗室集议，莫敢难，独窦婴争之，由此与错郤[④]。错所更令三十章，诸侯皆喧哗疾晁错[⑤]。错父闻之，从颍川来，谓错曰："上初即位，公为政用事，侵削诸侯，别疏人骨肉，人口议多怨公者，何也?"晁错曰："固也。不如此，天子不尊，宗庙不安。"错父曰："刘氏安矣，而晁氏危矣，吾去公归矣!"遂饮药死，曰："吾不忍见祸及吾身。"死十馀日，吴楚七国果反，以诛错为名。及窦婴、袁盎进说，上令晁错衣朝衣斩东市。

【注释】

①申商：指先秦法家代表人物申不害和商鞅。刑名：指名和实的关系。

②便宜事：利国利民之事。

③堧（ruán）：城郭旁或河边的空地。这里指太上庙内外墙之间的空地。

④郤（xì）：通"隙"。隔阂。

⑤疾：痛恨。

解读

晁错原是太子家人，景帝即位后，由于晁错的对策言论很合景帝的心意，就被由中大夫提升至内史。由于晁错是景帝的旧属，又格外受到信任，因此，晁错经常参与景帝的一些谋议活动，他的建议和意见也多被采纳，朝廷的法令制度，晁错大多数都动了一遍。这样一来，朝中大臣都知道景帝器重宠信晁错，没有人敢与他发生顶撞，这也就引起了一些人的嫉妒。后来因为其给景帝上书削藩，终于引起各路诸侯的公愤，引发叛乱。景帝为了平息叛乱，就把晁错给腰斩了。

晁错不仅是替罪的羔羊，还是用来祈祷平息叛乱的祭品，但这并非偶然，这一切都源于他的书生本质。他死得确实冤枉，完全是一场政治、军事与权谋斗争的牺牲品。但不能否认的是，晁错的悲剧也是由他的性格所致。只知忠诚，却不知忠须有道；锋芒太露，不知迂回婉转；与人结怨太多，不知多结善缘。如果不改其性格，即便当时不死，也绝不会长期立足于汉廷。当然这绝非说人应当圆滑诡谲、了无棱角，而是说要既能把事情做好、又能保护自己。否则，好心也可能把事情办坏，好心也可能把自己变成“坏人”。

张释之列传第四十二

【原典】

张廷尉释之者，堵阳人也，字季。有兄仲同居。以訾为骑郎[①]，事孝文帝，十岁不得调，无所知名。释之曰：“久宦减仲之产，不遂。”欲自免归。中郎将袁盎知其贤，惜其去，乃请徙释之补谒者。释之既朝毕，因前言便宜事。文帝曰：“卑之[②]，毋甚高论，令今可施行也。”于是释之言秦汉之间事，秦所以失而汉所以兴者久之。文帝称善，乃拜释之为谒者仆射。

释之从行，登虎圈。上问上林尉诸禽兽簿，十馀问，尉左右视，尽不能对。虎圈啬夫从旁代尉对上所问禽兽簿甚悉，欲以观其能口对响应无穷者。文帝曰：“吏不当若是邪？尉无赖！”乃诏释之拜啬夫为上林令。释之久之前曰：“陛下以绛侯周勃何如人也？”上曰：“长者也。”又复问：“东阳侯张相如何如人也？”上复曰：“长者。”释之曰：“夫绛侯、东阳侯称为长者，此两人言事曾不能出口，岂敩此啬夫谍谍利口捷给哉[③]！且秦以任刀笔之吏，吏争以亟疾苛察相高，然其敝徒文具耳，无恻隐之实。以故不闻其过，陵迟而至于二世，

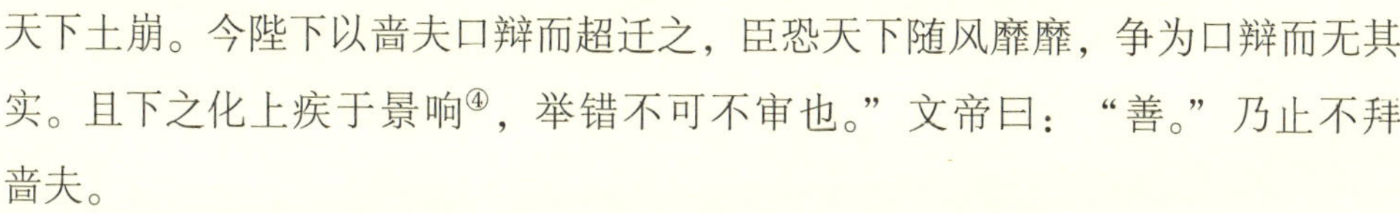

天下土崩。今陛下以啬夫口辩而超迁之，臣恐天下随风靡靡，争为口辩而无其实。且下之化上疾于景响④，举错不可不审也。”文帝曰：“善。”乃止不拜啬夫。

上就车，召释之参乘，徐行，问释之秦之敝。具以质言。至宫，上拜释之为公车令。

顷之，太子与梁王共车入朝，不下司马门，于是释之追止太子、梁王无得入殿门。遂劾不下公门不敬⑤，奏之。薄太后闻之，文帝免冠谢曰：“教儿子不谨。”薄太后乃使使承诏赦太子、梁王，然后得入。文帝由是奇释之，拜为中大夫。

顷之，至中郎将。从行至霸陵，居北临厕。是时慎夫人从，上指示慎夫人新丰道，曰：“此走邯郸道也。”使慎夫人鼓瑟，上自倚瑟而歌，意惨凄悲怀，顾谓群臣曰：“嗟乎！以北山石为椁，用纻絮斮陈⑥，蕠漆其间⑦，岂可动哉！”左右皆曰：“善。”释之前进曰：“使其中有可欲者，虽锢南山犹有郄；使其中无可欲者，虽无石椁，又何戚焉！”文帝称善。其后拜释之为廷尉。

【注释】

①訾（zī）：同“资”。资财，钱财。

②卑之：说话要有事实依据，不要随意说大话。

③敩（xué）：同“学”。利口捷给：口才好反应快，能言善辩。

④景：通“影”。

⑤劾（hé）：弹劾，揭发罪行。

⑥斮（zhuó）：斩，切。

⑦蕠（rú）：黏着。

解读

张释之，南阳堵阳（今河南方城县东）人，历任谒者仆射、公车令、中大夫、中郎将等职。文帝三年升任廷尉，成为协助皇帝处理司法事务的最高审判官。他认为廷尉是“天下之平”，如果执法不公，天下都会有法不依而轻重失当，百姓于是会手足无措。他严于执法，当皇帝的诏令与法律发生抵触时，仍能执意守法，维护法律的严肃性。他认为“法者，天子所与天下公共也”。如果皇帝以个人意志随意修改或废止法律，“是法不信于民也”。他的言行在皇帝专制、言出法随的封建时代是难能可贵的。

由于张释之执法严明，依法办事并敢于坚持正确主张，不以个人好恶来论罪，对皇上也不阿谀逢迎，所以在他任廷尉期间避免了许多冤案，受到了当时广大臣民的敬慕。他以法治国的精神在我国历代一直受到称颂。

历史上有记载说：“张释之为廷尉，天下无冤民。”

万石张叔列传第四十三

【原典】

郎中令周文者，名仁，其先故任城人也。以医见。景帝为太子时，拜为舍人，积功稍迁。孝文帝时至太中大夫。景帝初即位，拜仁为郎中令。

仁为人阴重不泄，常衣敝补衣溺裤[①]，期为不絜清，以是得幸。景帝入卧内，于后宫秘戏，仁常在旁。至景帝崩，仁尚为郎中令，终无所言。上时问人，仁曰：“上自察之。”然亦无所毁。以此景帝再自幸其家。家徙阳陵。上所赐甚多，然常让，不敢受也。诸侯群臣赂遗，终无所受。

武帝立，以为先帝臣，重之[②]。仁乃病免，以二千石禄归老，子孙咸至大官矣。

御史大夫张叔者，名欧，安丘侯说之庶子也。孝文时，以治刑名言事太子[③]。然欧虽治刑名家，其人长者。景帝时尊重，常为九卿。至武帝元朔四年[④]，韩安国免，诏拜欧为御史大夫。自欧为吏，未尝言案人，专以诚长者处官。官属以为长者，亦不敢大欺。上具狱事，有可却，却之；不可者，不得已，为涕泣面对而封之。其爱人如此。

老病笃[⑤]，请免。于是天子亦策罢，以上大夫禄归老于家。家于阳陵。子孙咸至大官矣。

太史公曰：仲尼有言曰“君子欲讷于言而敏于行”，其万石、建陵、张叔之谓邪？是以其教不肃而成，不严而治。塞侯微巧，而周文处谄[6]，君子讥之，为其近于佞也。然斯可谓笃行君子矣！

【注释】

①溺袴：能吸附尿液的内袴。

②重：器重。

③刑名：战国时法家的一派，强调循名责实，以申不害为代表。

④元朔四年：公元前125年。

⑤病笃：病重。

⑥谄（chǎn）：同“谄”，阿谀奉承。

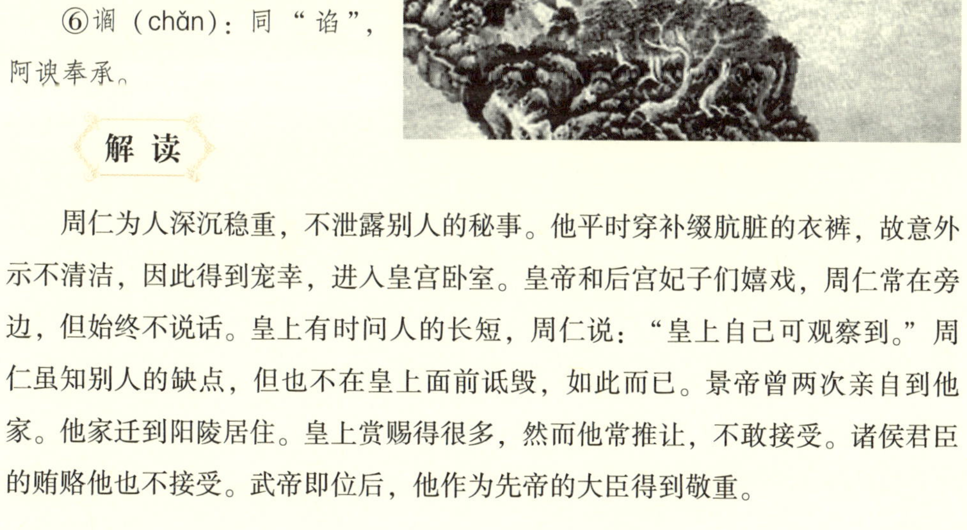

解读

周仁为人深沉稳重，不泄露别人的秘事。他平时穿补缀肮脏的衣裤，故意外示不清洁，因此得到宠幸，进入皇宫卧室。皇帝和后宫妃子们嬉戏，周仁常在旁边，但始终不说话。皇上有时问人的长短，周仁说：“皇上自己可观察到。”周仁虽知别人的缺点，但也不在皇上面前诋毁，如此而已。景帝曾两次亲自到他家。他家迁到阳陵居住。皇上赏赐得很多，然而他常推让，不敢接受。诸侯君臣的贿赂他也不接受。武帝即位后，他作为先帝的大臣得到敬重。

周仁的所作所为是真正的“不求有功，但求无过”，唯唯诺诺，安分守己，无所建树。在司马迁看来，周仁是典型的庸碌之辈，是不足以堪当重任的。可就是这样的人物却能平步青云，得到赏识。历史上很多最高统治者都有这样的狭隘之处，他们需要的不是人才，而是奴才。在奴才横行的社会里，真正的人才是很容易被埋没的。在这种有失公平的环境中，很容易导致人心涣散，从而使统治的根基受到动摇。

田叔列传第四十四

【原典】

田叔者，赵陉城人也。其先，齐田氏苗裔也。叔喜剑，学黄老术于乐巨公所[①]。叔为人刻廉自喜，喜游诸公。赵人举之赵相赵午，午言之赵王张敖所，赵王以为郎中。数岁，切直廉平，赵王贤之，未及迁。

会陈豨反代[②]，汉七年，高祖往诛之，过赵，赵王张敖自持案进食，礼恭甚，高祖箕踞骂之[③]。是时赵相赵午等数十人皆怒，谓张王曰：“王事上礼备矣，今遇王如是，臣等请为乱。”赵王啮指出血，曰：“先人失国，微陛下，臣等当虫出。公等奈何言若是！毋复出口矣！”于是贯高等曰：“王长者，不倍德。”卒私相与谋弑上。会事发觉，汉下诏捕赵王及群臣反者。于是赵午等皆自杀，唯贯高就系。是时汉下诏书：“赵有敢随王者罪三族。”唯孟舒、田叔等十馀人赭衣自髡钳[④]，称王家奴，随赵王敖至长安。贯高事明白，赵王敖得出，废为宣平侯，乃进言田叔等十馀人。上尽召见，与语，汉廷臣毋能出其右者，上说，尽拜为郡守、诸侯相。叔为汉中守十馀年，会高后崩，诸吕作乱，大臣诛之，立孝文帝。

孝文帝既立，召田叔问之曰：“公知天下长者乎？”对曰：“臣何足以知之！”

上曰："公，长者也，宜知之。"叔顿首曰："故云中守孟舒，长者也。"是时孟舒坐虏大入塞盗劫，云中尤甚，免。上曰："先帝置孟舒云中十馀年矣，虏曾一人，孟舒不能坚守，毋故士卒战死者数百人。长者固杀人乎？公何以言孟舒为长者也？"叔叩头对曰："是乃孟舒所以为长者也。夫贯高等谋反，上下明诏，赵有敢随张王，罪三族。然孟舒自髡钳，随张王敖之所在，欲以身死之，岂自知为云中守哉！汉与楚相距，士卒罢敝[⑤]。匈奴冒顿新服北夷，来为边害，孟舒知士卒罢敝，不忍出言，士争临城死敌，如子为父，弟为兄，以故死者数百人。孟舒岂故驱战之哉！是乃孟舒所以为长者也。"于是上曰："贤哉孟舒！"复召孟舒以为云中守。

后数岁，叔坐法失官。梁孝王使人杀故吴相袁盎，景帝召田叔案梁，具得其事，还报。景帝曰："梁有之乎？"叔对曰："死罪！有之。"上曰："其事安在？"田叔曰："上毋以梁事为也。"上曰："何也？"曰："今梁王不伏诛[⑥]，是汉法不行也；如其伏法，而太后食不甘味，卧不安席，此忧在陛下也。"景帝大贤之，以为鲁相。

【注释】

①黄老术：黄帝和老子的学说。也就是道家学说。

②会：恰巧，正好。

③箕踞：古时席地而坐，若前伸两足，手扶膝，像箕状，是傲慢不敬之容。

④赭衣：古代犯人所穿的赤褐色的囚服。髡（kūn）：古代刑罚的一种，剃去男人的头发。

⑤罢敝：疲劳困苦。罢，通"疲"。

⑥伏诛：伏法处死。

解读

司马迁以赞扬的口气描述了田叔"刻廉自喜"的品格。田叔身上虽然也有不少瑕疵，但瑕不掩瑜，他所表现出来的严于律己的品格以独有的魅力被后世传诵着。

诚如古训所言："严于律己，宽以待人。"对于我们自身的小过失，理当严加戒律，严加苛责，这是关于修身的问题，不可轻视。否则或许就是这些小过失小缺点会成为我们今后发展的致命一击。但是对于别人的小过失，我们却该给予宽容的态度，切不可时时加以谴责，而伤了他人的自尊，影响彼此之间的和气。而对于朋友推心置腹相告知的秘密，更当视同自己的秘密来守着，千万不可当众揭露甚至四处张扬。所谓“君子扬善不扬恶”，就是这个道理。若是将别人的隐私揭露并宣扬，则将使他人无地自容，也造成了彼此间的怨隙。这不是有品德之人所为，即使你想以此来击败事业上的竞争对手，那你的人格也会被人唾弃。试想，古往今来这样的人有几个能善其终又真正快乐地享受过人生！相反，一个人若有容人雅量，有品德之美，那真正的朋友自会慕名而来。

扁鹊仓公列传第四十五

【原典】

扁鹊过虢。虢太子死，扁鹊至虢宫门下，问中庶子喜方者曰：“太子何病，国中治穰过于众事[①]？”中庶子曰：“太子病血气不时，交错而不得泄，暴发于外，则为中害。精神不能止邪气，邪气畜积而不得泄，是以阳缓而阴急，故暴蹶而死[②]。”扁鹊曰：“其死何如时？”曰：“鸡鸣至今。”曰：“收乎？”曰：“未也，其死未能半日也。”“言臣齐勃海秦越人也，家在于郑，未尝得望精光侍谒于前也。闻太子不幸而死，臣能生之。”中庶子曰：“先生得无诞之乎？何以言太子可生也！臣闻上古之时，医有俞跗，治病不以汤液醴洒，镵石挢引[③]，案抏毒熨[④]，一拨见病之应，因五藏之输，乃割皮解肌，诀脉结筋，搦髓脑[⑤]，揲荒爪幕[⑥]，湔浣肠胃[⑦]，漱涤五藏，练精易形。先生之方能若是，则太子可生也；不能若是而欲生之，曾不可以告咳婴之儿。”终日，扁鹊仰天叹曰：“夫子之为方也，若以管窥天，以郄视文[⑧]；越人之为方也，不待切脉、望色、听声、写形，

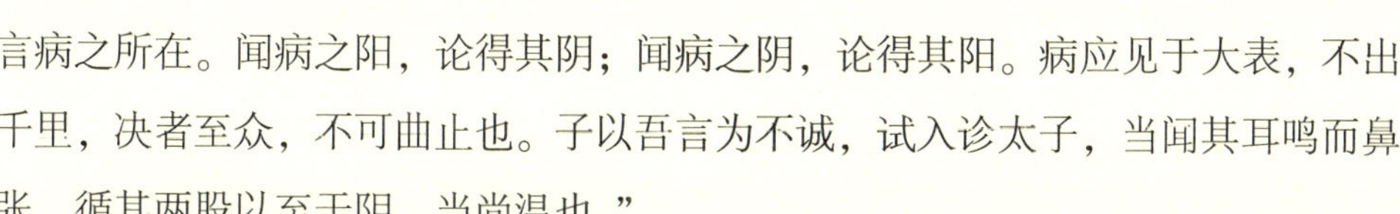

言病之所在。闻病之阳，论得其阴；闻病之阴，论得其阳。病应见于大表，不出千里，决者至众，不可曲止也。子以吾言为不诚，试入诊太子，当闻其耳鸣而鼻张，循其两股以至于阴，当尚温也。”

中庶子闻扁鹊言，目眩然而不瞚[9]，舌挢然而不下，乃以扁鹊言入报虢君。虢君闻之大惊，出见扁鹊于中阙，曰：“窃闻高义之日久矣，然未尝得拜谒于前也。先生过小国，幸而举之，偏国寡臣幸甚。有先生则活，无先生则弃捐填沟壑，长终而不得反。”言未卒，因嘘唏服臆，魂精泄横，流涕长潸，忽忽承睫[10]，悲不能自止，容貌变更。扁鹊曰：“若太子病，所谓‘尸蹶’者也。夫以阳入阴中，动胃繵缘，中经维络，别下于三焦、膀胱，是以阳脉下遂，阴脉上争，会气闭而不通，阴上而阳内行，下内鼓而不起，上外绝而不为使，上有绝阳之络，下有破阴之纽，破阴绝阳，色废脉乱[11]，故形静如死状。太子未死也。夫以阳入阴支兰藏者生，以阴入阳支兰藏者死。凡此数事，皆五藏蹷中之时暴作也。良工取之，拙者疑殆。”

扁鹊乃使弟子子阳厉针砥石，以取外三阳五会。有间，太子苏。乃使子豹为五分之熨，以八减之齐和煮之，以更熨两胁下。太子起坐。更适阴阳，但服汤二旬而复故。故天下尽以扁鹊为能生死人。扁鹊曰：“越人非能生死人也，此自当生者，越人能使之起耳。”

扁鹊过齐，齐桓侯客之。入朝见，曰：“君有疾在腠理[12]，不治将深。”桓侯曰：“寡人无疾。”扁鹊出，桓侯谓左右曰：“医之好利也，欲以不疾者为功。”后五日，扁鹊复见，曰：“君有疾在血脉，不治恐深。”桓侯曰：“寡人无疾。”扁鹊出，桓侯不悦。后五日，扁鹊复见，曰：“君有疾在肠胃间，不治将深。”桓侯不应。扁鹊出，桓侯不悦。后五日，扁鹊复见，望见桓侯而退走。桓侯使人问其故。扁鹊曰：“疾之居腠理也，汤熨之所及也；在血脉，针石之所及也；其在肠胃，酒醪之所及也；其在骨髓，虽司命无奈之何。今在骨髓，臣是以无请也。”后五日，桓侯体病，使人召扁鹊，扁鹊已逃去。桓侯遂死。

使圣人预知微，能使良医得蚤从事，则疾可已，身可活也。人之所病，病疾多；而医之所病，病道少。故病有六不治：骄恣不论于理，一不治也；

轻身重财，二不治也；衣食不能适，三不治也；阴阳并，藏气不定，四不治也；形羸不能服药[13]，五不治也；信巫不信医，六不治也。有此一者，则重难治也。

扁鹊名闻天下。过邯郸，闻贵妇人，即为带下医[14]；过雒阳，闻周人爱老人，即为耳目痹医；来入咸阳，闻秦人爱小儿，即为小儿医：随俗为变。秦太医令李醯（xī）自知伎不如扁鹊也，使人刺杀之。至今天下言脉者，由扁鹊也。

【注释】

①禳：通“禳”，一种祭祀活动，用以去除邪恶。

②蹷：泛指突然昏倒，不省人事的病症。

③镵（chán）石：古时治病用的石针。

④案扤（wù）：按摩。

⑤搦（nuò）：按压。

⑥揲荒：触动膏肓。揲：持，触动。

⑦湔浣：洗涤。

⑧郄（qiè）：通“隙”。缝隙。

⑨瞚（shùn）：同“瞬”。眨眼。

⑩承睫（jié）：眼泪挂在睫毛上。

⑪色废：脸上的颜色不正常。

⑫腠（còu）理：皮肤和脏腑的纹理，这里指皮肤和肌肉之间。

⑬羸（léi）：瘦弱。

⑭带下医：妇科医生。

解读

扁鹊是春秋战国时代名医，医术精湛，所以人们就用传说中上古轩辕时代的名医扁鹊的名字来称呼他。从这篇列传中我们可以看到扁鹊既真实又带有传奇色彩的一生。扁鹊是中医学的开山鼻祖。他创造了望、闻、问、切的诊断方法，奠定了中医临床诊断和治疗方法的基础。世人敬称他为神医。

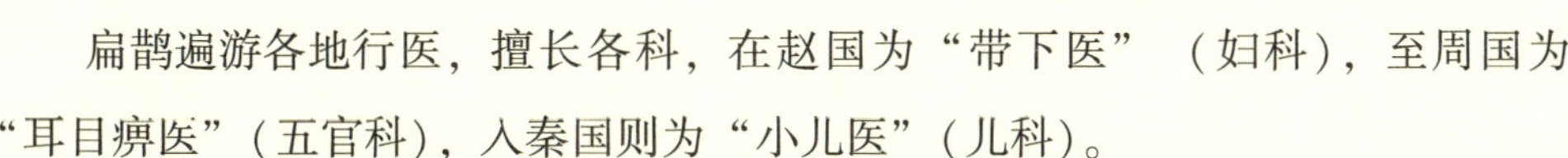

扁鹊遍游各地行医，擅长各科，在赵国为“带下医”（妇科），至周国为“耳目痹医”（五官科），入秦国则为“小儿医”（儿科）。

扁鹊在自己的医疗生涯中，不仅表现出高超的诊断和治疗水平，还表现出高尚的医德。他谦虚谨慎，从不居功自傲。如他治好虢太子的尸蹶症后，虢君十分感激，大家也都称赞他有起死回生之术，扁鹊却实事求是地说：“这是患者并没有死，我只不过能使他重病消除，恢复他原来的状态而已，并没有起死回生的本领。”

扁鹊十分重视疾病的预防。从齐桓公这个案例来看，他之所以多次劝说齐桓公及早治疗，就寓有防病于未然的思想。他认为对疾病只要预先采取措施，把疾病消灭在初起阶段，是完全可以治好的。

后因医治秦武王的病，扁鹊被秦国太医令李醯所嫉妒，李醯便派了两个刺客，想刺杀扁鹊，被扁鹊的弟子发觉，暂时躲过一劫。扁鹊只得离开秦国，沿着骊山北面的小路走，李醯又派杀手扮成猎户的样子，半路上劫杀了扁鹊。

相传扁鹊是四月二十八日出生的，人们在他的家乡建造起“药王庙”，专门供奉他。每年四月二十八日这天，人们都举行盛大的纪念仪式，同时也祈求他保佑人们无病无痛、延年益寿。

吴王濞列传第四十六

【原典】

初，吴王之度淮，与楚王遂西败棘壁，乘胜前，锐甚。梁孝王恐，遣六将军击吴，又败梁两将，士卒皆还走梁。梁数使使报条侯求救，条侯不许。又使使恶条侯于上，上使人告条侯救梁，复守便宜不行[①]。梁使韩安国及楚死事相弟张羽为将军，乃得颇败吴兵。吴兵欲西，梁城守坚，不敢西，即走条侯军，会下邑。欲战，条侯壁，不肯战。吴粮绝，卒饥，数挑战，遂夜犇条侯壁[②]，惊东南。条侯使备西北，果从西北入。吴大败，士卒多饥死，乃畔散。于是吴王乃与其麾下壮士数千人夜亡去，度江走丹徒，保东越。东越兵可万馀人，乃使人收聚亡卒。汉使人以利啖东越，东越即绐吴王，吴王出劳军，即使人鏦杀吴王[③]，盛其头，驰传以闻。吴王子子华、子驹亡走闽越。吴王之弃其军亡也，军遂溃，往往稍降太尉、梁军。楚王戊军败，自杀。

三王之围齐临菑也，三月不能下。汉兵至，胶西、胶东、菑川王各引兵归。胶西王乃袒跣，席稿[④]，饮水，谢太后。王太子德曰："汉兵远，臣观之已罢，可袭，愿收大王馀兵击之，击之不胜，乃逃入海，未晚也。"王曰："吾士卒皆已坏，不可发用。"弗听。汉将弓高侯颓当遗王书曰："奉诏诛不义，降者赦其罪，复故；不降者灭之。王何处，须以从事。"王肉袒叩头汉军壁，谒曰："臣卬奉法不谨，惊骇百姓，乃苦将军远道至于穷国，敢请菹醢之罪[⑤]。"弓高侯执金鼓见之，曰："王苦军事，愿闻王发兵状。"王顿首膝行对曰："今者，鼂错天子用事臣，变更高皇帝法令，侵夺诸侯地。卬等以为不义，恐其败乱天下，七国发兵，且以诛错。今闻错已诛，卬等谨以罢兵归。"将军曰："王苟以错不善，

何不以闻？乃未有诏虎符，擅发兵击义国。以此观之，意非欲诛错也。”乃出诏书为王读之。读之讫，曰：“王其自图。”王曰：“如卬等死有馀罪。”遂自杀。太后、太子皆死。胶东、菑川、济南王皆死，国除，纳于汉。郦将军围赵十月而下之，赵王自杀。济北王以劫故，得不诛，徙王菑川。

初，吴王首反，并将楚兵，连齐赵。正月起兵，三月皆破，独赵后下。复置元王少子平陆侯礼为楚王，续元王后。徙汝南王非王吴故地，为江都王。

太史公曰：吴王之王，由父省也。能薄赋敛，使其众，以擅山海利。逆乱之萌，自其子兴。争技发难，卒亡其本；亲越谋宗，竟以夷陨[6]。晁错为国远虑，祸反近身。袁盎权说，初宠后辱。故古者诸侯地不过百里，山海不以封。“毋亲夷狄，以疏其属”，盖谓吴邪？“毋为权首，反受其咎”，岂盎、错邪？

【注释】

①便宜：有义务去办的事，指对国家有利的事。

②犇：通“奔”。

③钅从杀：用矛戟杀死。

④袒跣：光着脚。席稿：坐在禾秆编的草席上。袒跣和席稿都是请罪的形式。

⑤菹醢（hǎi）：古代的酷刑，把人剁成肉酱。

⑥夷陨：消亡，毁灭。

解读

刘濞是刘邦的侄子，汉初，天下统一，刘濞被封为吴王。他在封国内扩张势力。后来汉景帝采纳御史大夫晁错的建议，削夺王国封地，刘濞以诛晁错为名，便在景帝前元三年丁亥带领楚、赵等七国公开叛乱，史称“七国之乱”，后被周亚夫击败，刘濞被杀。

应该说刘濞一开始定下的政治和军事策略是对的，“诛晁错，清君侧”的名义以及进军路线都是对的，错就错在他错误估计了形势，也错误估计了自己。在准备并不充分的情况下盲目出兵，结果在短短的三个月时间内，叛乱集团土崩瓦解，刘濞本人也最终落得众叛亲离、身死国削的下场。

“凡事三思而后行”，在做事之前多一些谋划和准备，唯有这样才能处乱不惊，临危不乱，而刘濞一代枭雄，却不懂得这一道理。

看高手下棋，绝对是一种享受。他们每一步都走得恰到好处，而且为下一步甚至是下几步如何去走都做好了铺垫。这不是随手拈来的棋路，在走每一步时他们都做到了精确地算计，整个棋路的发展都在他们的掌控之中，这样胜算的机会才会大。

做事如下棋，一个有作为的人做出每一个行动之时都会有精准的预测。他们会预测到这个行动将会带来什么后果，以及如何利用这个后果再采取下一步的行动。有了这种能力，对你整个事业的发展将会起到至关重要的作用。

魏其武安侯列传第四十七

【原典】

灌夫为人刚直使酒[①]，不好面谀。贵戚诸有势在己之右，不欲加礼，必陵之；诸士在己之左，愈贫贱，尤益敬，与钧[②]。稠人广众，荐宠下辈。士亦以此多之。

夫不喜文学，好任侠[③]，已然诺。诸所与交通，无非豪桀大猾。家累数千万，食客日数十百人。陂池田园[④]，宗族宾客为权利，横于颍川。颍川儿乃歌之曰：“颍水清，灌氏宁；颍水浊，灌氏族。”

灌夫家居虽富，然失势，卿相侍中宾客益衰。及魏其侯失势，亦欲倚灌夫引绳批根生平慕之后弃之者[⑤]。灌夫亦倚魏其而通列侯宗室为名高。两人相为引重，其游如父子然。相得欢甚，无厌，恨相知晚也。

灌夫有服，过丞相。丞相从容曰：“吾欲与仲孺过魏其侯，会仲孺有服。”灌夫曰：“将军乃肯幸临况魏其侯[⑥]，夫安敢以服为解！请语魏其侯帐具，将军

旦日蚤临。”武安许诺。灌夫具语魏其侯如所谓武安侯。魏其与其夫人益市牛酒，夜洒扫，早帐具至旦。平明，令门下候伺。至日中，丞相不来。魏其谓灌夫曰：“丞相岂忘之哉?”灌夫不怿，曰：“夫以服请，宜往。”乃驾，自往迎丞相。丞相特前戏许灌夫，殊无意往。及夫至门，丞相尚卧。于是夫入见，曰：“将军昨日幸许过魏其，魏其夫妻治具，自旦至今，未敢尝食。”武安鄂谢曰[⑦]：“吾昨日醉，忽忘与仲孺言。”乃驾往，又徐行，灌夫愈益怒。及饮酒酣，夫起舞属丞相，丞相不起，夫从坐上语侵之。魏其乃扶灌夫去，谢丞相。丞相卒饮至夜，极欢而去。

丞相尝使籍福请魏其城南田。魏其大望曰：“老仆虽弃，将军虽贵，宁可以势夺乎!”不许。灌夫闻，怒，骂籍福。籍福恶两人有郄[⑧]，乃谩自好谢丞相曰：“魏其老且死，易忍，且待之。”已而武安闻魏其、灌夫实怒不予田，亦怒曰：“魏其子尝杀人，蚡活之。蚡事魏其无所不可，何爱数顷田[⑨]？且灌夫何与也?吾不敢复求田。”武安由此大怨灌夫、魏其。

【注释】

①刚直使酒：性格刚强直爽，喜饮酒，酒后好发酒疯。

②与钧：和他们平等友好相处。

③任侠：打抱不平。

④陂：堤塘。

⑤引绳：原指木匠用墨线检验木材的方正，这里引申为纠正的意思。批根：原指批削树根，这里引申为清算的意思。

⑥况：赏光。

⑦鄂谢：装作惊讶的样子道歉。

⑧郄：同“隙”。嫌隙，闹矛盾。

⑨爱：吝啬。

解读

灌夫为人刚强直爽，好发酒疯，不喜欢当面奉承人。对皇亲国戚及有势力的人，凡是地位在自己以上的，他不但不想对他们表示尊敬，反而要想办法去凌辱他们；对地位在自己之下的许多士人，越是贫贱的，就越是恭敬，跟他们平等相待，在大庭广众之中，推荐夸奖他们。

正是这种易得罪人的性格，为灌夫的死埋下了祸根。

可以说，灌夫是死在有勇无谋上，假如他机智一些，不使蛮力，结局就会完全不同了。在对敌斗争中，勇气要有，智谋更不可缺。和狡诈过人的对手相抗，唯有超过他们的智谋才有胜算。如果没有这方面的把握，就不要轻易出击，而要耐心筹划。

人生进退攻守，当以保身为前提。如果不能保全自己，盲目攻取便失去了意义。做大事的人须有大智慧，智慧不足是无法应对纷繁万变的世界的。倘若不顾现实，硬充好汉，自己便要受到伤害了。

韩长孺列传第四十八

【原典】

御史大夫韩安国者，梁成安人也，后徙睢阳。尝受《韩子》、杂家说于驺田生所。事梁孝王为中大夫。吴楚反时，孝王使安国及张羽为将，扞吴兵于东界[①]。张羽力战，安国持重，以故吴不能过梁。吴楚已破，安国、张羽名由此显。

梁孝王，景帝母弟，窦太后爱之，令得自请置相、二千石，出入游戏，僭于天子。天子闻之，心弗善也[②]。太后知帝不善，乃怒梁使者，弗见，案责王所为。韩安国为梁使，见大长公主而泣曰："何梁王为人子之孝，为人臣之忠，而太后曾弗省也？夫前日吴、楚、齐、赵七国反时，自关以东皆合从西乡，惟梁最亲为艰难。梁王念太后、帝在中，而诸侯扰乱，一言泣数行下，跪送臣等六人，将兵击却吴楚，吴楚以故兵不敢西，而卒破亡，梁王之力也。今太后以小节苛礼责望梁王[③]。梁王父兄皆帝王，所见者大，故出称跸[④]，入言警，车旗皆帝所赐也，即欲以侘鄙县[⑤]，驱驰国中，以夸诸侯，令天下尽知太后、帝爱之也。今梁使来，辄案责之。梁王恐，日夜涕泣思慕，不知所为。何梁王之为子孝，为臣忠，而太后弗恤也？"大长公主具以告太后，太后喜曰："为言之帝。"言之，帝心乃解，而免冠谢太后曰："兄弟不能相教，乃为太后遗忧。"悉见梁使，厚赐之。其后梁王益亲欢。太后、长公主更赐安国可直千馀金。名由此显，结于汉。

其后安国坐法抵罪，蒙狱吏田甲辱安国。安国曰："死灰独不复然乎？"田甲曰："然即溺之。"居无何，梁内史缺，汉使使者拜安国为梁内史，起徒中为二千石。田甲亡走。安国曰："甲不就官，我灭而宗。"甲因肉袒谢。安国笑曰："可溺矣[⑥]！公等足与治乎？"卒善遇之。

梁内史之缺也，孝王新得齐人公孙诡，说之，欲请以为内史。窦太后闻，乃诏王以安国为内史。

【注释】

①扞：通“捍”。抵御，抵抗。

②弗善：不高兴。

③责望：责备抱怨。

④跸：指帝王出行时开路清道，禁止他人通行。

⑤侘（chà）：通“诧”。

⑥溺：同“尿”。

解读

韩长孺，名安国，长孺为其字。原名孔安国，司马迁曾师事孔安国，为避师讳，作韩安国。韩长孺在政坛几上几下，不算顺遂。他扬名于吴楚七国之时，在梁国颇有作为，也得到太后的宠爱。曾抵罪入狱，受狱吏之辱。起为梁王内史，不久又犯法失官，后投靠田蚡，官至御史大夫、中尉、卫尉。丞相田蚡死后，他差一点当上了丞相，因在渔阳防守匈奴不利逐渐失势，不断被疏远降职，不久吐血而死。

韩长孺为人精明，工于心计。他明知窦太后喜爱梁孝王，也深知太后不见梁使是由于景帝的缘故，于是就去找了大长公主为梁孝王说情辩护，他也预料到大长公主会将他的辩护转告太后。果然不出所料，他的辩护正中太后下怀，所以受到赏识。

韩长孺的通权达变未免有投机取巧的嫌疑，但在那个封建官僚体制之下，似乎也情有可原。通者，了解上下具体情况；变者，因时因地灵活处理。做到了这两点，才可算得上通权达变。假如一个人呆头呆脑，又因循守旧，在当时的环境之下，想干成一番事业是极其困难的。

李将军列传第四十九

【原典】

初，广之从弟李蔡与广俱事孝文帝。景帝时，蔡积功劳至二千石。孝武帝时，至代相。以元朔五年为轻车将军[①]，从大将军击右贤王，有功中率，封为乐安侯。元狩二年中，代公孙弘为丞相。蔡为人在下中，名声出广下甚远，然广不得爵邑，官不过九卿，而蔡为列侯，位至三公。诸广之军吏及士卒或取封侯。广尝与望气王朔燕语[②]，曰："自汉击匈奴而广未尝不在其中，而诸部校尉以下，才能不及中人，然以击胡军功取侯者数十人，而广不为后人，然无尺寸之功以得封邑者，何也？岂吾相不当侯邪？且固命也？"朔曰："将军自念，岂尝有所恨乎？"广曰："吾尝为陇西守，羌尝反，吾诱而降，降者八百馀人，吾诈而同日杀之。至今大恨独此耳。"朔曰："祸莫大于杀已降，此乃将军所以不得侯者也。"

后二岁，大将军、骠骑将军大出击匈奴[③]，广数自请行。天子以为老，弗许；良久乃许之，以为前将军。是岁，元狩四年也。

广既从大将军青击匈奴，既出塞，青捕虏知单于所居，乃自以精兵走之，而令广并于右将军军，出东道。东道少回远，而大军行水草少，其势不屯行。广自请曰："臣部为前将军，今大将军乃徙令臣出东道，且臣结发而与匈奴战，今乃一得当单于，臣愿居前，先死单于。"大将军青亦阴受上诫，以为李广老，数奇[④]，毋令当单于，恐不得所欲。而是时公孙敖新失侯，为中将军从大将军，大将军亦欲使敖与俱当单于，故徙前将军广。广时知之，固自辞于大将军。大将军不听，令长史封书与广之莫府，曰："急诣部，如书。"广不谢大将军而起行，意甚愠怒而就部，引兵与右将军食其合军出东道。军亡导，或失道，后大将军。

大将军与单于接战，单于遁走，弗能得而还。南绝幕[⑤]，遇前将军、右将军。广已见大将军，还入军。大将军使长史持糒醪遗广[⑥]，因问广、食其失道状，青欲上书报天子军曲折。广未对，大将军使长史急责广之幕府对簿。广曰："诸校尉无罪，乃我自失道。吾今自上簿。"

至莫府，广谓其麾下曰："广结发与匈奴大小七十馀战，今幸从大将军出接单于兵，而大将军又徙广部行回远，而又迷失道，岂非天哉！且广年六十馀矣，终不能复对刀笔之吏。"遂引刀自刭。广军士大夫一军皆哭[⑦]。百姓闻之，知与不知，无老壮皆为垂涕。而右将军独下吏，当死，赎为庶人。

【注释】

①元朔五年：公元前124年。

②望气：通过观察星象、天气来占卜吉凶的迷信活动。

③大将军：卫青。骠骑将军：霍去病。

④数奇：命运不好。这个结果是通过占卜得来的，古人认为偶数吉利，而奇数则是不吉利的象征。

⑤幕（mò）：通"漠"。沙漠。

⑥糒（bèi）：干饭。醪：浊酒。

⑦士大夫：此处指军中的将士。

解读

李广出身高贵，名门之后，是一位英勇善战、智勇双全的英雄。他一生与匈奴战斗七十余次，常常以少胜多，险中取胜，以致匈奴人闻名丧胆，称之为"飞将军"。

李广为将廉洁，常把自己的赏赐分给部下，与士兵同吃同饮。他做了四十多年俸禄二千石的官，家里却没有多少多余的财物，始终不谈购置家产的事，深得官兵爱戴。李广身材高大，臂长如猿，有善射天赋，他的子孙和其他人虽都随他学射箭，但都不及他。李广不善言辞，一生都以射箭为消遣，与人闲居时亦以射箭来赌酒为乐。李广爱兵如子，凡事能身先士卒。行军遇到缺水断食之时，见水，见食，士兵不全喝到水，他不近水边；士兵不全吃遍，他不尝饭食。他对士兵宽缓不苛，使得士兵甘愿为他出生入死。

李广爱兵的做法，到现在依然值得领导者们借鉴。

有不少领导者认为，只要自己坐在那个高高在上的位置上，别人就得唯命是从。其实不然，千百年来，为什么有那么多高高在上，拥有至高无上权力的统治者们会敌不过农民手中愤怒的锄头？因为他们没有感召力，拥有没有感召力的权力充其量也只不过是一种淫威。滥施淫威的结果不可能让属下甘心折服和拥护，只会让自己的位置坐不稳当。

匈奴列传第五十

【原典】

其明年春[①]，汉使骠骑将军去病将万骑出陇西，过焉支山千馀里，击匈奴，得胡首虏万八千馀级，破得休屠王祭天金人[②]。其夏，骠骑将军复与合骑侯数万骑出陇西、北地二千里，击匈奴。过居延，攻祁连山，得胡首虏三万馀人，裨小王以下七十馀人。是时匈奴亦来入代郡、雁门，杀略数百人。汉使博望侯及李将军广出右北平[③]，击匈奴左贤王。左贤王围李将军，卒可四千人，且尽，杀虏亦过当。会博望侯军救至，李将军得脱。汉失亡数千人，合骑侯后骠骑将军期，及与博望侯皆当死，赎为庶人。

其秋，单于怒浑邪王、休屠王居西方为汉所杀虏数万人，欲召诛之。浑邪王与休屠王恐，谋降汉，汉使骠骑将军往迎之。浑邪王杀休屠王，并将其众降汉。凡四万馀人，号十万。于是汉已得浑邪王，则陇西、北地、河西益少胡寇，徙关东贫民处所夺匈奴河南、新秦中以实之，而减北地以西戍卒半。其明年，匈奴入右北平、定襄各数万骑，杀略千馀人而去。

其明年春[④]，汉谋曰“翕侯信为单于计，居幕北，以为汉兵不能至”。乃粟马，发十万骑，私负从马凡十四万匹，粮重不与焉[⑤]。令大将军青、骠骑将军去病中分军，大将军出定襄，骠骑将军出代，咸约绝幕击匈奴。单于闻之，远其辎重，以精兵待于幕北。与汉大将军接战一日，会暮，大风起，汉兵纵左右翼围单于。单于自度战不能如汉兵，单于遂独身与壮骑数百溃汉围西北遁走。汉兵夜追不得。行斩捕匈奴首虏万九千级，北至阗颜山赵信城而还。

单于之遁走，其兵往往与汉兵相乱而随单于。单于久不与其大众相得，其右谷蠡王以为单于死，乃自立为单于。真单于复得其众，而右谷蠡王乃去其单于号，复为右谷蠡王。

汉骠骑将军之出代二千馀里，与左贤王接战，汉兵得胡首虏凡七万馀级，左贤王将皆遁走。骠骑封于狼居胥山，禅姑衍，临翰海而还。

是后匈奴远遁，而幕南无王庭。汉度河自朔方以西至令居，往往通渠置田，官吏卒五六万人，稍蚕食，地接匈奴以北。

初，汉两将军大出围单于，所杀虏八九万，而汉士卒物故亦数万[⑥]，汉马死者十馀万。匈奴虽病，远去，而汉亦马少，无以复往。匈奴用赵信之计，遣使于汉，好辞请和亲。天子下其议，或言和亲，或言遂臣之。丞相长史任敞曰："匈奴新破，困，宜可使为外臣，朝请于边。"汉使任敞于单于。单于闻敞计，大怒，留之不遣。先是汉亦有所降匈奴使者，单于亦辄留汉使相当。汉方复收士马，会骠骑将军去病死，于是汉久不北击胡。

【注释】

①其明年：指元狩二年（公元前121年）。

②祭天金人：用作祭天的金属塑像。

③博望侯：即张骞。

④其明年：指元狩四年（公元前119年）。

⑤粮重：指粮草辎重。

⑥物故：死亡。

解读

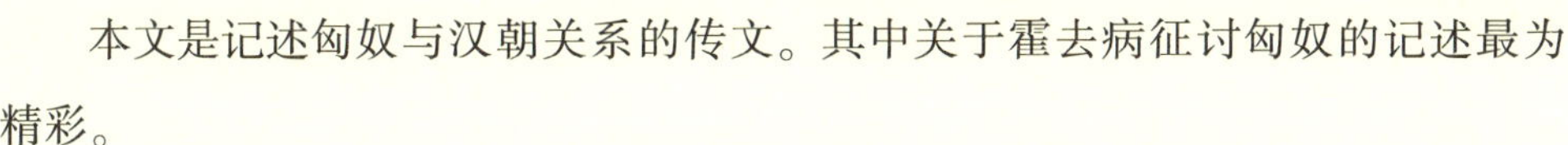

本文是记述匈奴与汉朝关系的传文。其中关于霍去病征讨匈奴的记述最为精彩。

霍去病，西汉武帝时期名将，杰出的军事家。汉代名将卫青的外甥。在卫青建功立业的同时，霍去病也渐渐长大了。在舅舅的影响下，他自幼精于骑射，虽然年少，却不屑于像其他王孙公子那样待在长安城里放纵声色享受长辈的荫庇。他渴望有杀敌立功的那一天。

元朔六年（公元前 123 年），漠南之战，未满十八岁的霍去病主动请缨，武帝遂封他为校尉随军出征。在战场上，霍去病凭着一腔骁勇血气及八百骑兵，在茫茫大漠里奔驰数百里寻找敌人踪迹，结果他“长途奔袭”的战术首战告捷，斩敌 2028 人，杀匈奴单于祖父，俘虏单于的国相及叔叔。霍去病等人全身而返，汉武帝立即将他封为“冠军侯”，赞叹他的勇冠三军。

之后的霍去病屡建奇功，在二十二岁那年即被封为“大司马骠骑将军”。然而天妒英才，仅仅过了两年，元狩六年（公元前 117 年），二十四岁的骠骑将军霍去病就去世了。

少年将军霍去病并不是完人，他曾经射杀李敢，也曾经御下严峻。然而再严峻他仍然是军神，所有士兵都向往成为他的部下，跟随他杀敌立功。他一生四次领兵正式出击匈奴，都以大胜回师，灭敌十一万，降敌四万，开疆拓土，战功比他的舅舅卫青还要壮观，是彪炳千秋的传奇。

霍去病的墓至今仍然矗立在茂陵旁边，墓前“马踏匈奴”的石像象征着他立下的不朽功勋。千载之后，世人遥想少年大将霍去病的绝世风采，仍然为他的精神和智勇而倾倒。

卫将军骠骑列传第五十一

【原典】

其明年，元朔之五年春，汉令车骑将军青将三万骑，出高阙；卫尉苏建为游击将军，左内史李沮为强弩将军，太仆公孙贺为骑将军，代相李蔡为轻车将军，皆领属车骑将军[①]，俱出朔方；大行李息、岸头侯张次公为将军，出右北平：咸击匈奴。匈奴右贤王当卫青等兵，以为汉兵不能至此，饮醉。汉兵夜至，围右贤王，右贤王惊，夜逃，独与其爱妾一人壮骑数百驰，溃围北去[②]。汉轻骑校尉郭成等逐数百里，不及，得右贤裨王十馀人，众男女万五千馀人，畜数千百万，于是引兵而还。至塞，天子使使者持大将军印，即军中拜车骑将军青为大将军，诸将皆以兵属大将军，大将军立号而归。天子曰："大将军青躬率戎士[③]，师大捷，获匈奴王十有馀人，益封青六千户。"而封青子伉为宜春侯，青子不疑为阴安侯，青子登为发干侯。青固谢曰："臣幸得待罪行间，赖陛下神灵，军大捷，皆诸校尉力战之功也。陛下幸已益封臣青。臣青子在襁褓中，未有勤劳，上幸列地封为三侯，非臣待罪行间所以劝士力战之意也。伉等三人何敢受封！"天子曰："我非忘诸校尉功也，今固且图之。"乃诏御史曰："护军都尉公孙敖三从大将军击匈奴，常护军，傅校获王，以千五百户封敖为合骑侯。都尉韩说从大将军出窳浑[④]，至匈奴右贤王庭，为麾下搏战获王，以千三百户封说为龙頟（cé）侯。骑将军公孙贺从大将军获王，以千三百户封贺为南窌侯。轻车将军李蔡再从大将军获王，以千六百户封蔡为乐安侯。校尉李朔，校尉赵不虞，校尉公孙戎奴，各三从大将军获王，以千三百户封朔为涉轵侯，以千三百户封不虞为随成侯，以千三百户封戎奴为从平侯。将军李沮、李息及校尉豆如意有功，赐爵关内侯，食邑各

三百户。”其秋，匈奴入代，杀都尉朱英。

其明年春，大将军青出定襄，合骑侯敖为中将军，太仆贺为左将军，翕侯赵信为前将军，卫尉苏建为右将军，郎中令李广为后将军，左内史李沮为强弩将军，咸属大将军，斩首数千级而还。月馀，悉复出定襄击匈奴，斩首虏万馀人。右将军建、前将军信并军三千馀骑，独逢单于兵，与战一日馀，汉兵且尽。前将军故胡人，降为翕侯，见急，匈奴诱之，遂将其馀骑可八百，奔降单于。右将军苏建尽亡其军，独以身得亡去，自归大将军。大将军问其罪正闳、长史安、议郎周霸等：“建当云何？”霸曰：“自大将军出，未尝斩裨将[5]。今建弃军，可斩以明将军之威。”闳、安曰：“不然。兵法‘小敌之坚，大敌之禽也’。今建以数千当单于数万，力战一日馀，士尽，不敢有二心，自归。自归而斩之，是示后无反意也。不当斩。”大将军曰：“青幸得以肺腑待罪行间，不患无威，而霸说我以明威[6]，甚失臣意。且使臣职虽当斩将，以臣之尊宠而不敢自擅专诛于境外，而具归天子，天子自裁之，于是以见为人臣不敢专权，不亦可乎？”军吏皆曰“善”。遂囚建诣行在所[7]。入塞罢兵。

是岁也，大将军姊子霍去病年十八，幸，为天子侍中。善骑射，再从大将军，受诏与壮士，为剽姚校尉，与轻勇骑八百直弃大军数百里赴利，斩捕首虏过当。于是天子曰：“剽姚校尉去病斩首虏二千二十八级，及相国、当户，斩单于大父行籍若侯产[8]，生捕季父罗姑比，再冠军，以千六百户封去病为冠军侯。上谷太守郝贤四从大将军，捕斩首虏二千馀人，以千一百户封贤为众利侯。”是岁，失两将军军，亡翕侯，军功不多，故大将军不益封。右将军建至，天子不诛，赦其罪，赎为庶人。

大将军既还，赐千金。是时王夫人方幸于上[9]，宁乘说大将军曰：“将军所以功未甚多，身食万户，三子皆为侯者，徒以皇后故也。今王夫人幸而宗族未富贵，愿将军奉所赐千金为王夫人亲寿。”大将军乃以五百金为寿。天子闻之，问大将军，大将军以实言，上乃拜宁乘为东海都尉。

【注释】

①领属：隶属。

②溃围：冲开包围圈。

③戎士：军队。

④窳（yǔ）浑：一处边塞的名称。

⑤裨将：副将。

⑥明威：表明威信。

⑦行在所：天子巡行时所在的地方。

⑧大父行：祖父辈。籍若侯：匈奴侯名。产：人名。

⑨王夫人：指汉武帝宠姬，齐王刘闳的生母。

解读

本文主要记述卫青七出边塞，指挥千军万马攻讨匈奴，扬威大漠的经历和赫赫战功。

卫青一生经历了五次汉朝对匈奴的大战役，指挥最成功的莫过于河南之战与漠南之战，击败匈奴楼烦王、白羊王及右贤王，一举收复河套地区，解除了从汉初到汉武帝时期以来六十多年匈奴对汉首都长安的巨大威胁。这两场成功抗击匈奴的战役使得卫青成为历史上一代名将。

大将军卫青年轻时经历悲惨。他母亲是平阳侯曹寿家里的下人，父亲名叫郑季，是一个小县吏，卫青是从母姓的。卫青有一个同母的兄长，三个同母的姐姐，其中一个就是后来汉武帝刘彻的皇后卫子夫。童年时候的卫青在父亲的家里放羊，遭受了几个同父异母兄弟的欺凌，于是他逃回到了母亲那里，当了平阳侯家里的骑奴。

一次，汉武帝去平阳侯府看望姐姐平阳公主，结果看上了卫青的姐姐卫子夫，汉武帝就把卫子夫和卫青同时带回了皇宫，并且让卫青做了建章。后来，卫子夫怀了刘彻的孩子，这使得皇后非常嫉妒，为解气，皇后便派人绑架了卫青，并且想杀死他，这时候卫青的朋友骑郎公孙敖和一些人及时赶到救了卫青。皇帝刘彻听了这件事，便封卫青为建章监、侍中。就这样，卫青开始了他的政治生涯，走到了当时汉朝政治的前台，并最终成为了一名将军。

从奴隶到将军，实在令人敬佩，卫青凭借的是自己的本事，并且在获得汉武

帝的赏识之后，卫青并未居高自傲，而是一直保持低调。不插言，不多嘴，不争辩，而只拿事实说话。他为大汉朝立下的汗马功劳，扫清了一切不实言论，这就是他最大的优点。

卫青的谦虚谨慎也令人赞叹。他是卫皇后的亲弟弟，与汉武帝以及整个皇室的关系可谓相当亲近，但他却一直与他们保持一定的距离。他就是想告诫自己，要靠实力，而不是靠亲缘关系。他官至大将军，仍虚心向部下学习，且从不摆架子，在下属中的口碑也相当好。

此外，卫青对汉武帝也特别的忠心。他的忠心并不仅仅是为了报恩，更在于责任。汉武帝曾怀疑过、猜疑过他，把他一次“救驾甘泉宫”判为“逼宫”，并收回赐予的“虎符”。卫青明知皇上会因此降罪于他，但为了保护皇上的安全，仍旧冒险去做，此举充分表现了他的赤胆忠心。

平津侯主父列传第五十二

【原典】

尊立卫皇后，及发燕王定国阴事[①]，盖偃有功焉。大臣皆畏其口，赂遗累千金。人或说偃曰：“太横矣。”主父曰：“臣结发游学四十馀年[②]，身不得遂，亲不以为子，昆弟不收，宾客弃我，我厄日久矣。且丈夫生不五鼎食，死即五鼎烹耳[③]。吾日暮途远，故倒行暴施之。”

偃盛言朔方地肥饶，外阻河，蒙恬城之以逐匈奴，内省转输戍漕，广中国，灭胡之本也。上览其说，下公卿议，皆言不便。公孙弘曰：“秦时常发三十万众筑北河，终不可就，已而弃之。”主父偃盛言其便，上竟用主父计，立朔方郡。

元朔二年，主父言齐王内淫佚行僻[④]，上拜主父为齐相。至齐，遍召昆弟宾客，散五百金予之，数之曰：“始吾贫时，昆弟不我衣食，宾客不我内门[⑤]；今吾相齐，诸君迎我或千里。吾与诸君绝矣，毋复入偃之门！”乃使人以王与姊奸事动王，王以为终不得脱罪，恐效燕王论死，乃自杀。有司以闻。

主父始为布衣时，尝游燕、赵，及其贵，发燕事。赵王恐其为国患，欲上书言其阴事，为偃居中，不敢发。及为齐相，出关，即使人上书，告言主父偃受诸侯金，以故诸侯子弟多以得封者。及齐王自杀，上闻大怒，以为主父劫其王令自杀[⑥]，乃征下吏治。主父服受诸侯金，实不劫王令自杀。上欲勿诛，是时公孙弘为御史大夫，乃言曰：“齐王自杀无后，国除为郡，入汉，主父偃本首恶，陛下不诛主父偃，无以谢天下。”乃遂族主父偃。

主父方贵幸时，宾客以千数，及其族死，无一人收者，唯独洨孔车收葬之。天子后闻之，以为孔车长者也。

太史公曰：公孙弘行义虽修，然亦遇时。汉兴八十馀年矣，上方乡文学[⑦]，招俊乂[⑧]，以广儒墨，弘为举首。主父偃当路，诸公皆誉之，及名败身诛，士争言其恶。悲夫！

【注释】

①发：揭发。阴事：隐私之事，也指阴谋诡计。

②结发：指年轻的时候。

③五鼎烹：用五鼎煮死人，古代的一种酷刑。

④淫佚：淫乱放荡。

⑤不我内门：不让我进门。

⑥劫：要挟。

⑦乡：同“向”。此指崇尚。

⑧俊乂（yì）：具有非凡才能的人。

解读

主父偃是汉武帝时的大臣。临淄（今山东临淄）人。出身贫寒，早年学长短纵横之术，后学《易》《春秋》和百家之言。在齐受到儒生的排挤，于是北游燕、赵、中山等诸侯王国，但都未受到礼遇。元光元年（公元前134年），主父偃抵达长安。后直接上书汉武帝刘彻，当天就被召见，与徐乐、严安同时拜为郎中。不久又迁为谒者、中郎、中大夫，一年中升迁四次，得到武帝的破格任用。

主父偃的一生先抑后扬再抑，可谓坎坷异常。由起初的穷困潦倒，不为世人所容，到成为汉武帝的言官，拜为郎中，人人敬畏，历经种种波折，然而主父偃最后并未能够善始善终，落得个宾客中只有一人为其敛尸，门前竟冷落至此。这世态炎凉实在让人心寒，可是又能怎么样呢？世道艰难，对于身处其中的人来说，还是尽心尽力做好自己的事，“穷则独善其身，达则兼济天下”，凡事对得起自己就好，管他逆境顺境，以一颗平常心去对待，足矣！

南越列传第五十三

【原典】

南越王尉佗者，真定人也，姓赵氏。秦时已并天下，略定杨越，置桂林、南海、象郡，以谪徙民[①]，与越杂处十三岁。佗，秦时用为南海龙川令。至二世时，南海尉任嚣病且死，召龙川令赵佗语曰：“闻陈胜等作乱，秦为无道，天下苦之，项羽、刘季、陈胜、吴广等州郡各共兴军聚众，虎争天下，中国扰乱，未知所安，豪杰畔秦相立。南海僻远，吾恐盗兵侵地至此，吾欲兴兵绝新道，自备，待诸侯变，会病甚。且番禺负山险，阻南海，东西数千里，颇有中国人相辅，此亦一州之主也，可以立国。郡中长吏无足与言者，故召公告之。”即被佗书[②]，行南海尉事。嚣死，佗即移檄告横浦、阳山、湟溪关曰：“盗兵且至，急绝道聚兵自守！”因稍以法诛秦所置长吏，以其党为假守。秦已破灭，佗即击并桂林、象郡，自立为南越武王。高帝已定天下，为中国劳苦，故释佗弗诛。汉十一年，遣陆贾因立佗为南越王，与剖符通使[③]，和集百越，毋为南边患害，与长沙接境。

高后时[④]，有司请禁南越关市铁器。佗曰："高帝立我，通使物，今高后听谗臣，别异蛮夷，隔绝器物，此必长沙王计也，欲倚中国，击灭南越而并王之，自为功也。"于是佗乃自尊号为南越武帝，发兵攻长沙边邑，败数县而去焉。高后遣将军隆虑侯灶往击之。会暑湿，士卒大疫，兵不能逾岭。岁馀，高后崩，即罢兵。佗因此以兵威边，财物赂遗闽越、西瓯、骆，役属焉，东西万馀里。乃乘黄屋左纛[⑤]，称制，与中国侔[⑥]。

及孝文帝元年，初镇抚天下，使告诸侯四夷从代来即位意，喻盛德焉。乃为佗亲冢在真定，置守邑，岁时奉祀。召其从昆弟，尊官厚赐宠之。诏丞相陈平等举可使南越者，平言好畤陆贾[⑦]，先帝时习使南越。乃召贾以为太中大夫，往使。因让佗自立为帝，曾无一介之使报者。陆贾至南越，王甚恐，为书谢，称曰："蛮夷大长老夫臣佗，前日高后隔异南越，窃疑长沙王谗臣，又遥闻高后尽诛佗宗族，掘烧先人冢，以故自弃，犯长沙边境。且南方卑湿，蛮夷中间，其东闽越千人众号称王，其西瓯骆裸国亦称王[⑧]。老臣妄窃帝号，聊以自娱，岂敢以闻天王哉！"乃顿首谢，愿长为藩臣，奉贡职。于是乃下令国中曰："吾闻两雄不俱立，两贤不并世。皇帝，贤天子也。自今以后，去帝制黄屋左纛。"陆贾还报，孝文帝大说。遂至孝景时，称臣，使人朝请。然南越其居国窃如故号名，其使天子，称王朝命如诸侯。至建元四年卒。

【注释】

①谪徙：被判刑而迁徙。

②被佗书：向赵佗颁布任命文书。

③剖符：符是古代君臣间的一种信物，皇帝分封诸侯或封赏功臣，或遣将出征等，将金、玉、铜、木制成的一符一分为二，君臣各持其半，以备合符相验。

④高后：即吕后。

⑤左纛（dào）：插在车厢左边的用旄牛尾或雉尾装饰的旗子。

⑥侔（móu）：相等。

⑦好畤：县名。

⑧裸国：赤身裸体的国家。因其地炎热，人们穿衣少，故称为裸国。

解读

赵佗，河北省正定县人。19 岁获赐护驾御剑随秦始皇出巡。公元前 219 年，被封副帅随主帅任嚣率领 50 万大军征战岭南。公元前 204 年，创立南越国，自号“南越武王”。公元前 195 年，汉高祖正式分封他为“南越王”。吕后时期，汉越矛盾激化，吕后发兵南下攻打南越。他发兵抵抗，并反攻到湖南一带。最后，即位称帝，号为“武帝”。他重视中原汉文化和先进生产技术的传入，并融合越地文化，使岭南生产得到发展，人民安居乐业，创下历史伟业。从任嚣、赵佗开始，岭南有了人类文明的标志——城堡和文字，社会经济发展进入了新的历史时期。

赵佗一共参与治理岭南 81 年。其间由于他一直实行“和辑百越”的政策，促进了汉越民族的融合，并把中原地区的先进文化带到了南越之地，使南越得到了更好的发展。

东越列传第五十四

【原典】

闽越王无诸及越东海王摇者[①]，其先皆越王勾践之后也，姓驺（zōu）氏。秦已并天下，皆废为君长，以其地为闽中郡。及诸侯畔秦，无诸、摇率越归鄱阳令吴芮，所谓鄱君者也，从诸侯灭秦。当是之时，项籍主命，弗王，以故不附楚。汉击项籍，无诸、摇率越人佐汉。汉五年，复立无诸为闽越王，王闽中故地，都东冶。孝惠三年，举高帝时越功，曰闽君摇功多，其民便附[②]，乃立摇为东海王，都东瓯，世俗号为东瓯王。

后数世，至孝景三年，吴王濞反，欲从闽越，闽越未肯行，独东瓯从吴。及吴破，东瓯受汉购[③]，杀吴王丹徒，以故皆得不诛，归国。

吴王子子驹亡走闽越，怨东瓯杀其父，常劝闽越击东瓯。至建元三年，闽越发兵围东瓯。东瓯食尽，困，且降，乃使人告急天子。天子问太尉田蚡，蚡对曰："越人相攻击，固其常，又数反覆，不足以烦中国往救也。自秦时弃弗属。"于是中大夫庄助诘蚡曰[④]："特患力弗能救，德弗能覆；诚能，何故弃之？且秦举咸阳而弃之，何乃越也！今小国以穷困来告急天子，天子弗振，彼当安所告愬[⑤]？又何以子万国乎？"上曰："太尉未足与计。吾初即位，不欲出虎符发兵郡国。"乃遣庄助以节发兵会稽。会稽太守欲距不为发兵，助乃斩一司马，谕意指，遂发兵浮海救东瓯。未至，闽越引兵而去。东瓯请举国徙中国[⑥]，乃悉举众来，处江淮之间。

【注释】

①东海：指今浙江南部靠海的地区。

②便附：愿意归附。

③购：以重金收买。

④诘：诘难，质疑。

⑤愬（sù）：告诉，对某人说。

⑥徙中国：迁移到中原地区。

解读

本文记述了东越的变迁史实，分为两部分。前段写秦末汉初时，东越由郡县变为闽越国和东海国，勾践的后裔无诸成为闽越王，摇成为东海王。后来，东海王助汉诛杀叛乱首领吴王濞而迁处江淮间。馀善杀闽越王郢而得立东越王。后段写馀善谋反而被杀，东越国重新变为郡县，其民迁处江淮间。

文中揭示了东越与中原的历史渊源和密切关系，表现了中华民族这个大家庭逐渐走向统一的历史趋势，反映了作者维护中央政权的大一统思想。

朝鲜列传第五十五

【原典】

朝鲜王满者，故燕人也。自始全燕时尝略属真番[①]、朝鲜，为置吏，筑鄣塞。秦灭燕，属辽东外徼[②]。汉兴，为其远，难守，复修辽东故塞，至浿水为界，属燕。燕王卢绾反，入匈奴，满亡命，聚党千馀人，魋结蛮夷服而东走出塞[③]，渡浿水，居秦故空地上下鄣，稍役属真番、朝鲜蛮夷及故燕、齐亡命者王之，都王险。

会孝惠、高后时天下初定，辽东太守即约满为外臣，保塞外蛮夷，无使盗边；诸蛮夷君长欲入见天子，勿得禁止。以闻，上许之，以故满得兵威财物侵降其旁小邑，真番、临屯皆来服属，方数千里。

传子至孙右渠，所诱汉亡人滋多，又未尝入见；真番旁众国欲上书见天子，又拥阏不通。元封二年，汉使涉何谯谕右渠④，终不肯奉诏。何去至界上，临浿水，使御刺杀送何者朝鲜裨王长，即渡，驰入塞，遂归报天子曰“杀朝鲜将”。上为其名美，即不诘，拜何为辽东东部都尉。朝鲜怨何，发兵袭攻杀何。

天子募罪人击朝鲜。其秋，遣楼船将军杨仆从齐浮渤海；兵五万人，左将军荀彘出辽东：讨右渠。右渠发兵距险。左将军卒正多率辽东兵先纵⑤，败散，多还走，坐法斩。楼船将军将齐兵七千人先至王险。右渠城守，窥知楼船军少，即出城击楼船，楼船军败散走。将军杨仆失其众，遁山中十馀日，稍求收散卒，复聚。左将军击朝鲜浿水西军，未能破自前。

【注释】

①全燕：燕国的全盛时期。

②徼：边界。

③魋（chuí）结：古代少数民族的一种发式，形如椎，上细下粗。

④谯（qiào）：责备。谕：明白相告。

⑤卒正多：指名字叫多的卒正。卒正是中级军官的职称。

解读

卫满，卫氏朝鲜的建立者。西汉初年，卫满率领移民东渡清川江入朝鲜。先居住在秦代的旧障塞地带，不久，朝鲜王准把卫满安置在朝鲜西部。卫满的力量聚集雄厚之后，驱逐王准，自立为朝鲜王，此即“卫满朝鲜”之始。卫满之孙卫右渠时，因阻碍邻近部族与汉朝通商，同汉朝发生战争。公元前108年，右渠王战败，卫满朝鲜灭亡。汉朝把朝鲜改为直属政区，设置乐浪、玄菟、真番、临屯四个郡，史称“汉四郡”。此传名为《朝鲜列传》，实际上只写了卫满及其子孙的事，着重记述的是朝鲜变为汉朝四郡的过程，显示了朝鲜与中国密切的历史关系。

西南夷列传第五十六

【原典】

及元狩元年[①]，博望侯张骞使大夏来，言居大夏时见蜀布、邛竹杖，使问所从来，曰“从东南身毒国[②]，可数千里，得蜀贾人市”。或闻邛西可二千里有身毒国。骞因盛言大夏在汉西南，慕中国，患匈奴隔其道，诚通蜀，身毒国道便近，有利无害。于是天子乃令王然于、柏始昌、吕越人等，使间出西夷西，指求身毒国。至滇，滇王尝羌乃留，为求道西十馀辈[③]。岁馀，皆闭昆明，莫能通身毒国。

滇王与汉使者言曰：“汉孰与我大?”及夜郎侯亦然。以道不通故，各自以为一州主，不知汉广大。使者还，因盛言滇大国，足事亲附。天子注意焉。

及至南越反，上使驰义侯因犍为发南夷兵。且兰君恐远行[④]，旁国虏其老弱，乃与其众反，杀使者及犍为太守。汉乃发巴蜀罪人尝击南越者八校尉击破之。会越已破，汉八校尉不下，即引兵还，行诛头兰。头兰，常隔滇道者也。已平头兰[⑤]，遂平南夷为牂柯郡。夜郎侯始倚南越，南越已灭，会还诛反者，夜郎遂入朝。上以为夜郎王。

南越破后，及汉诛且兰、邛君，并杀筰侯，冉駹（máng）皆振恐，请臣置吏。乃以邛都为越嶲郡，筰（zuó）都为沈犁郡，冉駹为汶山郡，广汉西白马为武都郡。

上使王然于以越破及诛南夷兵威风喻滇王入朝。滇王者，其众数万人，其旁东北有劳浸、靡莫[⑥]，皆同姓相扶，未肯听。劳浸、靡莫数侵犯使者吏卒。元封二年，天子发巴蜀兵击灭劳浸、靡莫，以兵临滇。滇王始首善，以故弗诛。滇王离难西南夷，举国降，请置吏入朝。于是以为益州郡，赐滇王王印，复长其民。

西南夷君长以百数，独夜郎、滇受王印。滇小邑，最宠焉。

【注释】

①元狩：汉武帝第四个年号。

②身毒国：古代的国名，也译作“天竺”。

③道西：西去的道路。

④且兰君：且兰国的长帅。

⑤头兰：古国名。

⑥劳浸、靡莫：古国名。

解读

公元前 122 年，西汉使者到滇国（今云南省），滇王问汉使“汉孰与我大”，而当时汉朝皆以夜郎称呼西南各国，夜郎国因此得“夜郎自大”之名。从此“夜郎自大”就成了自以为是、骄傲自大者的代名词。

本文主要描述了夜郎、滇等先后归附汉王朝，变国为郡，设官置吏的过程，揭示了中国不同地域、不同民族，最终将形成一个和睦的多民族国家的必然趋势，反映了司马迁民族一统的历史观念，表现了他维护中央集权和国家统一的思想，有其进步意义。

司马相如列传第五十七

【原典】

司马相如者，蜀郡成都人也，字长卿。少时好读书，学击剑，故其亲名之曰犬子①。相如既学，慕蔺相如之为人，更名相如。以赀为郎②，事孝景帝，为武

骑常侍，非其好也。会景帝不好辞赋，是时梁孝王来朝，从游说之士齐人邹阳、淮阴枚乘、吴庄忌夫子之徒，相如见而说之，因病免，客游梁。梁孝王令与诸生同舍，相如得与诸生游士居数岁，乃著子虚之赋。

会梁孝王卒，相如归，而家贫，无以自业。素与临邛令王吉相善，吉曰："长卿久宦游不遂，而来过我。"于是相如往，舍都亭。临邛令缪为恭敬，日往朝相如。相如初尚见之，后称病，使从者谢吉[③]，吉愈益谨肃。临邛中多富人，而卓王孙家僮八百人，程郑亦数百人，二人乃相谓曰："令有贵客，为具召之。"并召令。令既至，卓氏客以百数。至日中，谒司马长卿，长卿谢病不能往，临邛令不敢尝食，自往迎相如。相如不得已，强往，一坐尽倾。酒酣，临邛令前奏琴曰："窃闻长卿好之，愿以自娱。"相如辞谢，为鼓一再行。是时卓王孙有女文君新寡，好音，故相如缪与令相重，而以琴心挑之[④]。相如之临邛，从车骑，雍容闲雅甚都；及饮卓氏，弄琴，文君窃从户窥之，心悦而好之，恐不得当也。既罢，相如乃使人重赐文君侍者通殷勤。文君夜亡奔相如[⑤]，相如乃与驰归成都。家居徒四壁立[⑥]。卓王孙大怒曰："女至不材，我不忍杀，不分一钱也。"人或谓王孙，王孙终不听。文君久之不乐，曰："长卿第俱如临邛，从昆弟假贷犹足为生，何至自苦如此！"相如与俱之临邛，尽卖其车骑，买一酒舍酤酒[⑦]，而令文君当炉[⑧]。相如身自着犊鼻裈[⑨]，与保庸杂作，涤器于市中。卓王孙闻而耻之，为杜门不出。昆弟诸公更谓王孙曰："有一男两女，所不足者非财也。今文君已失身于司马长卿，长卿故倦游，虽贫，其人材足依也，且又令客，独奈何相辱如此！"卓王孙不得已，分予文君僮百人，钱百万，及其嫁时衣被财物。文君乃与相如归成都，买田宅，为富人。

居久之，蜀人杨得意为狗监，侍上。上读《子虚之赋》而善之[⑩]，曰："朕独不得与此人同时哉！"得意曰："臣邑人司马相如自言为此赋。"上惊，乃召问相如。相如曰："有是。然此乃诸侯之事，未足观也。请为天子游猎赋，赋成奏之。"上许，令尚书给笔札。相如以"子虚"，虚言也，为楚称；"乌有先生"者，乌有此事也，为齐难；"无是公"者，无是人也，明天子之义。故空藉此三人为辞，以推天子诸侯之苑囿。其卒章归之于节俭，因以风谏[⑪]。奏之天子，天子大说。

【注释】

①犬子：司马相如儿时的小名。

②以赀（zī）为郎：因为家中资财多而当上了郎官。

③谢吉：拒绝王吉的拜访，以此提高自己的身份。

④琴心：指琴声中蕴含的感情。

⑤亡奔：私奔，男女不经允许而私自结合。

⑥徒四壁立：只有空空的四面墙壁竖立在那里。喻指家中极为贫穷。

⑦酤（gū）酒：卖酒。

⑧当炉：主持卖酒之事。炉，通“垆”，用以热酒的土台子。

⑨犊鼻裈（kūn）：形似牛犊之鼻的围裙。

⑩善之：赞美。

⑪风：通“讽”，委婉含蓄地劝告。

解读

司马相如是西汉时期著名的大辞赋家，其作品辞藻华丽，结构宏大，后人称之为赋圣，代表作品为《子虚赋》。此外，他与卓文君的私奔故事也广为流传。

两千多年来，司马相如在文学史上一直享有崇高的声望，产生了深远的影响。两汉作家，绝大多数对他十分佩服，其中最有代表性的就是司马迁。在整个《史记》中，专为文学家立的传只有两篇：一篇是《屈原贾生列传》，另一篇就是《司马相如列传》，仅此即可看出司马相如在太史公心目中的重要地位。并且在《司马相如列传》中，司马迁全文收录了他的三篇赋、四篇散文，以致《司马相如列传》的篇幅大约相当于《贾生列传》的六倍。这就表明，司马迁认为司马相如的文学成就是超过贾谊的。

文章中记述了司马相如与卓文君婚恋的故事，写得婉转浓丽，极富新奇情趣，颇似生动的小说，给后世文学艺术作品的创作提供了极好的范例和原始素材。

淮南衡山列传第五十八

【原典】

淮南厉王长者，高祖少子也，其母故赵王张敖美人[①]。高祖八年，从东垣过赵，赵王献之美人。厉王母得幸焉，有身。赵王敖弗敢内宫，为筑外宫而舍之。及贯高等谋反柏人事发觉，并逮治王，尽收捕王母兄弟美人，系之河内。厉王母亦系，告吏曰："得幸上，有身。"吏以闻上，上方怒赵王，未理厉王母。厉王母弟赵兼因辟阳侯言吕后[②]，吕后妒，弗肯白，辟阳侯不强争。及厉王母已生厉王，恚，即自杀。吏奉厉王诣上，上悔，令吕后母之，而葬厉王母真定。真定，厉王母之家在焉，父世县也。

高祖十一年七月，淮南王黥布反，立子长为淮南王，王黥布故地，凡四郡。上自将兵击灭布，厉王遂即位。厉王蚤失母[③]，常附吕后，孝惠、吕后时以故得幸无患害，而常心怨辟阳侯，弗敢发。及孝文帝初即位，淮南王自以为最亲，骄蹇，数不奉法。上以亲故，常宽赦之。三年，入朝。甚横。从上入苑囿猎[④]，与上同车，常谓上"大兄"。厉王有材力，力能扛鼎，乃往请辟阳侯。辟阳侯出见之，即自袖铁椎椎辟阳侯，令从者魏敬刭之[⑤]。厉王乃驰走阙下，肉袒谢曰："臣母不当坐赵事，其时辟阳侯力能得之吕后，弗争，罪一也。赵王如意子母无罪，吕后杀之，辟阳侯弗争，罪二也。吕后王诸吕，欲以危刘氏，辟阳侯弗争，罪三也。臣谨天下诛贼臣辟阳侯，报母之仇，谨伏阙下请罪。"孝文伤其志，为亲故，弗治，赦厉王。当是时，薄太后及太子诸大臣皆惮厉王，厉王以此归国益骄恣，不用汉法，出入称警跸[⑥]，称制，自为法令，拟于天子。

【注释】

①美人：汉代后宫妃嫔的称号。

②辟阳侯：名审食其，因服侍吕后获宠。

③蚤：通“早”。

④苑囿（yòu）：供帝王畜养禽兽和游猎的园林。

⑤刭（jǐng）：用刀割脖子。

⑥警跸（bì）：警戒清道，断绝行人，是帝王出入时的规制。

解读

淮南厉王刘长是汉高祖的小儿子，汉文帝同父异母的兄弟。在汉文帝的姑息纵容下，他骄矜跋扈，常与帝同车出猎；在封地不用汉法，自作法令。公元前174年，与匈奴、闽越首领联络图谋叛乱，事泄获罪被捕，在押往流放地蜀郡途中绝食身亡。

所谓骄矜，是指一个人骄傲专横，傲慢无礼，自尊自大，好自夸，自以为是。这些特点都在刘长身上集中地表现出来。这样的人在现实生活中也能经常看到。具有骄矜之气的人，大多自以为能力很强，看不起他人。由于骄傲，则往往听不进去别人的意见；由于自大，则做事专横，轻视有才能的人，看不到别人的长处。

《劝忍百箴》中对于骄矜这个问题这样说：富贵而骄奢，便会自食其果。国君对人傲慢会失去政权，大夫对人傲慢会失去领地。骄傲自夸，是出现恶果的先兆，而过于骄奢注定要灭亡。贾思伯平易近人，礼贤下士，客人不理解其谦虚的原因。思伯回答了四个字：骄至便衰。这句话让人回味无穷，无论什么时候都值得深思和自省。

循吏列传第五十九

【原典】

太史公曰：法令所以导民也，刑罚所以禁奸也。文武不备，良民惧然身修者，官未曾乱也。奉职循理，亦可以为治，何必威严哉？

孙叔敖者，楚之处士也。虞丘相进之于楚庄王，以自代也。三月为楚相，施教导民，上下和合①，世俗盛美，政缓禁止，吏无奸邪，盗贼不起。秋冬则劝民山采，春夏以水，各得其所便，民皆乐其生。

庄王以为币轻，更以小为大，百姓不便，皆去其业。市令言之相曰："市乱，民莫安其处，次行不定。"相曰："如此几何顷乎②？"市令曰："三月顷。"相曰："罢，吾今令之复矣。"后五日，朝，相言之王曰："前日更币，以为轻。今市令来言曰'市乱，民莫安其处，次行之不定'。臣请遂令复如故。"王许之，下令三日而市复如故。

楚民俗好庳车③，王以为庳车不便马，欲下令使高之。相曰："令数下，民不知所从，不可。王必欲高车，臣请教闾里使高其梱④。乘车者皆君子，君子不能数下车。"王许之。居半岁，民悉自高其车。

此不教而民从其化⑤，近者视而效之，远者四面望而法之。故三得相而不喜，知其材自得之也；三去相而不悔，知非己之罪也。

子产者，郑之列大夫也。郑昭君之时，以所爱徐挚为相，国乱，上下不亲，父子不和。大宫子期言之君，以子产为相。为相一年，竖子不戏狎⑥，斑白不提挈⑦，僮子不犁畔。二年，市不豫贾。三年，门不夜关，道不拾遗。四年，田器不归。五年，士无尺籍，丧期不令而治。治郑二十六年而死，丁壮号哭，老人儿啼，曰："子产去我死乎！民将安归？"

公仪休者，鲁博士也。以高弟为鲁相。奉法循理，无所变更，百官自正。使食禄者不得与下民争利，受大者不得取小。

客有遗相鱼者，相不受。客曰："闻君嗜鱼，遗君鱼，何故不受也？"相曰："以嗜鱼，故不受也。今为相，能自给鱼；今受鱼而免，谁复给我鱼者？吾故不受也。"

食茹而美[⑧]，拔其园葵而弃之。见其家织布好，而疾出其家妇，燔其机，云"欲令农士工女安所雠其货乎"？

石奢者，楚昭王相也。坚直廉正，无所阿避。行县，道有杀人者，相追之，乃其父也。纵其父而还自系焉。使人言之王曰："杀人者，臣之父也。夫以父立政，不孝也；废法纵罪，非忠也；臣罪当死。"王曰："追而不及，不当伏罪，子其治事矣。"石奢曰："不私其父，非孝子也；不奉主法，非忠臣也。王赦其罪，上惠也；伏诛而死，臣职也。"遂不受令，自刎而死。

李离者，晋文公之理也。过听杀人，自拘当死。文公曰："官有贵贱，罚有轻重。下吏有过，非子之罪也。"李离曰："臣居官为长，不与吏让位；受禄为多，不与下分利。今过听杀人，傅其罪下吏，非所闻也。"辞不受令。文公曰："子则自以为有罪，寡人亦有罪邪？"李离曰："理有法，失刑则刑，失死则死。公以臣能听微决疑，故使为理。今过听杀人，罪当死。"遂不受令，伏剑而死[⑨]。

太史公曰：孙叔敖出一言，郢市复。子产病死，郑民号哭。公仪子见好布而家妇逐。石奢纵父而死，楚昭名立。李离过杀而伏剑，晋文以正国法。

【注释】

①和合：和睦相处，同心协力。

②几何顷：有多久。

③庳（bì）车：矮车，车的底座较低。

④闾里：乡里，古代一种居民组织。

⑤从其化：顺从他的管教、教化。

⑥竖子：鄙贱他人的称呼。戏狎：轻浮嬉戏。

⑦提挈：提着东西。

⑧茹：蔬菜的总称。

⑨伏剑：用剑自杀。伏：受到惩罚的意思。

解读

这篇列传记叙了春秋战国时期五位贤良官吏的事迹。五人中，四位国相一位法官，都是位高权重的社稷之臣。其中，孙叔敖与子产，仁厚爱民，善施教化，以政宽得人和，国泰而民安；公仪休、石奢、李离，皆清廉自正，严守法纪，当公私利益发生尖锐冲突时，甚至甘愿以身殉法，维护君主和纲纪的尊严。

关于李离还有个典故，就是历史上有名的“李离伏剑”。

这个李离确实可敬可佩，可能在有些人看来，他还有点“冒傻气”，但实际上他必须这么做。古代法官断案，就是讲“责任制”和“追究制”的。统治阶级为使体现自己意志的法律得以实施，对惩治司法官吏断案中的“枉、纵”行为均有明确规定，李离任职的晋国就明文规定法官错判者，如同对待诬告者一样，实行“反坐”原则。李离“伏剑而死”，其实正是对自己的误听错判主动承担责任，履行了“失刑则刑，失死则死”的法律规定。诚然，像李离这样豁出脑袋维护法律尊严者，在古代不过是凤毛麟角。但他严于责己、勇于负责的精神，确实难能可贵，足以千古流芳，启迪后世。

责任让人坚强，让人勇敢，也让人知道关怀和理解。确立正确的责任意识，勇于承担责任，不仅是个人道德品质高尚的体现，也是做好本职工作的根本保证。勇于承担责任，才能慎重使用手中的权力，全心全意地服务于人民，进而才能得到人民的尊重和爱戴。也只有勇于承担责任的人，才能被赋予更多的使命，才有资格获得更大的荣誉。而一味推卸责任、争功诿过的人，则会失去人格的力量，从而无形地失去别人对自己的尊重，失去自己的立身之本——信誉和尊严。

在实践中勇于承担责任，首先要有责任感。一个人一旦有责任感，就会生出一股力量朝着理想的目标努力；就会对人生的每一步慎重考虑，而不会去斤斤计较个人的一点得与失；就会以正确而理智的态度对待人生旅途中的每一个挫折，从而使自己成长起来。其次要认清责任。认清责任，是为了更好地承担责任。要认清责任，就要知道自己能够做什么、应该如何做、怎样做才能做得更好。这种对工作勇于负责的精神，在新世纪、新阶段应该大力提倡和弘扬。

汲郑列传第六十

【原典】

汲黯字长孺，濮阳人也。其先有宠于古之卫君。至黯七世，世为卿大夫。黯以父任，孝景时为太子洗马，以庄见惮[①]。孝景帝崩，太子即位，黯为谒者。东越相攻，上使黯往视之。不至，至吴而还，报曰："越人相攻，固其俗然，不足以辱天子之使。"河内失火，延烧千馀家，上使黯往视之。还报曰："家人失火，屋比延烧，不足忧也。臣过河南，河南贫人伤水旱万馀家，或父子相食，臣谨以便宜，持节发河南仓粟以振贫民。臣请归节，伏矫制之罪[②]。"上贤而释之，迁为荥阳令。黯耻为令，病归田里。上闻，乃召拜为中大夫。以数切谏，不得久留内，迁为东海太守。黯学黄老之言，治官理民，好清静，择丞史而任之。其治，责大指而已[③]，不苛小。黯多病，卧闺阁内不出。岁馀，东海大治。称之。上闻，召以为主爵都尉，列于九卿。治务在无为而已，弘大体，不拘文法。

黯为人性倨[④]，少礼，面折，不能容人之过。合己者善待之，不合己者不能忍见，士亦以此不附焉。然好学，游侠，任气节，内行修絜[⑤]，好直谏，数犯主之颜色，常慕傅柏、袁盎之为人也。善灌夫、郑当时及宗正刘弃。亦以数直谏，不得久居位。

当是时，太后弟武安侯蚡为丞相，中二千石来拜谒，蚡不为礼。然黯见蚡

未尝拜，常揖之。天子方招文学儒者，上曰吾欲云云，黯对曰："陛下内多欲而外施仁义，奈何欲效唐虞之治乎！"上默然，怒，变色而罢朝。公卿皆为黯惧。上退，谓左右曰："甚矣，汲黯之戆也[⑥]！"群臣或数黯，黯曰："天子置公卿辅弼之臣，宁令从谀承意，陷主于不义乎？且已在其位，纵爱身，奈辱朝廷何！"

黯多病，病且满三月，上常赐告者数[⑦]，终不愈。最后病，庄助为请告。上曰："汲黯何如人哉？"助曰："使黯任职居官，无以逾人。然至其辅少主，守城深坚，招之不来，麾之不去[⑧]，虽自谓贲、育亦不能夺之矣。"上曰："然。古有社稷之臣，至如黯，近之矣。"

【注释】

①惮：惧怕。

②矫制：冒充帝王的名义发布命令。

③指：指要，意图。

④倨：傲慢。

⑤絜：同"洁"，有洁净、纯洁之意。

⑥戆（zhuàng）：憨厚刚直。

⑦告：休假。数：屡次。

⑧麾（huī）：通"挥"。挥手令去的意思。

解读

汲黯是西汉时期的名臣。汲黯为政，以民为本，同情民众的疾苦。一次河内失火，武帝派他去视察，他到河南，见正遭水灾，饥民塞路，父子相食，饿死沟壑者不计其数，汲黯不畏矫制之罪，便以皇帝使臣的名义，持节开仓放粮赈济贫民，人民大悦。

汲黯好学，又好仗义行侠，很注重志气节操。他平日居家，品行美好纯正；入朝，喜欢直言劝谏，屡次触犯皇上的面子。汲黯为官清正，廉洁奉公，死后家无余资，在封建官吏浊多清少的环境中可谓一佼佼者。

司马迁怀着极其钦敬的心情为汲黯树碑立传，倾全力表彰了他秉正嫉恶、忠直敢谏的杰出品格。如汲黯这般贤臣，无论在什么朝代都是国家的栋梁，同时，也是我们中华民族传统美德的最佳代言人，他的美名势必会流传千古而不衰。

儒林列传第六十一

【原典】

董仲舒，广川人也。以治《春秋》，孝景时为博士。下帷讲诵[①]，弟子传以久次相受业，或莫见其面，盖三年董仲舒不观于舍园，其精如此。进退容止[②]，非礼不行，学士皆师尊之。今上即位，为江都相。以《春秋》灾异之变推阴阳所以错行，故求雨闭诸阳，纵诸阴，其止雨反是。行之一国，未尝不得所欲。中废为中大夫，居舍，著灾异之记。是时辽东高庙灾，主父偃疾之[③]，取其书奏之天子。天子召诸生示其书，有刺讥。董仲舒弟子吕步舒不知其师书，以为下愚[④]。于是下董仲舒吏，当死，诏赦之。于是董仲舒竟不敢复言灾异。

董仲舒为人廉直。是时方外攘四夷，公孙弘治《春秋》不如董仲舒，而弘希世用事，位至公卿。董仲舒以弘为从谀[⑤]。弘疾之，乃言上曰："独董仲舒可使相胶西王。"胶西王素闻董仲舒有行，亦善待之。董仲舒恐久获罪，疾免居家。至卒，终不治产业，以修学著书为事。故汉兴至于五世之间，唯董仲舒名为明于《春秋》，其传公羊氏也。

胡毋生，齐人也。孝景时为博士，以老归教授。齐之言《春秋》者多受胡毋生，公孙弘亦颇受焉。

瑕丘江生为谷梁《春秋》。自公孙弘得用，尝集比其义，卒用董仲舒。

仲舒弟子遂者：兰陵褚大，广川殷忠，温吕步舒。褚大至梁相。步舒至长史，持节使决淮南狱[⑥]，于诸侯擅专断，不报，以《春秋》之义正之，天子皆以为是。弟子通者，至于命大夫；为郎、谒者、掌故者以百数。而董仲舒子及孙皆以学至大官。

【注释】

①下帷：放下室内悬挂的帷幕，此处用来比喻居家教书。

②容止：形貌举动。

③疾之：指嫉妒董仲舒。疾：同“嫉”。

④下愚：最愚蠢。

⑤从谀：逢迎取悦。

⑥节：符节，朝廷官员出使时作为凭证的信物。

解读

董仲舒是西汉一位与时俱进的思想家、儒学家，西汉时期著名的唯心主义哲学家和今文经学大师。汉景帝时任博士，讲授《公羊春秋》。他把儒家的伦理思想概括为“三纲五常”，汉武帝采纳了董仲舒的建议，从此儒学开始成为官方哲学，并延续千年。其教育思想和“大一统”“天人感应”理论，为后世封建统治提供了理论基础。时至今日，仍有学者在研究他的思想体系及故理等方面的文化。

这篇列传中，司马迁没有过多地介绍相关的思想学说，而是重点言及其美德、治学态度和授业弟子如何众多、如何有成就，目的就是表彰他们以言传身教在培养人才方面作出的杰出贡献。司马迁对“人”的关注超过了对其成就的关注，这种以人为本的记述风格更能体现出浓浓的人文关怀，是《史记》的一大特色。

酷吏列传第六十二

【原典】

宁成者，穰人也。以郎谒者事景帝。好气，为人小吏，必陵其长吏；为人上，操下如束湿薪。滑贼任威。稍迁至济南都尉，而郅都为守。始前数都尉皆步入府，因吏谒守如县令，其畏郅都[①]如此。及成往，直陵都出其上。都素闻其声，于是善遇，与结欢。久之，郅都死，后长安左右宗室多暴犯法，于是上召宁成为中尉。其治效郅都，其廉弗如，然宗室豪桀皆人人惴恐。

武帝即位，徙为内史。外戚多毁成之短，抵罪髡钳[②]。是时九卿罪死即死，少被刑，而成极刑，自以为不复收，于是解脱，诈刻传出关归家。称曰："仕不至二千石，贾不至千万，安可比人乎！"乃贳贷买陂田千馀顷[③]，假贫民，役使数千家。数年，会赦。致产数千金，为任侠，持吏长短，出从数十骑。其使民威重于郡守。

周阳由者，其父赵兼以淮南王舅父侯周阳，故因姓周阳氏。由以宗家任为郎，事孝文及景帝。景帝时，由为郡守。武帝即位，吏治尚循谨甚，然由居二千石中，最为暴酷骄恣。所爱者，挠法活之；所憎者，曲法诛灭之。所居郡，必夷其豪。为守，视都尉如令。为都尉，必陵太守，夺之治。与汲黯俱为忮，司马安之文恶[④]，俱在二千石列，同车未尝敢均茵伏。

由后为河东都尉，时与其守胜屠公争权，相告言罪。胜屠公当抵罪，义不受刑，自杀，而由弃市。

自宁成、周阳由之后，事益多，民巧法，大抵吏之治类多成、由等矣。

赵禹者，斄（tái）人。以佐史补中都官，用廉为令史，事太尉亚夫。亚夫

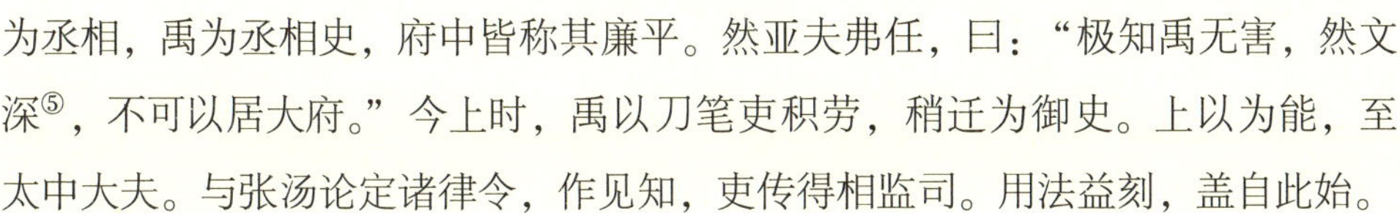

为丞相，禹为丞相史，府中皆称其廉平。然亚夫弗任，曰：“极知禹无害，然文深⑤，不可以居大府。”今上时，禹以刀笔吏积劳，稍迁为御史。上以为能，至太中大夫。与张汤论定诸律令，作见知，吏传得相监司。用法益刻，盖自此始。

【注释】

①郅都：当时另一个有名的酷吏。

②髡（kūn）钳：髡刑与钳刑。按剃光头发的刑罚称髡，拿铁环束脖称钳。

③贳（shì）：赊欠。陂（bēi）田：有水可灌溉的田地。

④文恶：用法律条文害人。

⑤文深：行法严苛。

解读

这篇列传记述了西汉时期以凶狠残暴著称的几个官吏的史实。

孔子说：“用政治法令来引导百姓，用刑罚来约束百姓，百姓可以免于犯罪，但却没有羞耻之心。如果用道德来引导百姓，用礼仪来约束百姓，那么百姓就会有羞耻之心，并改正错误，走上正道。”老子说：“具有高尚道德的人，不表现在形式上的德，因此才有德；道德低下的人，执守着形式上的德，因此没有实际的德。”“法令越是严酷，盗贼反而更多。”这些话并不是虚妄之言。汉武帝喜用酷吏，打击豪强，抑制商贾，惩治贵戚奸吏，以加强中央集权，聚敛财富，应付其挥霍和对外战争的需要。汉武帝这样做的结果，固然能强化皇权，保持国家的统一，但是酷吏的严刑峻法和残酷杀戮，也使各阶层的人们特别是普通百姓遭受了意想不到的灾难，出现了无辜被杀，冤狱横生，社会不宁，“法令滋彰，盗贼（实际上多为官逼民反的起义者）多有”、“吏民益轻犯法，盗贼滋起”的局面。

国家政治的美好，在于君王的宽厚，在于德才兼备的贤良臣子，而非法律的严酷。中国几千年的历史证明，无论是封建帝王还是农民领袖，只有君明臣贤，以仁厚为本，心中装着百姓，带头励精图治，才能赢得民心，坐稳天下，造就一代盛世。

大宛列传第六十三

【原典】

大宛之迹，见自张骞。张骞，汉中人。建元中为郎。是时天子问匈奴降者，皆言匈奴破月氏王，以其头为饮器，月氏遁逃而常怨仇匈奴，无与共击之。汉方欲事灭胡，闻此言，因欲通使。道必更匈奴中，乃募能使者。骞以郎应募，使月氏，与堂邑氏胡奴甘父俱出陇西①。经匈奴，匈奴得之，传诣单于。单于留之，曰："月氏在吾北，汉何以得往使？吾欲使越，汉肯听我乎？"留骞十馀岁，与妻，有子，然骞持汉节不失。

居匈奴中，益宽，骞因与其属亡乡月氏，西走数十日至大宛。大宛闻汉之饶财，欲通不得，见骞，喜，问曰："若欲何之？"骞曰："为汉使月氏，而为匈奴所闭道。今亡，唯王使人导送我。诚得至，反汉，汉之赂遗王财物不可胜言②。"大宛以为然，遣骞，为发导绎，抵康居，康居传致大月氏。大月氏王已为胡所杀，立其太子为王。既臣大夏而居，地肥饶，少寇，志安乐，又自以远汉，殊无报胡之心。骞从月氏至大夏，竟不能得月氏要领。

留岁馀，还，并南山③，欲从羌中归，复为匈奴所得。留岁馀，单于死，左谷蠡王攻其太子自立，国内乱，骞与胡妻及堂邑父俱亡归汉④。汉拜骞为太中大夫，堂邑父为奉使君。

骞为人强力⑤，宽大信人，蛮夷爱之。堂邑父故胡人，善射，穷急射禽兽给食。初，骞行时百馀人，去十三岁，唯二人得还。

【注释】

①堂邑氏：姓。胡奴：指一位匈奴奴隶。甘父：胡奴的名字。

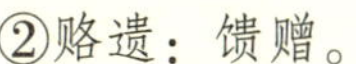

②赂遗：馈赠。

③并（bàng）：同“旁”。靠近。南山：指昆仑山，阿尔金山，祁连山。

④胡妻：指张骞的匈奴妻子。

⑤强力：强壮而有力量。

解读

《大宛列传》是记述西域诸国史实的传记。文中记述了西域诸国的物产风情，着重写了张骞两次出使西域的经过，展示了汉王朝同西域各国的微妙关系。

“闻道寻源使，从天此路回。牵牛去几许？宛马至今来。……”这是唐代诗人杜甫，安史之乱中避难秦州（今甘肃天水）时写下的《秦州杂诗·闻道寻源使》。诗中所歌颂的“寻源使”，就是西汉的张骞。在中国历史上，张骞通西域的故事早已家喻户晓。

张骞，西汉汉中成固（今陕西城固县）人，生年及早期经历不详。汉武帝刘彻即位时，张骞已在朝廷担任名为“郎”的侍从官。他“为人强力，宽大信人”，即具有坚韧不拔、心胸开阔，并能以信义待人的优良品质。汉武帝时以军功封博望侯，旋拜中郎将，出使乌孙，分遣副使至大宛、康居、大夏等，自此西北诸国方与汉互通，使汉朝能与中亚交流，并打通前往西域的南北两条通路，引进优良马种、葡萄及苜蓿等。

汉朝与西域的交往，由张骞创立首功。因张骞在西域有威信，后来汉所遣使者多称博望侯以取信于诸国。张骞对开辟从中国通往西域的丝绸之路有卓越贡献，至今举世称道。西域诸国当时无史籍记载，张骞的出使经历备载于《史记》《汉书》中，是研究中亚史所依据的原始资料，具有重要的历史价值。

游侠列传第六十四

【原典】

韩子曰[①]：“儒以文乱法，而侠以武犯禁。”二者皆讥，而学士多称于世云。至如以术取宰相卿大夫，辅翼其世主，功名俱著于春秋，固无可言者。及若季次、原宪，闾巷人也[②]，读书怀独行君子之德，义不苟合当世，当世亦笑之。故季次、原宪终身空室蓬户，褐衣疏食不厌。死而已四百馀年，而弟子志之不倦。今游侠，其行虽不轨于正义，然其言必信，其行必果，已诺必诚，不爱其躯，赴士之厄困，既已存亡死生矣，而不矜其能，羞伐其德，盖亦有足多者焉。

且缓急，人之所时有也。太史公曰：昔者虞舜窘于井廪，伊尹负于鼎俎[③]，傅说匿于傅险，吕尚困于棘津，夷吾桎梏[④]，百里饭牛，仲尼畏匡，菜色陈、蔡。此皆学士所谓有道仁人也，犹然遭此菑[⑤]，况以中材而涉乱世之末流乎？其遇害何可胜道哉！

鄙人有言曰：“何知仁义，已飨其利者为有德[⑥]。”故伯夷丑周，饿死首阳山，而文武不以其故贬王；跖、蹻（qiāo）暴戾，其徒诵义无穷。由此观之，“窃钩者诛，窃国者侯，侯之门仁义存”，非虚言也。

今拘学或抱咫尺之义，久孤于世，岂若卑论侪俗[⑦]，与世沉浮而取荣名哉！而布衣之徒，设取予然诺，千里诵义，为死不顾世，此亦有所长，非苟而已也。故士穷窘而得委命，此岂非人之所谓贤豪间者邪？诚使乡曲之侠，予季次、原宪比权量力，效功于当世，不同日而论矣。要以功见言信，侠客之义又曷可少哉！

古布衣之侠，靡得而闻已。近世延陵[⑧]、孟尝、春申、平原、信陵之徒，皆因王者亲属，藉于有土卿相之富厚，招天下贤者，显名诸侯，不可谓不贤者矣。

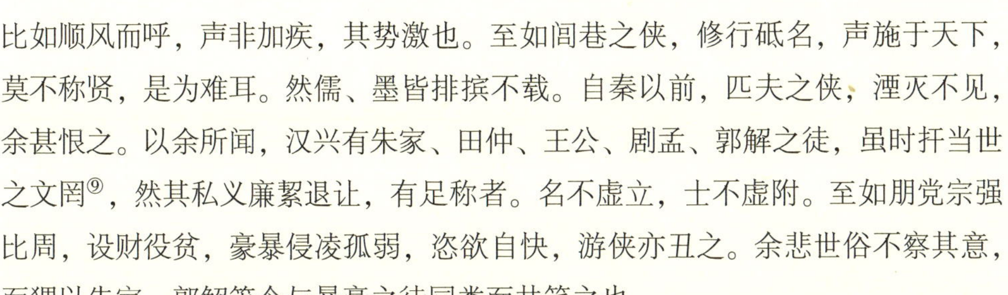

比如顺风而呼，声非加疾，其势激也。至如闾巷之侠，修行砥名，声施于天下，莫不称贤，是为难耳。然儒、墨皆排摈不载。自秦以前，匹夫之侠，湮灭不见，余甚恨之。以余所闻，汉兴有朱家、田仲、王公、剧孟、郭解之徒，虽时扞当世之文罔⑨，然其私义廉絜退让，有足称者。名不虚立，士不虚附。至如朋党宗强比周，设财役贫，豪暴侵凌孤弱，恣欲自快，游侠亦丑之。余悲世俗不察其意，而猥以朱家、郭解等令与暴豪之徒同类而共笑之也。

鲁朱家者，与高祖同时。鲁人皆以儒教，而朱家用侠闻。所藏活豪士以百数，其馀庸人不可胜言。然终不伐其能，歆其德，诸所尝施，唯恐见之。振人不赡，先从贫贱始。家无馀财，衣不完采，食不重味，乘不过軥牛⑩。专趋人之急，甚己之私。既阴脱季布将军之厄，及布尊贵，终身不见也。自关以东，莫不延颈愿交焉。

楚田仲以侠闻，喜剑，父事朱家，自以为行弗及。田仲已死，而雒阳有剧孟。周人以商贾为资，而剧孟以任侠显诸侯。吴楚反时，条侯为太尉，乘传车将至河南，得剧孟，喜曰："吴楚举大事而不求孟，吾知其无能为已矣。"天下骚动，宰相得之若得一敌国云。剧孟行大类朱家，而好博⑪，多少年之戏。然剧孟母死，自远方送丧盖千乘。及剧孟死，家无馀十金之财。而符离人王孟亦以侠称江淮之间。

是时济南瞷（jiàn）氏、陈周庸亦以豪闻，景帝闻之，使使尽诛此属。其后代诸白、梁韩无辟、阳翟薛兄、陕韩孺纷纷复出焉。

【注释】

①韩子：韩非子。

②闾巷人：即平民百姓。

③俎（zǔ）：切肉的案板。

④桎（zhì）梏（gù）：古代的刑具，即脚镣与手铐。

⑤菑（zī）：同"灾"。

⑥飨（xiǎng）：享受。

⑦侪（chái）俗：迁就世俗之人。

⑧延陵：春秋时代吴国公子季札被封于延陵，故称延陵季子。

⑨扞（hàn）：违反，违背。文罔：通"文网"。法律禁令。

⑩軥（qú）：车辕前端驾于马脖子上的弯曲横木。“軥牛”犹言用牛驾车。

⑪博：指六博棋，古代一种棋类游戏。

解读

《游侠列传》是《史记》名篇之一，记述了汉代著名侠士的一些史实。司马迁通过此文赞扬了他们“其言必信，其行必果，已诺必诚，不爱其躯，赴士之厄困……不矜其能，不伐其德”等高贵品德。

所谓侠士，一般都出身在社会底层，在司马迁的笔下，他们是倾倒天下大众的英雄。司马迁站在人民的立场上，对侠士们的不幸遭遇表示同情，对迫害他们的人表示极大的愤慨，揭示了汉朝法律的虚伪和不公正的本质，表现了作者进步的历史观和《史记》一书的人民性。

佞幸列传第六十五

【原典】

谚曰“力田不如逢年，善仕不如遇合”，固无虚言。非独女以色媚，而士宦亦有之。

昔以色幸者多矣。至汉兴，高祖至暴抗也，然籍孺以佞幸[①]；孝惠时有闳孺。此两人非有材能，徒以婉佞贵幸，与上卧起，公卿皆因关说。故孝惠时《郎、侍》中皆冠鵕鸃[②]，贝带，傅脂粉，化闳、籍之属也。两人徙家安陵。

孝文时中宠臣，士人则邓通，宦者则赵同、北宫伯子。北宫伯子以爱人长者；而赵同以星气幸，常为文帝参乘；邓通无伎能。邓通，蜀郡南安人也，以濯船为黄头郎[③]。孝文帝梦欲上天，不能，有一黄头郎从后推之上天，顾见其衣裻带后穿[④]。觉而之渐台，以梦中阴目求推者郎，即见邓通，其衣后穿，梦中所见也。召问其名姓，姓邓氏，名通，文帝说焉，尊幸之日异。通亦愿谨，不好外交，虽赐洗沐，不欲出。于是文帝赏赐通巨万以十数，官至上大夫。文帝时时如邓通家游戏。然邓通无他能，不能有所荐士，独自谨其身以媚上而已。上使善相者相通，曰“当贫饿死”。文帝曰：“能富通者在我也。何谓贫乎？”于是赐邓通蜀严道铜山，得自铸钱，“邓氏钱”布天下。其富如此。

文帝尝病痈，邓通常为帝唶吮之⑤。文帝不乐，从容问通曰：“天下谁最爱我者乎？”通曰：“宜莫如太子。”太子入问病，文帝使唶痈，唶痈而色难之。已而闻邓通常为帝唶吮之，心惭，由此怨通矣。及文帝崩，景帝立，邓通免，家居。居无何，人有告邓通盗出徼外铸钱。下吏验问，颇有之，遂竟案，尽没入邓通家，尚负责数巨万。长公主赐邓通，吏辄随没入之，一簪不得着身。于是长公主乃令假衣食。竟不得名一钱，寄死人家。

【注释】

①以佞幸：靠阿谀谄媚得到宠幸。

②鵔鸃（jùn yí）：鸟名，此指用鵔鸃羽毛装饰的帽子。

③濯（zhào）船：用桨划船。

④裻（dū）：衣衫和横腰部分。

⑤唶（zé）吮：吮吸。

解 读

佞臣与酷吏都是封建社会专制政治的必然产物，反过来它们对封建政治也必然造成严重的恶果。历史上，因错误地识人用人而铸成大错的例子不在少数。无论是何种原因，这样的教训都是值得汲取的。

本文中的佞臣，如邓通之辈，无才无德，却善承上意，察言观色，专以谄媚事主，甚至不惜丧失人格，司马迁深刻地揭露了此类人的丑恶行径和肮脏灵魂，进而婉转地讽刺和鞭挞了文、景、武等帝的任人失当，重用奸佞的弊端。

一个人是否应该被重用，重要的当然是看他内在的道德品质和学识修养，至于外在的容貌、装饰以及言谈举止等，其实都是次要的。无论是选才用人还是结亲交友，有见识者都要以此为标准。当然，能够“质”与“文”俱佳更好，但是，切记不可因“文”而废“质”。否则，一旦被外表迷惑，得到一个华而不实的废物，就不但会无益，还会有害。

所以说，认识评价一个人，不能只看表面，人的许多外在情感都是装出来的，尤其是处于复杂的环境中时，人心更是难测。所以，无论是作为普通人还是为政者，都必须深入观察，真正了解一个人，谨防误识、误交、误用。暂时难以认清的，不妨冷淡处之。否则，将有可能给自己造成不利，给大局造成损失。

滑稽列传第六十六

【原典】

孔子曰："六艺于治一也[①]。《礼》以节人，《乐》以发和，《书》以道事，《诗》以达意，《易》以神化，《春秋》以义。"太史公曰：天道恢恢[②]，岂不大哉！谈言微中，亦可以解纷。

淳于髡者，齐之赘婿也[③]。长不满七尺，滑稽多辩，数使诸侯，未尝屈辱。齐威王之时，喜隐，好为淫乐长夜之饮，沉湎不治，委政卿大夫。百官荒乱，诸侯并侵，国且危亡，在于旦暮，左右莫敢谏。淳于髡说之以隐曰："国中有大鸟，止王之庭，三年不蜚又不鸣，王知此鸟何也？"王曰："此鸟不飞则已，一飞冲天；不鸣则已，一鸣惊人。"于是乃朝诸县令长七十二人，赏一人，诛一人，奋兵而出。诸侯振惊，皆还齐侵地。威行三十六年。语在《田完世家》中。

威王八年，楚大发兵加齐。齐王使淳于髡之赵请救兵，赍金百斤[④]，车马十驷。淳于髡仰天大笑，冠缨索绝。王曰："先生少之乎？"髡曰："何敢！"王曰："笑，岂有说乎？"髡曰："今者臣从东方来，见道傍有禳田者，操一豚蹄，酒一盂，祝曰：'瓯窭满篝[⑤]，污邪满车，五谷蕃熟，穰穰满家。'臣见其所持者狭而所欲者奢，故笑之。"于是齐威王乃益赍黄金千镒，白璧十双，车马百驷。髡辞而行，至赵。赵王与之精兵十万，革车千乘。楚闻之，夜引兵而去。

威王大说，置酒后宫，召髡赐之酒。问曰："先生能饮几何而醉？"对曰："臣饮一斗亦醉，一石亦醉。"威王曰："先生饮一斗而醉，恶能饮一石哉！其说可得闻乎？"髡曰："赐酒大王之前，执法在傍，御史在后，髡恐惧俯伏而饮，不过一斗径醉矣。若亲有严客，髡帣韝鞠跽[⑥]，待酒于前，时赐馀沥，奉觞上寿，数起，饮不过二斗径醉矣。若朋友交游，久不相见，卒然相睹，欢然道故，私情相语，饮可五六斗径醉矣。若乃州闾之会，男女杂坐，行酒稽留，六博投壶，相引为曹，握手无罚，目眙不禁[⑦]，前有堕珥，后有遗簪，髡窃乐此，饮可八斗而醉二参。日暮酒阑，合尊促坐，男女同席，履舄交错[⑧]，杯盘狼藉，堂上烛灭，主人留髡而送客，罗襦襟解，微闻芗泽[⑨]，当此之时，髡心最欢，能饮一石。故曰酒极则乱，乐极则悲；万事尽然。言不可极，极之而衰。"以讽谏焉。齐王曰："善。"乃罢长夜之饮，以髡为诸侯主客。宗室置酒，髡尝在侧。

【注释】

①六艺：即六经，儒家的经典著作，分别是：《礼》《乐》《书》《诗》《易》《春秋》。

②恢恢：广阔无边。

③赘婿：于女家的女婿。也就是俗称的"倒插门"。

④赍（jī）：携带。

⑤瓯窭满篝：高地上收获的谷物盛满篝笼。瓯窭，犹杯窭，形容高地狭小之处。篝，竹笼。

⑥帣韝（gōu）：卷着袖子。帣，约束袖子。韝，臂套。鞠跽（jì）：弯腰跪着。跽，同"跽"，即长跪，挺直上身，双膝着地。

⑦眙：瞪着眼直视。

⑧履舄（xī）交错：这里指男女的鞋子错杂地放在一起。履，鞋子。舄，木屐。

⑨芗：同"香"。

解读

这是专记滑（gǔ）稽人物的类传。滑稽是言辞流利，正言反说，思维敏捷，诙谐幽默之意。

一个人的语言可以像优美的歌曲，也可以像伤人的邪火。滑稽或幽默的话能给人以喜悦满足之感，在社会交往中适地适时地运用幽默将会使人们的关系更加和谐、亲切。可以说，幽默是人类特有的天赋，幽默与智慧相伴。除了本文所提的几个人，古往今来，还有许多智者都不乏幽默感，他们的智慧中蕴含着幽默，幽默中含有机智。

日者列传第六十七

【原典】

太史公曰：古者卜人所以不载者，多不见于篇。及至司马季主，余志而著之。

褚先生曰：臣为郎时，游观长安中，见卜筮之贤大夫，观其起居行步，坐起自动，誓正其衣冠而当乡人也，有君子之风。见性好解妇来卜[①]，对之颜色严振，未尝见齿而笑也。从古以来，贤者避世，有居止舞泽者[②]，有居民间闭口不言，有隐居卜筮间以全身者。夫司马季主者，楚贤大夫，游学长安，通《易经》，术黄帝、老子，博闻远见。观其对二大夫贵人之谈言，称引古明王圣人道，固非浅闻小数之能。及卜筮立名声千里者，各往往而在。传曰："富为上，贵次之；既贵，各各学一伎能立其身。"黄直，大夫也；陈君夫，妇人也：以相马立名天下。齐张仲、曲成侯以善击刺学用剑，立名天下。留长孺以相彘立名[③]。荥阳褚氏以相牛立名。能以伎能立名者甚多，皆有高世绝人之风，何可胜言。故曰："非其地，树之不生；非其意，教之不成。"夫家之教子孙，当视其所以好，好含苟生活之道，因而成之。故曰："制宅命子[④]，足以观士；子有处所，可谓贤人。"

臣为郎时，与太卜待诏为郎者同署，言曰："孝武帝时，聚会占家问之，某日可取妇乎？五行家曰可，堪舆家曰不可[⑤]，建除家曰不吉，丛辰家曰大凶，历家曰小凶，天人家曰小吉，太一家曰大吉。辩讼不决，以状闻。制曰：'避诸死忌，以五行为主。'"人取于五行者也。

【注释】

①性好解妇：即喜好卜筮的妇人。

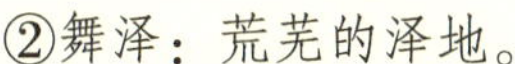

②舞泽：荒芜的泽地。

③彘（zhì）：猪。

④命子：给孩子取名。

⑤堪舆家：以审察住宅基地或坟地的形势，即相宅、相墓为业的人，即现在所谓的“风水先生”。

解读

这是一篇专记日者的类传。所谓日者，即古时占候卜筮的人。

在本篇列传中，司马迁通过日者之口讽刺了那些位居高官、俸禄丰厚却不务正业的人。司马迁讽刺他们低声下气地趋奉，过分谦恭地讲话；凭权势相勾引，以利益相诱导；植党营私，排斥正人君子；骗取尊宠美誉，享受公家俸禄；谋求个人的利益，歪曲君主的法令，掠夺农民的财产；依仗官位逞威风，利用法律做工具，追逐私利，逆行横暴。深刻地揭露了这些人不忠不才，妨贤窃位的腐朽本质。同时颂扬了日者隐居卜筮，有礼有德，不求宠荣的可贵精神。

龟策列传第六十八

【原典】

太史公曰：自古圣王将建国受命，兴动事业，何尝不宝卜筮以助善①！唐虞以上，不可记已。自三代之兴，各据祯祥。涂山之兆从而夏启世，飞燕之卜顺故殷兴，百谷之筮吉故周王。王者决定诸疑，参以卜筮，断以蓍龟[②]，不易之道也。

蛮夷氐羌虽无君臣之序[③]，亦有决疑之卜。或以金石，或以草木，国不同俗。然皆可以战伐攻击，推兵求胜，各信其神，以知来事。

略闻夏殷欲卜者，乃取蓍龟，已则弃去之，以为龟藏则不灵，蓍久则不神。至周室之卜官，常宝藏蓍龟；又其大小先后，各有所尚，要其归等耳。或以为圣王遭事无不定，决疑无不见，其设稽神求问之道者[④]，以为后世衰微，愚不师智，人各自安，化分为百室，道散而无垠，故推归之至微，要絜于精神也。或以为昆虫之所长，圣人不能与争。其处吉凶，别然否，多中于人。至高祖时，因秦太卜官。天下始定，兵革未息。及孝惠享国日少，吕后女主，孝文、孝景因袭掌故，未遑讲试[⑤]，虽父子畴官，世世相传，其精微深妙，多所遗失。至今上即位，博开艺能之路，悉延百端之学，通一伎之士咸得自效[⑥]，绝伦超奇者为右，无所阿私，数年之间，太卜大集。会上欲击匈奴，西攘大宛，南收百越，卜筮至预见表象，先图其利。及猛将推锋执节，获胜于彼，而蓍龟时日亦有力于此。上尤加意，赏赐至或数千万。如丘子明之属，富溢贵宠，倾于朝廷。至以卜筮射蛊道，巫蛊时或颇中。素有眦睚不快[⑦]，因公行诛，恣意所伤，以破族灭门者，不可胜数。百僚荡恐，皆曰龟策能言。后事觉奸穷，亦诛三族。

【注释】

①卜筮：古代预测吉凶的两种迷信做法。卜是观察龟甲受钻灼所呈现的裂纹而定吉凶；筮是观察蓍草排列预测吉凶。

②蓍（shī）：一种草，古代常用以占卜。

③蛮夷氐羌：泛指各少数民族。

④稽：考核。

⑤未遑：没有来得及。

⑥伎（jì）：通“技”。

⑦眦睚：怒目而视，形容生气怨恨的样子。

解读

这是一篇专记卜筮活动的类传。“龟策”是指龟甲和蓍草，古人用它来占卜吉凶。古人认为，经过神圣的求卜过程，那些自然物也就获得了神圣的象征意

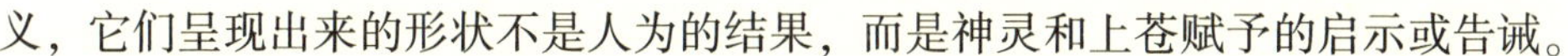

义，它们呈现出来的形状不是人为的结果，而是神灵和上苍赋予的启示或告诫。

诚如司马迁所言，自古以来的君王要建立国家承受天命，兴办事业，都曾尊用卜筮以助成善事。唐尧虞舜以前的无法记述了，从夏、商、周三代的兴起看，都各有卜筮的吉祥之兆作为根据。大禹娶涂山氏之女卜兆得吉，夏启建立了世代相传的夏朝；简狄吞飞燕之卵生契，卜兆吉顺，殷朝兴起；善于播种百谷的后稷蓍筮得吉，周国国君终于成为天下王。君王决断疑难事，参考着用蓍龟所作的卜筮结果以作最终决定，这是沿用不变的传统办事程序。

货殖列传第六十九

【原典】

老子曰：“至治之极[①]，邻国相望，鸡狗之声相闻，民各甘其食，美其服，安其俗，乐其业，至老死不相往来。”必用此为务，挽近世涂民耳目，则几无行矣。

太史公曰：夫神农以前，吾不知已。至若诗书所述虞夏以来，耳目欲极声色之好，口欲穷刍豢之味[②]，身安逸乐，而心夸矜势能之荣。使俗之渐民久矣，虽户说以眇论，终不能化。故善者因之，其次利道之，其次教诲之，其次整齐之，最下者与之争。

夫山西饶材、竹、谷、纑[③]、旄、玉石；山东多鱼、盐、漆、丝、声色；江南出楠、梓、姜、桂、金、锡、连、丹沙、犀、玳瑁、珠玑、齿革；龙门、碣石北多马、牛、羊、旃裘[④]、筋角；铜、铁则千里往往山出棋置：此其大较也。皆中国人民所喜好，谣俗被服饮食奉生送死之具也。故待农而食之，虞而出之，工而成之，商而通之。此宁有政教发征期会哉？人各任其能，竭其力，以得所欲。故物贱之征贵，贵之征贱，各劝其业，乐其事，若水之趋下，日夜无休时，不召而自来，不求而民出之。岂非道之所符，而自然之验邪？

《周书》曰："农不出则乏其食，工不出则乏其事，商不出则三宝绝，虞不出则财匮少。"财匮少而山泽不辟矣。此四者，民所衣食之原也。原大则饶，原小则鲜。上则富国，下则富家。贫富之道，莫之夺予，而巧者有馀，拙者不足。故太公望封于营丘，地潟卤[⑤]，人民寡，于是太公劝其女功，极技巧，通鱼盐，则人物归之，繦至而辐凑[⑥]。故齐冠带衣履天下，海岱之间敛袂而往朝焉。其后齐中衰，管子修之，设轻重九府，则桓公以霸，九合诸侯，一匡天下；而管氏亦有三归，位在陪臣，富于列国之君。是以齐富强至于威、宣也。

故曰："仓廪实而知礼节[⑦]，衣食足而知荣辱。"礼生于有而废于无。故君子富，好行其德；小人富，以适其力。渊深而鱼生之，山深而兽往之，人富而仁义附焉。富者得势益彰，失势则客无所之，以而不乐。夷狄益甚。谚曰："千金之子，不死于市。"此非空言也。故曰："天下熙熙，皆为利来；天下壤壤[⑧]，皆为利往。"夫千乘之王，万家之侯，百室之君，尚犹患贫，而况匹夫编户之民乎！

昔者越王勾践困于会稽之上，乃用范蠡、计然。计然曰："知斗则修备，时用则知物，二者形则万货之情可得而观已。故岁在金，穰[⑨]；水，毁；木，饥；火，旱。旱则资舟，水则资车，物之理也。六岁穰，六岁旱，十二岁一大饥。夫粜，二十病农，九十病末。末病则财不出，农病则草不辟矣。上不过八十，下不减三十，则农末俱利，平粜齐物，关市不乏，治国之道也。积著之理，务完物，无息币[⑩]。以物相贸，易腐败而食之货勿留，无敢居贵。论其有馀不足，则知贵贱。贵上极则反贱，贱下极则反贵。贵出如粪土，贱取如珠玉。财币欲其行如流水。"修之十年，国富，厚赂战士，士赴矢石，如渴得饮，遂报强吴，观兵中国，称号"五霸"。

【注释】

①至治：治理得极好的社会，指政治清明之世。

②刍豢：泛指各种牲畜的肉，如牛、马、羊等。

③纑（lú）：野麻，可用来纺织布匹。

④旃（zhān）裘：毡子和皮衣。

⑤潟（xì）卤（lǔ）：不适宜耕种的盐碱地。

⑥繦（qiǎng）至：像绳索相连一样接连而来。繦，用绳索穿好的钱串。

⑦廪（lǐn）：粮仓。

⑧壤壤：通“攘攘”。纷乱的样子，与“熙熙”同义。

⑨穰（ráng）：丰收。

⑩息：滞留，停息。

解读

这是一篇专门记叙从事“货殖”活动杰出人物的类传，也是反映司马迁经济思想和物质观的重要篇章。“货殖”是指谋求“滋生资货财利”以致富，即利用货物的生产与交换，进行商业活动，从中谋取合理的利润。司马迁所指的货殖，还包括各种手工业，以及农、牧、渔、矿山、冶炼等行业的经营在内。司马迁不只是让我们看到了商人和商业的作用，还把汉朝统一后的华夏大国、天南地北的物产和风土人情展示给了我们。两千多年前华夏大地丰厚的自然物产可以养人、富人。

司马迁的财富观是非常现实的，“天下熙熙，皆为利来；天下攘攘，皆为利往”。司马迁记述了许多富商大贾的传奇致富，也记述了一些靠盗墓犯法、赌博恶业发家的人，还有卖浆水致富、磨刀致富、卖小食品致富、兽医致富的人。除盗墓赌博的非法活动之外，司马迁对这些致富都是肯定的。

所以，司马迁主张应根据实际情况任商业活动自由发展，政府的职能是引导人们积极进行生产与交换，而不必强行干涉，更不要同他们争利。这集中反映了他反对“重本抑末”的政策，主张农工商虞并重，强调工商活动对社会发展的作用。在当时的历史条件下，司马迁就能注意到社会的经济活动，并认识到生产交易和物质财富的重要性，具有相当进步的意义。

太史公自序第七十

【原典】

迁生龙门，耕牧河山之阳。年十岁则诵古文。二十而南游江、淮，上会稽，探禹穴，窥九疑，浮于沅、湘；北涉汶、泗，讲业齐[①]、鲁之都，观孔子之遗风，乡射邹、峄；厄困鄱、薛、彭城，过梁、楚以归。于是迁仕为郎中，奉使西征巴、蜀以南，南略邛、笮、昆明，还报命。

是岁天子始建汉家之封[②]，而太史公留滞周南，不得与从事，故发愤且卒。而子迁适使反，见父于河、洛之间。太史公执迁手而泣曰："余先周室之太史也。自上世尝显功名于虞夏，典天官事。后世中衰，绝于予乎？汝复为太史，则续吾祖矣。今天子接千岁之统，封泰山，而余不得从行，是命也夫，命也夫！余死，汝必为太史；为太史，无忘吾所欲论著矣。且夫孝始于事亲，中于事君，终于立身。扬名于后世，以显父母，此孝之大者。夫天下称诵周公，言其能论歌文、武之德，宣周、邵之风，达太王王季之思虑，爰及公刘，以尊后稷也。幽、厉之后，王道缺，礼乐衰，孔子修旧起废，论《诗》《书》，作《春秋》，则学者至今则之。自获麟以来四百有馀岁[③]，而诸侯相兼，史记放绝。今汉兴，海内一统，明主贤君忠臣死义之士，余为太史而弗论载，废天下之史文，余甚惧焉，汝其念哉！"迁俯首流涕曰："小子不敏，请悉论先人所次旧闻，弗敢阙[④]。"

卒三岁而迁为太史令，䌷史记石室金匮之书[⑤]。五年而当太初元年，十一月甲子朔旦冬至，天历始改，建于明堂，诸神受纪。

七年而太史公遭李陵之祸，幽于缧绁[⑥]。乃喟然而叹曰："是余之罪也夫！是余之罪也夫！身毁不用矣。"退而深惟曰："夫《诗》《书》隐约者，欲遂其志之思也。昔西伯拘羑里，演《周易》；孔子厄陈蔡，作《春秋》；屈原放逐，著《离骚》；左丘失明，厥有《国语》；孙子膑脚，而论兵法；不韦迁蜀，世传《吕览》；韩非囚秦，《说难》《孤愤》；诗三百篇，大抵贤圣发愤之所为作也。此人皆意有所郁结，不得通其道也，故述往事，思来者。”于是卒述陶唐以来，至于麟止⑦，自黄帝始。

【注释】

①讲业：研究商讨学问上的事。

②是岁：这年。指汉武帝元封元年，即公元前110年。

③有：用在整数和零数之间，相当于“又”。

④阙：遗漏。

⑤石室金匮：国家收藏图书、档案的地方。

⑥缧绁：系犯人的绳索，喻指监牢。

⑦至于麟止：指《史记》记述的历史事件止于武帝获麟之年。武帝获麟在元狩元年，即公元前122年。

解读

这是一篇司马迁的自传。文中详细交代了司马迁的家世和创作《史记》的艰难历程。

汉武帝时，将军李陵攻打匈奴战败被俘。司马迁因直言进谏为李陵说了几句解释的话而触怒了汉武帝，被囚于囹圄，惨遭宫刑。这是对人精神和身体的双重摧残，悲愤欲绝的司马迁几欲一死了之。可后来他想到，人总有一死，但“死或重于泰山，或轻于鸿毛”，死的轻重意义是不同的。他觉得自己如果就这样“伏法而死”，就像牛身上少了一根毛，是毫无价值的。

司马迁在文中写道“仆诚已著此书，藏之名山，传之其人通邑大都，则仆偿前辱之责，虽万被戮，岂有悔哉！然此可为智者道，难为俗人言也”。司马迁列举了历代先贤们在磨难中依然坚持理想，忍受住各种打击，完成著述的事迹，表示自己也要如此，即使被杀也不后悔！

在逆境中，司马迁只有一个信念，那就是一定要活下去，一定要把《史记》写完，“是以肠一日而九回，居则忽忽若有所亡，出则不知所往。每念斯耻，汗未尝不发背沾衣也”。正因为还没有完成《史记》，他才忍辱负重地活了下来。出狱后他更加发愤著书，创作了名震古今中外的史学巨著《史记》，为中国人民，乃至世界人民留下了一笔珍贵的文化遗产。

人们在顺境中往往能够坚持，就像在平坦的大路上不会跌跤一样。但是，平坦的大道毕竟不是生命中的全部，坎坷崎岖的逆境往往会更多。人们不在压力之下倒下，就会在压力之下变得更为坚强。

参考文献

[1] 司马迁著，吴树平主编．李陵等译．文白对照全译史记［M］．北京：新世界出版社，2009.

[2] 司马迁著．史记——中华经典普及文库［M］．北京：中华书局，2009.

[3] 司马迁著，韩兆琦等．评注史记（上下评注本）［M］．长沙：岳麓书社，2004.

[4] 韩兆琦编著．史记笺证（全十册）［M］．南昌：江西人民出版社，2004.

[5] 白玉林，曾志华，张新科主编．史记解读（上下）［M］．北京：华龄出版社，2006.

[6] 熠彤注解．史记精解［M］．北京：人民文学出版社，2010.

[7] 王冉冉著．史记讲读［M］．上海：华东师范大学出版社，2006.